铁路改革研究丛书

全面深化铁路改革研究：N问N答

左大杰 等 著

西南交通大学出版社

·成 都·

图书在版编目（ＣＩＰ）数据

全面深化铁路改革研究：N问N答／左大杰等著. —
成都：西南交通大学出版社，2020.6
（铁路改革研究丛书）
ISBN 978-7-5643-7457-0

Ⅰ. ①全… Ⅱ. ①左… Ⅲ. ①铁路运输－经济体制改
革－研究－中国 Ⅳ. ①F532.1

中国版本图书馆 CIP 数据核字（2020）第 096679 号

铁路改革研究丛书
Quanmian Shenhua Tielu Gaige Yanjiu: N Wen N Da

全面深化铁路改革研究：N问N答

左大杰 等 著

责 任 编 辑	周 杨
封 面 设 计	曹天擎

出 版 发 行	西南交通大学出版社
	（四川省成都市金牛区二环路北一段 111 号
	西南交通大学创新大厦 21 楼）
发行部电话	028-87600564　028-87600533
邮 政 编 码	610031
网　　　址	http://www.xnjdcbs.com
印　　　刷	四川煤田地质制图印刷厂
成 品 尺 寸	170 mm×230 mm
印　　　张	15.75
字　　　数	233 千
版　　　次	2020 年 6 月第 1 版
印　　　次	2020 年 6 月第 1 次
书　　　号	ISBN 978-7-5643-7457-0
定　　　价	108.00 元

总　序

我国铁路改革始于 20 世纪 70 年代末。在过去的 40 多年里，铁路的数次改革均因铁路自身的发展不足或改革的复杂性而搁置，铁路改革已大大滞后于国家的整体改革和其他行业改革，因而铁路常被称为"计划经济最后的堡垒"。2013 年 3 月，国家铁路局和中国铁路总公司①（以下简称铁总）分别成立，我国铁路实现了政企分开，铁路管理体制改革再一次成为行业研究的热点。

以中国共产党第十八届中央委员会第三次全体会议（简称中共十八届三中全会）为标志，全面深化铁路改革已经站在新的历史起点上。在新的时代背景下，全面深化铁路改革，必须充分考虑当前我国的国情、路情及铁路行业发展中新的关键问题，并探索解决这些关键问题的方法。经过较长时间的调研与思考，作者认为当前深化铁路改革必须解决如下 12 个关键问题。

第一，铁路国家所有权政策问题。国家所有权政策是指有关国家出资和资本运作的公共政策，是国家作为国有资产所有者要实现的总体目标，以及国有企业为实现这些总体目标而制定的实施战略。目前，如何处理国家与铁路之间的关系，如何明确国有经济在铁路行业的功能定位与布局，以及国有经济如何在铁路领域发挥作用，是全面深化铁路改革在理论层面的首要关键问题。

第二，铁路网运关系问题。铁路网运合一、高度融合的经营管理体制，是阻碍社会资本投资铁路的"玻璃门"，也是铁路混合所有制难以推进、公益性补偿机制难以形成制度性安排的根源，因而是深化铁路改革难以逾越的体制性障碍。如何优化铁路网运关系，是全面深化铁路改

---

① 2019 年 6 月 18 日，中国铁路总公司正式改制挂牌成立中国国家铁路集团有限公司。

革在实践层面的首要关键问题。

第三，铁路现代企业制度问题。中共十八届三中全会明确提出，必须适应市场化、国际化的新形势，进一步深化国有企业改革，推动国有企业完善现代企业制度。我国铁路除了工程、装备领域企业之外，铁总及所属18个铁路局[①]、3个专业运输公司绝大多数均尚未建立起完善且规范的现代企业制度，公司制、股份制在运输主业企业中还不够普及。

第四，铁路混合所有制问题。发展铁路混合所有制不仅可以提高铁路国有企业的控制力和影响力，还能够提升铁路企业的竞争力。当前[②]我国铁路运输主业仅有3家企业（分别依托3个上市公司作为平台）具有混合所有制的特点，铁总及其所属企业国有资本均保持较高比例甚至达到100%，铁路国有资本总体影响力与控制力极弱。

第五，铁路投融资体制问题。"铁路投资再靠国家单打独斗和行政方式推进走不动了，非改不可。投融资体制改革是铁路改革的关键，要依法探索如何吸引社会资本参与。"[③]虽然目前从国家、各部委到地方都出台了一系列鼓励社会资本投资铁路的政策，但是效果远不及预期，铁路基建资金来源仍然比较单一，阻碍社会资本进入铁路领域的"玻璃门"依然存在。

第六，铁路债务处置问题。铁总在政企分开后承接了原铁道部的资产与债务，这些巨额债务长期阻碍着铁路的改革与发展。2016年，铁总负债已达4.72万亿元（较上年增长15%），当年还本付息就达到6 203亿元（较上年增长83%）；随着《中长期铁路网规划（2016—2030）》（发改基础〔2016〕1536号）的不断推进，如果铁路投融资体制改革不能取得实质性突破，铁路债务总体规模将加速扩大，铁路债务风险将逐步累积。

第七，铁路运输定价机制问题。目前，铁路运输定价、调价机制还

---

① 2017年7月"铁路改革研究丛书"第一批两本书出版时，18个铁路局尚未改制为集团有限公司，为保持丛书总序主要观点一致，此次修订仍然保留了原文的表述方式（类似情况在丛书总序中还有数处）。

② 此处是指2017年7月"铁路改革研究丛书"第一批两本书出版的时间。截至本丛书总序此次修订时，铁路混合所有制已经取得了积极进展，但是铁路国有资本总体影响力与控制力仍然较弱。

③ 2014年8月22日，国务院总理李克强到中国铁路总公司考察时做出上述指示。

比较僵化，适应市场的能力还比较欠缺，诸多问题导致铁路具有明显技术优势的中长途以及大宗货物运输需求逐渐向公路运输转移。建立科学合理、随着市场动态调整的铁路运价机制，对促进交通运输供给侧结构性改革、促进各种运输方式合理分工具有重要意义。

第八，铁路公益性补偿问题。我国修建了一定数量的公益性铁路，国家铁路企业承担着大量的公益性运输。当前铁路公益性补偿机制存在制度设计缺失、补偿对象不明确、补偿方式不完善、补偿效果不明显、监督机制缺乏等诸多问题。公益性补偿机制设计应从公益性补偿原理、补偿主体和对象、补偿标准、保障机制等方面入手，形成一个系统的制度性政策。

第九，铁路企业运行机制问题。目前，国家铁路企业运行机制仍受制于铁总、铁路局两级法人管理体制，在前述问题得到有效解决之前，铁路企业运行的有效性和市场化不足。而且，铁总和各铁路局目前均为全民所有制企业，实行总经理（局长）负责制，缺少现代企业制度下分工明确、有效制衡的企业治理结构，决策与执行的科学性有待进一步提高。

第十，铁路监管体制问题。铁路行业已于 2013 年 3 月实现了政企分开，但目前在市场准入、运输安全、服务质量、出资人制度、国有资产保值/增值等方面的监管还比较薄弱，存在监管能力不足、监管职能分散等问题，适应政企分开新形势的铁路监管体制尚未形成。

第十一，铁路改革保障机制问题。全面深化铁路改革涉及经济社会各方面的利益，仅依靠行政命令等形式推进并不可取。只有在顶层设计、法律法规、技术支撑、人力资源以及社会舆论等保障层面形成合力，完善铁路改革工作保障机制，才能推进各阶段工作的有序进行。目前，铁路改革的组织领导保障、法律法规保障、技术支撑保障、人力资源保障、社会舆论环境等方面没有形成合力，个别方面还十分薄弱。

第十二，铁路改革目标路径问题。中共十八届三中全会以来，电力、通信、油气等关键领域改革已取得重大突破，但关于铁路改革的顶层设计尚未形成或公布。个别非官方的改革方案对我国国情与铁路的实际情况缺乏全面考虑，并对广大铁路干部职工造成了较大困扰。"十三五"是全面深化铁路改革的关键时期，当前亟须结合我国铁路实际研讨并确定铁路改革的目标与路径。

基于上述对铁路改革发展 12 个关键问题的认识，作者经过广泛调研并根据党和国家有关政策，初步形成了一系列研究成果，定名为"铁路改革研究丛书"，主要包括 12 本专题和 3 本总论。

（1）《铁路国家所有权政策研究》：铁路国家所有权政策问题是全面深化铁路改革在理论层面的首要关键问题。本书归纳了国外典型行业的国家所有权政策的实践经验及启示，论述了我国深化国有企业改革过程中在国家所有权政策方面的探索，首先阐述了铁路国家所有权政策的基本概念、主要特征和内容，然后阐述了铁路的国家所有权总体政策，并分别阐述了铁路工程、装备、路网、运营、资本等领域的国家所有权具体政策。

（2）《铁路网运关系调整研究》：铁路网运关系调整是全面深化铁路改革在实践层面的首要关键问题。本书全面回顾了国内外网络型自然垄断企业改革的成功经验（特别是与铁路系统相似度极高的通信、电力等行业的改革经验），提出了"路网宜统、运营宜分、统分结合、网运分离"的网运关系调整方案，并建议网运关系调整应坚持以"顶层设计+自下而上"的路径进行。

（3）《铁路现代企业制度研究》：在现代企业制度基本理论的基础上，结合国外铁路现代企业制度建设的相关经验和国内相关行业的各项实践及其启示，立足于我国铁路建立现代企业制度的现状，通过理论研究与实践分析相结合的方法，提出我国铁路现代企业制度建设的总体思路和实施路径，包括铁总改制阶段、网运关系调整阶段的现代企业制度建设以及现代企业制度的进一步完善等实施路径。

（4）《铁路混合所有制研究》：我国国家铁路企业所有制形式较为单一，亟须通过混合所有制改革扩大国有资本控制力，扩大社会资本投资铁路的比例，但是网运合一、高度融合的体制是阻碍铁路混合所有制改革的"玻璃门"。前期铁路网运关系的调整与现代企业制度的建立为铁路混合所有制改革创造了有利条件。在归纳分析混合所有制政策演进以及企业实践的基础上，阐述了我国铁路混合所有制改革的总体思路、实施路径、配套措施与保障机制。

（5）《铁路投融资体制研究》：以铁路投融资体制及其改革为研究对

象，探讨全面深化铁路投融资体制改革的对策与措施。在分析我国铁路投融资体制改革背景与目标的基础上，借鉴了其他行业投融资改革实践经验，认为铁路产业特点与网运合一体制是阻碍社会资本投资铁路的主要原因。本书研究了投资决策过程、投资责任承担和资金筹集方式等一系列铁路投融资制度，并从投融资体制改革的系统性原则、铁路网运关系调整（基于统分结合的网运分离）、铁路现代企业制度的建立、铁路混合所有制的建立等方面提出了深化铁路投融资体制改革的对策与措施。

（6）《铁路债务处置研究》：在分析国内外相关企业债务处置方式的基础上，根据中共十八大以来党和国家国有企业改革的有关政策，提出应兼顾国家、企业利益，采用"债务减免""债转资本金""债转股""产权（股权）流转"等措施合理处置铁路巨额债务，并结合我国国情、路情以及相关政策，通过理论研究和实践分析，提出了我国铁路债务处置的思路与实施条件。

（7）《铁路运输定价机制研究》：在铁路运价原理的基础上阐述价值规律、市场、政府在铁路运价形成过程中的作用，阐述了成本定价、竞争定价、需求定价3种方式及其适用范围，研究提出了针对具有公益性特征的路网公司采用成本导向定价，具有商业性特征的运营公司采用竞争导向定价的运价改革思路。

（8）《铁路公益性补偿机制研究》：分析了当前我国铁路公益性面临补贴对象不明确、补贴标准不透明、制度性安排欠缺等问题，认为公益性补偿机制设计应从公益性补偿原理、补偿主体和对象、补偿标准、保障机制等方面形成一个系统的制度性政策，并从上述多个层面探讨了我国铁路公益性补偿机制建立的思路和措施。

（9）《铁路企业运行机制研究》：国家铁路企业运行机制仍受制于铁总、铁路局两级法人管理体制，企业内部缺乏分工明确、有效制衡的企业治理结构。在归纳分析国外铁路企业与我国典型网络型自然垄断企业运行机制的基础上，提出了以下建议：通过网运关系调整使铁总"瘦身"成为路网公司；通过运营业务公司化，充分发挥运输市场竞争主体、网运关系调整推动力量和资本市场融资平台三大职能；通过进一步规范公司治理和加大改革力度做强、做优铁路工程与装备行业；从日益壮大的国有资本与国有经济中获得资金或资本，建立铁路国有资本投资运营公司，以铁路国资改革促进铁路国企改革。

（10）《铁路监管体制研究》：通过分析我国铁路监管体制现状及存在的问题，结合政府监管基础理论及国内外相关行业监管体制演变历程与经验，提出我国铁路行业监管体制改革的总体目标、原则及基本思路，并根据监管体制设置的一般模式，对我国铁路监管机构设置、职能配置及保障机制等关键问题进行了深入分析，以期为我国铁路改革提供一定的参考。

（11）《铁路改革保障机制研究》：在分析我国铁路改革的背景及目标的基础上，从铁路改革的顶层设计、法律保障、政策保障、人才保障和其他保障等方面，分别阐述其现状及存在的问题，并借鉴其他行业改革保障机制实践经验，结合国外铁路改革保障机制的实践与启示，通过理论研究和分析，提出了完善我国铁路改革保障机制的建议，以保证我国铁路改革相关工作有序推进和持续进行。

（12）《铁路改革目标与路径研究》：根据党和国家关于国企改革的一系列政策，首先提出了铁路改革的基本原则（根本性原则、系统性原则、差异性原则、渐进性原则、持续性原则），然后提出了我国铁路改革的目标和"六步走"的全面深化铁路改革路径，并对"区域分割""网运分离""综合改革"3个方案进行了比选，最后从顶层设计、法律保障、人才支撑等方面论述了铁路改革目标路径的保障机制。

在12个专题的基础上，作者考虑到部分读者的时间和精力有限，将全面深化铁路改革的主要观点和建议进行了归纳和提炼，撰写了3本总论性质的读本：《全面深化铁路改革研究：总论》《全面深化铁路改革研究：N问N答》《全面深化铁路改革研究：总体构想与实施路线》。其中，《全面深化铁路改革：N问N答》一书采用一问一答的形式，对铁路改革中的一些典型问题进行了阐述和分析，方便读者阅读。

本丛书的主要观点和建议，均为作者根据党和国家有关政策并结合铁路实际展开独立研究而形成的个人观点，不代表任何机构或任何单位的意见。

感谢西南交通大学交通运输与物流学院为丛书研究提供的良好学术环境。丛书的部分研究成果获得西南交通大学"中央高校基本科研业务费科技创新项目"（26816WCX01）的资助。本丛书中《铁路投融资体制研究》《铁路债务处置研究》两本书由西南交通大学中国高铁发展战略研究中心资助出版（2017年），《铁路国家所有权政策研究》（2682018WHQ01）（2018年）、《铁路现代企业制度研究》（2682018WHQ10）（2019年）两本书由西南交通大学"中央高校基本科研业务费文科科研项目"后期资助项目资助出版。感谢中国发展出版社宋小凤女士、西南交通大学出版社诸位编辑在本丛书出版过程中给予的大力支持和付出的辛勤劳动。

本丛书以铁路运输领域理论工作者、政策研究人员、政府部门和铁路运输企业相关人士为主要读者对象，旨在为我国全面深化铁路改革提供参考，同时也可供其他感兴趣的广大读者参阅。

总体来说，本丛书涉及面广，政策性极强，实践价值高，写作难度很大。但是，考虑到当前铁路改革发展形势，迫切需要出版全面深化铁路改革系列丛书以表达作者的想法与建议。限于作者知识结构水平以及我国铁路改革本身的复杂性，本丛书难免有尚待探讨与诸多不足之处，恳请各位同行专家、学者批评指正（意见或建议请通过微信/QQ：54267550发送给作者），以便再版时修正。

左大杰

西南交通大学

2019 年 3 月 1 日

前　言

　　铁路作为国民经济基础性、战略性和先导性行业，在全面深化改革的时代背景下，深化铁路改革已经成为一系列国家重要倡议的共同关注点。在这一新的时代背景下，全面深化铁路改革已经成为一个重大现实问题，具体可概括为 12 个亟需解决的关键问题：① 铁路国家所有权政策问题；② 铁路网运关系问题；③ 铁路现代企业制度问题；④ 铁路混合所有制问题；⑤ 铁路投融资体制问题；⑥ 铁路债务处置问题；⑦ 铁路运输定价机制问题；⑧ 铁路公益性补偿问题；⑨ 铁路企业运行机制问题；⑩ 铁路监管体制问题；⑪ 铁路改革保障机制问题；⑫ 铁路改革目标路径问题。

　　作者以党和国家相关政策为指导，通过广泛调研和深入思考，紧紧围绕上述 12 个关键问题开展研究，初步形成了一系列研究成果，定名为"中国铁路改革研究丛书"，共包括 12 本专题和 3 本总论。本书是"中国铁路改革研究丛书"的 3 本总论之一，对 12 个专题中涉及的主要观点进行了提炼与概括，并以一问一答这种直观而简要的形式予以展现，便于广大读者把握。

　　第 1 章主要回答铁路国家所有权政策的重点问题：在简述国家所有权含义的基础上阐述铁路国家所有权政策问题的首要性、关键性，参考国外铁路行业发展经验，结合我国铁路行业的发展现状及趋势，总结提出铁路国家所有权在工程、装备、路网、运营以及资本领域等五个领域的政策形式和保障机制。

　　第 2 章主要回答铁路网运关系调整的重点问题：阐述铁路网运关系调整问题的首要性、关键性，以及实行"网运分离"模式的原因、前提和影响；提出 "路网宜统、运营宜分、统分结合、网运分离"方案，简述其基本思路与具体路径；回答网运关系调整后路网公司形式的选择问题。

第3章主要回答铁路现代企业制度的重点问题：阐述铁路现代企业制度改革的关键性，参考网络型产业的现代企业制度，总结我国铁路行业现代企业制度建设现状及存在的问题，提出铁路现代企业制度建设的主要内容、实施途径与改革的保障机制。

第4章主要回答铁路混合所有制的重点问题：总结我国其他国有企业混合所有制改革对铁路的启示，回答产权多元化作为铁路混合所有制改革的原因、铁路改革可实现的交叉持股形式及防止国有资产流失的办法，提出铁路在运营、路网两大领域中混合所有制改革的实施办法及改革保障措施。

第5章主要回答铁路投融资体制的重点问题：简述我国铁路投融资体制改革的关键性，阐释铁路投融资领域"玻璃门"的形成，总结新时期我国铁路投融资体制改革面临的挑战、目标与任务、改革的实施途径及其保障机制，并回答推进铁路投融资体制改革时机的选择及中国铁路国有资本投资运营公司的相关问题。

第6章主要回答铁路债务处置的重点问题：回答我国铁路债务的形成原因、存在的问题，参考国外铁路债务处置办法总结我国铁路债务处置的基本思路，回答债务处置方式在国家对铁路控制、国家铁路公益性方面的负面影响问题，提出我国铁路债务处置方式的实施途径、实施条件与保障机制。

第7章主要回答铁路运输定价机制的重点问题：简述铁路运输定价机制改革的关键性，总结铁路运输定价的影响因素及当前我国铁路运输价格体系，参考世界其他国家改革经验提出我国铁路定价机制改革的思路、具体建议，并回答铁路运输定价过程中存在的一些要点问题。

第8章主要回答铁路公益性补偿机制的重点问题：阐述什么是铁路公益性及我国铁路公益性现状，参考国外铁路公益性补偿方式，对比总结我国铁路公益性补偿形式及存在的不足，归纳我国公益性补偿经济标准的考虑因素并提出处理我国铁路公益性问题的总体框架和保障机制。

第9章主要回答铁路企业运行机制的重点问题：简述中国铁路总公司"瘦体健身"方案以及方案实施后路网公司的职能变化、非运输类企业的发展去向，回答中铁快运在物流运输行业的竞争、铁路工程领域企业涉足铁路车辆装备制造和房地产开发领域、中铁总与中国中车的协同发展的相关问题，总结中国铁路国有资本投资运营公司成立的目的、作用及其如何在铁路各领域间实现流动。

第 10 章主要回答铁路监管体制的重点问题：阐述我国铁路监管有关国家部委与其承担职责，以及我国铁路现有监管体制存在的问题，参考国外铁路监管实践对我国的启示，提出我国铁路监管体制改革的基本思路与宏观改革方向，总结国家铁路局、财政部、国家发改委、国资委所包含的监管职能。

第 11 章主要回答铁路改革保障机制的重点问题：回答加强党对铁路改革领导的原因与要求，以及铁路改革在顶层设计、政策保障、法律保障、宣传保障、人才保障、技术保障六个方面进行强化的思路。

第 12 章主要回答铁路改革目标与路径的重点问题：提出我国铁路改革要实现的目标并回答目标下如何推进我国铁路改革，归纳对比包括左大杰方案在内的多个现有铁路改革方案，回答左大杰方案所具备的优势与作用等，参考国外铁路改革和国内垄断行业已有的改革目标路径经验总结出我国垄断性行业可借鉴的内容。

本书基本框架、总体思路与主要观点由西南交通大学左大杰副教授负责拟定。各章分别由西南交通大学左大杰（第 1 章、第 3 章、第 8 章、第 9 章、第 12 章）、黄蓉（第 2 章）、罗桂蓉（第 4 章）、徐莉（第 5 章）、陈瑶（第 6 章）、王孟云（第 7 章）、唐莉（第 10 章）、丁祎晨（第 11 章）撰写。全书由左大杰负责统稿。

本书在写作过程中参考了相关文献，对作者表示衷心的感谢！由于铁路改革的理论与实践仍在快速发展中，且作者水平和能力所限，书中难免会存在不足之处，欢迎读者批评指正。

左大杰

2018 年 11 月 2 日

目 录

第一章　铁路国家所有权政策问答[①]

1. 问：什么是国家所有权政策？什么是铁路国家所有权政策？

答：首先，回答什么是"国家所有权政策"这个问题。

目前我国对于国家所有权政策的研究尚浅，对国家所有权政策的概念认识也不甚清晰，这不利于国有企业改革的有关政策的制定。为了更好地理解国有企业改革中的一些相关政策，必须首先明确国家所有权政策的概念。

（1）国家所有权政策的定义

国家所有权政策是指有关国家出资和资本运作的公共政策，说明国家投资兴办企业或出资的目标和领域、国家在国有企业公司治理中的作用方式，以及与国有资本有关的重要关系的处理原则和处理国有企业与社会、与其他企业关系及规则的基本政策。

国家所有权政策既是指导国有资产国家出资人机构[②]行使所有权

---

① 本章由"铁路改革研究丛书"第 1 本《铁路国家所有权政策研究》主要观点构成。有关铁路国家所有权政策的详细分析，建议参阅《铁路国家所有权政策研究》一书。

② 在国家层面上，国有资产国家出资人机构有时是指国资委（如国资委是中国中车的国家出资人机构），有时是指财政部（如财政部是中国铁路总公司的国家出资人机构）。

的一项基本政策，也是将此作为信息披露和提高透明度的一种手段。国资委（或财政部）作为国家出资人机构，其职责是按照国家所有权政策的目标运营国有资本，确保国有资本的回报，并且确保在公共领域国有企业执行相应的公共政策和产权政策。

（2）国家所有权政策的两个层面

一是总体政策，即国家在总体上明确国有企业的基本目标、功能作用及有关规则和国家的有关作用、要求和责任；二是国有企业的具体政策，即针对国有企业具体的基本目标、功能作用、有关规则及国家要求的政策及手段。

总体政策指导具体政策的制定，具体政策保证总体政策的落实。总体政策的作用是明确国家对国有企业的基本要求。只有通过制定符合总体政策基本框架的具体政策，才能落实国家对企业的功能定位及企业管理、政策制定的具体要求。

在根据目标明确国家和企业责任的同时，要明确对国有企业的国家控制方式、股权调整的政策条件和国有企业股权出售的管理，还要建立和明确保证政策目标实现的政策工具。

（3）国家所有权政策的主要内容

一是明确国家所有权政策的总体目标。首先，按照党的十五届四中全会和十六届三中全会精神，对国有经济"有进有退"进行战略性布局和调整，明确国家必须控制的重要行业和领域，明确国有经济保持控制地位的少数具体领域。其次，区别不同情况实行绝对控股或相对控股，以及控股、参股的方式，推进大型国有企业股份制改革，完善国有资产监管机制。最后，明确国家所有权目标的优先顺序，提出目标的具体指标，如投资回报率和股利分配政策等。

二是明确国家所有权机构与国有企业的关系。基于国有经济的功能定位，将国有企业分为公共政策性、特定功能性和一般商业性企业三类。公共政策类企业不以盈利为目的，主要承担公益目标；特定功能性企业既需要充当国家政策手段，又需要追求盈利，以促进自身的发展壮大，从而发挥对国家经济安全和经济发展的支撑作用；一般商业性企业处于竞争性行业，与一般商业企业一样生存和发展完全取决于市场竞争。

三是明确国家所有权政策的实施措施。首先，要明确实施国家所有权政策是一项系统工程。明确不同企业的基本功能，结合产业发展前景，对国有企业改革和发展进行分类，在政策、组织和法规三方面形成系统，即形成与国有企业有关的国家所有权的政策体系、保证国家所有权不断完善的组织体系和保证国家所有权有效实施的法规体系。其次，要明确总体和具体的国家所有权政策。国家所有权总体政策需要明确哪些领域可以有国有企业及可能的资本结构和治理规则框架，还需要明确这些领域国有企业可否垄断及相应的行为规范，明确国家的基本政策责任和手段，而国家所有权具体政策则是根据国家总体政策制定的针对企业的相关具体政策。

有了"国家所有权政策"这个概念之后，对于铁路这个特定行业而言，相应地就存在着铁路国家所有权政策问题。

所谓铁路国家所有权政策，是指国家对铁路行业企业出资和资本运作的公共政策，说明国家投资和兴办或出资铁路企业的功能作用、目标和领域，国家的铁路国有企业治理方针和实施方式，处理国有企业与社会、与其他企业关系及规则的基本政策。也是国家作为铁路国有资产所有者要实现的总体目标，以及铁路企业为实现这些总体目标而制定的实施战略。

铁路国家所有权政策说明了铁路国有资本出资人拥有的完整出资人的权利、出资的功能作用和目标，说明了铁路作为国有企业的治理方针和实施方式，确保铁路作为国有企业执行相应的公共政策和产权政策。

可见，国家所有权政策主要包括两个层面和三个方面的内容，而铁路国家所有权政策是国家所有权政策在铁路领域的一个组成部分，也是其在铁路领域的体现。

到目前为止，我国已初步明确国家所有权政策的基本方针，但尚未形成理论体系，即已有了指明方向的政治安排，却不是明确的可操作的公共政策，更不是相应的法律规范。在这种情况下，从行政管理和公共政策的角度看，已明确的方针在具体实践中难以落实，甚至可能走样。因此，系统性的国家所有权政策的研究刻不容缓。

2. 问：为什么要把铁路国家所有权政策问题作为铁路改革的一个关键问题来研究？

答：铁路国家所有权政策是全面深化铁路改革中最重要的组成部分，其工作的开展对铁路后续的改革有着指导性、基础性的作用，是全面深化铁路改革中理论层面的关键问题。之所以如此强调它的重要性，主要是出于以下四个方面的考虑。

（1）全面深化改革的背景

改革开放 40 年来，在取得巨大成就的同时，我国的发展也面临着一系列突出的矛盾和问题。党的十八届三中全会以"全面深化改革"为主题，首次定位了"四个全面"战略布局，强调全面建成小康社会、全面深化改革、全面依法治国、全面从严治党，这四大战略任务相互联系、相辅相成，必须要协调发展、共同推进。而要解决当前我国发展面临的一系列重大问题，继续保持经济社会持续健康发展的势头，就迫切要求全面深化改革。

（2）国有企业改革背景

随着我国改革开放进程的推进，国有企业改革经历了探索期、突破期、现代企业制度完善期和国有企业改革的深化期四个阶段，但是国有企业的改革发展还有很多问题有待解决。例如：政企不分的国有资产管理体制；国有企业不完全是市场主体和利益主体，缺乏积极性；国有企业的管理权高度集中于中央，企业经营自主权不充分等。只有深化国有企业改革，通过完善现代企业制度进一步提高国有企业发展质量，才能不断增强国有经济活力、控制力和影响力。

（3）深化铁路改革背景

由于自然垄断行业有其特殊性和重要性，因而国有资产在其中占据着绝对比例。因此，我国目前自然垄断行业存在的种种问题与矛盾多与自然垄断行业国有资产管理体制改革的不到位密切相关。我国自然垄断行业的改革要求的总体方向是公共资源配置市场化，途径是政企分开、政资分开，特征是网运分离、竞争性业务破除垄断。我国铁路运输行业应继续深化政企分离和网运分离，加大改革步伐，增强改革力度，注重改革创新，使铁路运输业快速发展。

（4）铁路国家所有权政策问题日渐突出

我国在 2003 年构建了新型的国有资产管理体制，成立了国务院国有资产监督管理委员会，但目前国资委（或财政部）行使国家所有权职能还缺乏明确的所有权政策作指引。

就铁路而言，其作为自然垄断行业，在全面深化改革中还出现了以下五个问题。

① 铁路企业的分类和功能定位不够明确。没有根据铁路各领域不同的功能定位将其分为商业类和公益类，并据此分别采取绝对控股、相对控股、参股等控制方式，难以契合企业发展。

② 铁路的"五大关系"没有明确。这五大关系是指：铁路与国家之间的关系；铁路与其他国有企业之间的关系；铁路与"大交通"之间的关系；铁路五大①领域之间的关系（如路网与运营之间的关系）；铁路路网内部各专业站段之间的关系。如果不能首先明确这五大关系，铁路改革将找不到正确的实现路径。

---

① 铁路五大领域：即工程、装备、路网、运营、资本 5 个子领域。其中，路网是连接各个领域的纽带——由路网领域提出路网建设规划，向资本领域提出融资需求，将建设项目交予工程领域，向装备领域购买运输装备，向运营领域出售路网使用权，也因此路网领域是铁路行业的核心。

③ 铁路在其他层面或领域中目前仍存在一定缺陷——政企分离程度低、企业治理结构不够合理、国有资产监管机制不健全等。而在铁路企业分类和功能定位，以及铁路"五大关系"没有明确的背景下，铁路在其他层面或领域中存在的问题（如铁路网运关系调整、铁路现代企业制度、铁路混合所有制、铁路投融资体制、铁路企业运行机制等问题），将难以进一步解决。这是由铁路国家所有权政策在深化铁路改革中所处的地位导致的，也是在接下来的问题中将要进一步回答的方面。

可见，为了全面深化铁路改革，首先需要明确国家对铁路各领域企业的功能定位与发展目标，也就是解决铁路国家所有权政策问题，才能使其他改革措施顺利推进。从这个意义上说，铁路国家所有权政策问题日渐突出，正成为全面深化铁路改革理论层面的首要问题。

3. 问：为什么说铁路国家所有权政策问题是全面深化铁路改革理论层面的首要问题？

答：在全面深化铁路改革的背景下，建立一个公开、透明的铁路国家所有权政策体系，不仅有利于加强国家对铁路国有企业的控制力，明确监管者和被监管者的责任、权利和义务，也有利于社会各界对铁路国有企业进行监督，促进政府权力部门在合理的范围内行使所有者职能。铁路国家所有权政策问题主要有以下四个方面的指导作用。

（1）铁路国家所有权政策是国家行使权能的理论基础

在铁路行业中，国资委（或财政部等国家出资人代表，下同）履行出资人职责就是执行和实施既定的铁路国家所有权政策，代表国务院具体行使国家股东的职责。铁路国家所有权政策职能包括决策（制定铁路国家所有权政策的职能）、执行（执行铁路国家所有权政策的职能）和监督（对执行铁路国家所有权政策的效果进行监督的职能）三个方面。因此，铁路国家所有权政策是指导国家出资人代表行使所有权的一项基本政策，是其行使权能的基础。

（2）铁路国家所有权政策是影响国有经济布局的重要因素

铁路国家所有权政策和铁路国有经济布局及调整政策的关系，总体上看，是前者（铁路国家所有权政策）指导后者（铁路国有经济布局及调整政策），铁路国家所有权政策中有关国有经济投资方向和功能目标的政策，将影响对铁路国有经济布局现状的评估及调整方向的设计，亦对布局调整方案的具体设计和实施有影响。但是国有经济布局及其调整的实际方案，亦对铁路国家所有权政策，尤其是阶段性的铁路国家所有权具体政策会有影响。当调整的实际进程由于资本市场或其他原因与目标方案有所不同时，铁路国家所有权具体政策亦需做出相应的调整，否则政策难以有效管理和实施。

（3）铁路国家所有权政策在深化铁路改革中处于纲领地位

铁路国家所有权政策问题最重要的是要解决国家对铁路各领域企业的功能定位与发展目标。我们认为，铁路国家所有权政策在深化铁路改革之中处于纲领地位，纲举则目张，如果这个不首先予以明确，将直接导致其他改革措施难以推进。只有在确定了铁路路网、运营、工程、装备、资本这五个主要领域的企业目标和功能定位之后，即在确定了铁路及其五个主要领域在国民经济体系中的重要地位、国有资本的功能定位及布局之后，才能进一步明确国家对铁路五个主要领域的控制方式、是否允许社会资本参加、铁路各领域国有企业的出资人、法律形式以及相应的治理结构。

（4）铁路国家所有权政策是铁路企业与社会沟通的有效工具

我们在实践中经常遇到如下矛盾的场景：在讲铁路公益性的时候，经常有人以"铁路应该具有经营性"来强烈质疑；而在讲铁路经营性的时候，也经常有人以"铁路应该具有公益性"来强烈质疑。铁路行业的各个领域，在其究竟是具备公益性还是经营性的问题上，铁路企业与社会公众在沟通上存在明显障碍。

铁路国家所有权政策是对铁路国有企业的责任和义务，战略使命和总体目标，经营目标和评价标准，特殊职责和国家支持等内容做出明确表述，向社会公告明示，它是铁路国有企业与社会公众沟通的有效工具，使公司、市场和公众清楚地了解铁路作为国有企业的目标和承诺，更加理解铁路企业对国家和社会的意义。

可见，铁路国家所有权政策在深化铁路改革之中处于纲领地位。只有首先解决铁路国家所有权政策问题，才能使铁路企业的目标、责任和义务以及相应的国有经济布局调整政策和铁路企业的国家控制形式得到明确，从而指导铁路行业的改革，使铁路改革有一个明确的方向。

4. 问：国外铁路国家所有权政策实践对我国有何启示？

答：在国外铁路改革中，各国根据自身的国情、路情，采用适合本国铁路改革的方式。部分国家采用"网运分离"的模式，将具有公益性、需要国家控制的路网领域和具有经营性、需要放开竞争的运营领域分离，实行政企分开、政资分开、政事分开，让铁路企业真正做到自主经营、自负盈亏，从而彻底改变激励约束机制不足的现状。现主要以美国、英国和日本铁路国家所有权政策改革实践为例做出介绍。

（1）美国铁路

1887 年美国政府为了避免铁路公司的恶性竞争，对铁路行业加强了控制，但过分的政府控制导致铁路公司失去了竞争活力，服务质量差，效率低下，铁路行业占领的市场份额下降。1917—1920 年在战争时期，美国铁路由国家统一控制管理，战争结束后虽然铁路管理权被归还给私人，但却处于严格的政府控制之下，铁路作为公益性工具缺乏市场竞争以及经营积极性，导致行业经济的日益衰退。而后 1970 年为了鼓励铁路货运竞争，政府放宽了对铁路货运的控制并将其推向市场，客运保持国家管理，最后国家帮助铁路公司进行了资产重组。

可以看出，为了避免铁路行业内部的恶性竞争，需要对其采取一定的国家控制，但不宜管控过度，应在保持国家控制的情况下打破垄断，放开市场进入和退出，引入竞争机制，激发铁路公司的市场竞争活力。

（2）英国铁路

1994 年以来，英国政府为了将具有公益性的路网和具有商业性的运营领域分开，成立了一家路网公司，该公司作为基础设施的所有者负责经营和管理基础设施，而铁路运营业务按业务内容被分割成 100 多家专业公司，面向社会出售。为了进一步加强政府对路网公司的控制，2001 年英国政府以当年路网公司负债为由宣布其进入破产程序。2002 年 10 月 3 日，新成立的路网公司即 Network Rail，实现对原路网公司的资产收购，新的路网公司的实际控制人是政府。

英国铁路网实际上归国家所有，其代表是国会，铁路监管办公室作为监管机构，对作为所有者代表的国会负责。同时，作为监管机构的铁路监管办公室并不是铁路基础设施的具体经营者，而是以契约形式将铁路基础设施交由国家路网公司、客运公司等公司经营。

可以看出，在英国铁路的管理体制中，所有者不直接监管，监管者不干预经营，经营者按契约规定而自负盈亏，由此实现了所有权、监管权和经营权的相互制衡。对于具有公益性的路网领域和具有商业性的运营领域，实行"网运分离"模式能够更好地处理国家与铁路领域的关系，加强路网领域的国家控制力度，而运营领域则可开放竞争，充分激发市场活力，实现企业经营的良性发展。

（3）日本铁路

为了引入市场竞争机制，日本政府于 1987 年开始对铁路进行了"分割、民营化"改革。根据自身国情、路情，特别是客运需求，日本国铁（JNR）按地域拆分成为 6 家客运公司和 1 家通过向客运公司租借线路并在全国范围内开展业务的货运公司以及新干线保有机构和国铁清算事业团，实现了"客运与路网合一，货运与路网分离、路网按区域分割"的"分割、民营化"运营模式。拆分后，各个铁路集团民营化的快速转变使铁路公司具备经营自主性，具有明确的经营责任，迅速转变成了市场竞争中合格的微观主体，融入市场竞争当中。路网等基础设施由各客运公司拥有并负责维修。建立引入市场竞争的运价机制，促进各铁路运输企业间的竞争。

可以看出，日本铁路改革后，拆分为不同的区域性铁路公司，虽然不同公司间没有直接的竞争，但公司间实际上存在服务质量、经营绩效等一些方面的标尺竞争，引入竞争机制有利于激发市场活力。

通过总结美国、英国和日本等国铁路改革的经验，我们可以得到以下几点启示：

第一，所有权与经营权分离。由于政府的地位特殊，当其作为控股股东时，容易直接操控董事会和管理层，从而不利于国有企业问责机制的建立。因此，国家（政府）作为所有者，既要知情和"在位"，又不能"越位"，所有者与经营者应做到互不干预。

第二，公益性经营与商业性经营分开。根据国有资本的战略定位和发展目标，结合不同国有企业在经济社会发展中的作用、现状和发展需要，将国有企业分为商业类和公益类。将铁路企业进行分类管理，公益性企业保持国家控制，竞争性企业开放市场。

第三，推进铁路企业发展混合所有制。可适时采取公私合营的模式，积极推进混合所有制。此外，可将铁路企业经营商业化，提倡参与市场竞争，引入竞争机制，激发铁路企业的市场竞争活力。

第四，国铁改革法律先行。为了依法、有序推进铁路改革，铁路国家所有权政策相关事宜应当以法律形式确定下来，以提供相关的法律保障。

可见，将铁路企业进行分类管理，公益性（或以公益性为主的）企业保持国家控制，商业性（或以商业性为主的）企业开放市场，推进铁路企业发展混合所有制，完善企业治理结构，立法保障各项改革政策实施是我们可以得到的主要启示。

5. 问：制定铁路国家所有权政策受到铁路行业发展趋势的影响，那么当前我国铁路行业有哪些发展趋势呢？

答：确定铁路国家所有权政策的总体框架和具体政策的前提条件之一，是根据铁路行业整体以及各领域具体的发展现状和趋势，来明确相应的功能定位和发展目标，由此采取相应的改革措施。因此在制定铁路国家所有权政策前，需要明晰我国铁路行业的发展现状及趋势。

当前铁路行业在路网、运营、工程、装备、资本五大领域的发展现状有所不同，但发展趋势具备一定的共同点。我们认为，我国铁路的发展趋势主要可概括为以下三点。

（1）国内铁路市场加速发展

近几年我国铁路建设在持续推进，随着《中长期铁路网规划》的修编，铁路投资大幅提高。例如，2016 年铁路建设完成固定资产投资，其中国家铁路完成 8 015 亿元包括投产新线 3 281 千米、复线 3612 千米、电气化铁路 5 899 千米，新开工项目 46 个。在"十三五"期间，我国经济下行的压力加大，而投资高铁和中西部铁路是拉动内需的重要选项。近年来，铁路的固定资产投资每年均在 8 000 亿元以上。

随着我国铁路建设的积极推进，铁路装备和基础设施需求不断增长。另外，铁路装备制造企业的技术突破使国内铁路装备获得了市场认可，原有高端铁路装备进口需求部分转变为国内市场的内部需求，同时国际需求与出口规模也在扩大。这些都表明铁路国内市场需求有进一步扩大的趋势。

为了满足这种扩大的市场需求，发展铁路工程和装备及路网等基础领域是必然选择。由于铁路工程和装备领域属于战略性产业领域，铁路路网领域又具备关键性引领作用，铁路基础领域在发展的同时也会带来社会及经济等多方面的影响。因此为更好地服务社会，引导行业积极、稳定、高质量发展，促进国家政策实施，在制定铁路国家所有权政策时应考虑加强国家对铁路工程和装备及路网等基础领域的控制。

（2）海外铁路市场持续扩展

我国铁路行业依托国家战略走入海外市场。

一是中国高铁"走出去"战略。近年来，中国高速铁路技术成果和建设成就在国际社会产生了重大影响。中国高铁"走出去"，能够推进世界铁路的发展与进步，让更多国家和地区特别是发展中国家和地区在更短时间内享受到高速铁路的优质服务。

二是"一带一路"倡议。作为"一带一路"总规划实施的关键，铁路基础设施建设是国家内部及国家之间互联互通的重要基础之一，我国也高度重视连通中国和邻国的铁路建设项目，并且将在"一带一路"建设中优先部署实施。"一带一路"倡议还有助于中国铁路技术装备再创新。国家高度重视扩大铁路建设、运营及技术设备创新的对外交流合作，大力发展国际物流，建立国际铁路联运合作机制，完善世界各区域铁路运营的协调合作机制。

因此，为了使我国在铁路工程、装备等领域获得有力支撑，便于其更好地进入国际市场，积极参与国际竞争，助力国家战略实施，国家应该加大对铁路上述领域的控制。

（3）铁路各个领域相互融合

铁路按照功能可划分为五大领域，即路网领域、工程领域、装备领域、运营领域和资本领域。近些年这五大领域出现相互融合的发展趋势。

① 铁路工程领域与运营领域的融合。

基础设施的利用效率与运营管理紧密相连，因此铁路工程领域和运营领域要互相配合才能适应发展的要求。我国铁路工程企业也认识到了这一点，于是积极引进运营管理人才，并组织员工参加开发投资运营管理培训。例如，2018年1月，国家铁路局正式批准了中铁三局和中铁十六局铁运公司申报的铁路运输许可证，这意味着传统意义上的工程企业也可以从事铁路运输业务，体现了工程领域与运营领域的融合发展。

② 铁路工程领域与装备领域的融合。

基础设施和装备都是铁路前期投入的固定资产，共同为铁路的发展打下坚实的基础。例如，2017 年 8 月 25 日，中国铁建重工集团与西南交通大学签署了磁浮技术合同，双方表示会在磁浮领域展开深入合作，为中国铁建重工集团打造轨道交通装备产业。双方在装备领域的这一合作表明铁路工程领域和装备领域的相互渗透，交通运输装备和基础设施建设技术不断升级，共同提升铁路的服务品质和能力。

③ 铁路装备领域与其他各领域的融合。

例如中国中车集团（简称中国中车）与中国铁路总公司（简称铁总）争夺列车高级修。2016 年 10 月 24 日，中国铁路建设投资公司官网发布招标公告，就 2017 年动车组高级修进行第一次公开招标，招标的数量创纪录达到 398 列动车组。中国中车和铁总双方都希望制造机车车辆并承担机车车辆动车组的高级别维修，这表明他们有互相融合发展的趋势。

中国中车公司控股股东中国中车集团于 2017 年 8 月 21 日与中国铁路总公司签署了《中国铁路总公司、中国中车集团公司战略合作协议》，在铁路装备战略采购、铁路装备高级修、铁路配件供应管理、装备新技术、新产品研发等方面达成合作。可见，装备领域有向铁路其他领域渗透、融合发展的趋势。

综上所述，我国铁路行业发展迅速，在基础设施、技术装备等领域均有着较高的水平，国内、外市场出现进一步扩大的趋势，各领域间还有相互渗透融合的趋势。对于具有竞争性且需要积极扩展海外市场的企业，国家可保持一定的控制。此外，各领域可交叉持股，促进整个铁路产业的融合发展。准确把握当前铁路各领域发展的现状和趋势，对于制定铁路国家所有权政策具有重要意义。

6. 问：如何才能形成能有效实施的铁路国家所有权政策？

答：要形成能有效实施的铁路国家所有权政策，必须明确以下三个方面。

（1）铁路国家所有权政策的权威性

基于以下两方面的原因，我们建议成立国家铁路改革咨询委员会作为协助党中央和国务院领导全面深化铁路改革的决策咨询和协调机构。

① 虽然党中央和国务院在把握铁路改革全局上发挥着极其重要作用，但仍然缺乏一个超越部门和地区利益的、能够统揽铁路改革全局、特别是能够日常有效运转的机构；② 由于铁路改革是全面而系统的改革，涉及的决策事项远超出经济范围，只依靠国家铁路局、财政部、国家发改委以及中国铁路总公司等部门或者企业，难以应对挑战。

我们建议，国家铁路改革咨询委员会可下设 12 个专门委员会，分别负责铁路国家所有权政策研究、铁路网运关系调整、铁路现代企业制度研究、铁路混合所有制改革等 12 个铁路改革关键问题的相关政策研究。其中，负责铁路国家所有权政策研究的专门委员会提出铁路国家所有权改革的政策和建议，并提交国家铁路改革咨询委员会汇总、协调，最终向中央全面深化改革委员会报告。

（2）铁路国家所有权政策的系统性

首先，要结合铁路各领域企业的发展现状与趋势，对铁路企业的发展和改革进行分类。根据所在领域的经济性质、主要矛盾和问题，评估和梳理出企业的发展前景，明确不同企业的基本功能及应具备的条件，确定具体目标和行为规则，尽可能地利用市场机制促进企业运作。

其次，要在以下三个方面形成体系。

① 形成与铁路企业有关的国家所有权政策的政策体系。这个要求的实质是铁路国家所有权政策和其他公共政策都是相互协调地服务于国家发展和改革目标的公共政策，铁路国家所有权政策关于铁路国有企业目标和行为规范的要求必须与国家有关公共政策一致和协调。与其他公共政策不同的是：铁路国家所有权政策直接涉及的对象只是铁路国有企业（及国家出资），突出效率（资本效率和社会公共服务效率），根据特别法律（国有资产法）并结合普通法实施。

②　建立保证铁路国家所有权政策不断完善和有效实施的组织体系。一是明确国家（立法和行政）的国家所有权政策决定与制定机构、政策实施机构及国有企业的三种组织机构在国家所有权政策方面的目标和职责。二是要形成国家所有权政策制定、执行、监督彼此分离并相互作用、相互制衡的体系。

③　逐步建立保证铁路国家所有权政策实施的法规体系。与国有企业有关的经济法及反垄断法等要进一步健全，如明确《中华人民共和国反垄断法》适用于国有企业。针对不同类型的国有企业分类立法，我国《公司法》适用国有公司，需要结合有关政策和行业法规出台规范政府直接干预较多的特殊领域中各类公司包括自然垄断公司、平台类投资公司等，分类出台具体的明确不同类型企业及其代表责任的法。

（3）铁路国家所有权政策的可操作性

首先，总体政策主要是明确铁路国家投资或铁路国有经济布局方向、目标、重点的政策和基本方针。具有可操作性的铁路国家所有权总体政策应包括以五个方面。

①　确立有关铁路国家投资企业的功能作用及有关目标的政策，主要作用是落实铁路国有经济及有关投资的基本方针；②　确立有关铁路国家投资或出资及资本、股权结构政策，为国家实现政策目标、承担有关职责和进行有关的股权运作、调整及相应管理提供基本的经济和分类的基础；③　确立铁路国有企业或铁路国家出资企业法律制度、治理结构和行为规范政策，直接规范和影响铁路国有经济在国民经济中整体和长远的作用及机制；④　确立国家有关责任和义务的政策，包括国家根据法律的股东责任及有关的政策责任；⑤　确立国家有关铁路国有，国资企业激励、考核及监管的政策，主要作用是激励和促进铁路企业实现预定目标。

此外，根据总体政策还必须针对具体企业明确具体政策。主要包括各领域企业的功能定位、国家投资和控制形式、出资人制度以及企业治理结构。

可见，要形成能有效实施的铁路国家所有权政策，首先要结合各领域企业的发展前景，对铁路企业的发展和改革进行分类，其次要在政策、组织和法律法规方面形成体系，此外，还必须明确总体和具体的铁路国家所有权政策。

7. 问：当前铁路各领域国家所有权政策的主要区别是什么？

答：铁路按照功能可划分为五大领域，即路网领域、工程领域、装备领域、运营领域和资本领域。不同领域的国家所有权政策有所不同，主要是根据各领域企业的功能定位和性质分类来确定企业的国家控制方式、出资人制度以及企业法律形式，有如下三个方面的区别。

（1）各领域企业的控制方式

铁路工程领域属于功能领域中的战略产业领域，该领域的企业在我国国民经济中占有重要地位，需要国家保持一定的控制力。我国工程企业技术在国际上处于领先水平，应该积极参与国际竞争，但由于要体现"中国铁路走出去"等国家战略，政府仍然应该保持较高的股权，以体现国家意志。因此，笔者建议铁路工程领域企业采用国家相对控股的形式。

同理，铁路装备领域也属于功能领域中的战略产业领域，国家也应保持控制。装备领域的国际竞争力还不够，为了应对激烈的国际竞争，国家应给予装备领域企业一定的支持，建议采用国家绝对控股形式（在装备企业发展成熟、竞争力足够强大后，可放松至相对控股形式）。

铁路路网领域的国有企业在发挥铁路的重要经济、社会作用方面具有关键的引领作用，其主要功能表现在控制国家铁路运输网络，为一般客货运输提供基础设施，保证军事运输、抢险救灾物资运输等非盈利性运输的开展，维护铁路运输的公益性，配合国家经济、政治布局建设铁路网络，而非全然以市场导向来开展路网建设这些方面。因此，建议铁路路网领域国有企业采用国家绝对控股的方式（可严格至国家独资形式）。

铁路运营企业与其他方式企业之间存在竞争，这种竞争性有利于提高其自身效率，并推动整个国有经济的发展。考虑到运营领域具有竞争性，应当充分开放市场，可大力发展混合所有制，适时上市成为公众公司，建议运营领域企业采用国有参股的形式（为保证国家公益性运输和军事运输的需求，重要运营企业采用相对控股甚至严格至绝对控股，一般运营企业可放松至相对控股形式甚至不参股）。

铁路资本领域企业属于功能性国企，国家占主导地位，并且需要国家财政予以支持。同时它作为投资铁路各领域企业的一种投资方式主体，应该在国家控制的条件下充分融合社会资本。因此建议采用国家绝对控股的形式（可严格至国家独资形式）。

（2）各领域企业的出资人制度

作为国资委（或财政部）改革的一部分，国资委（或财政部）在2013年年底开始进行国有资本投资运营公司试点工作。国有资本投资运营公司与所出资企业更加强调以资本为纽带的投资与被投资的关系，更加突出市场化的改革措施和管理手段。因此，改组组建国有资本投资运营公司成为深化国有企业改革新的重点内容，国资委（或财政部）将把更多的股权划拨到国有资本运营公司。

我们建议，为推进铁路国有资产管理向"管资本"为主转变，当条件具备时，应当以中铁总旗下中国铁路投资有限公司（简称中国铁投）为基础成立中国铁路国有资本投资运营公司（简称中铁国投），并划归财政部或国资委，同时将中铁路网、中国中车、中国通号、中国中铁、中国铁建等铁路行业央企的股权由国家授权给中铁国投管理。

铁路各领域间的融合越来越紧密，中国中铁、中国铁建等企业都是大型的上市公司，拥有非常好的融资能力和渠道，中国中车股份有限公司、中国铁路总公司、中国中铁股份有限公司、中国铁建股份有限公司以及国家级基金（如国有企业结构调整基金）可以共同出资中国铁路国有资本投资运营公司，将其作为一个投资和管理平台。特别地，我们建议，应积极引导各省市级铁投公司向中国铁路国有资本投资运营公司出资。这样，不仅能够对其拥有一定的所有权和监督权，还能够进一步深化合作，早日实现共赢。

因此，工程、装备、路网、运营领域企业均由中国铁路国有资本投资运营公司履行国有资本出资人职责。而在资本领域由公有资本和非公有资本（即社会资本）共同出资来成立或组建中国铁路国有资本投资运营公司，形成了公有资本与非公有资本共同参股的混合所有制企业。需要注意的是，各类投资主体依据出资份额履行出资人职责，其中，国资委（或财政部）与各大央企、国企的出资份额之和应大于社会资本的出资份额，以便更好地体现国家意志和公众利益，同时也便于实现国家在铁路各领域不同的所有权政策。

（3）各领域企业的法律形式

企业是法律和经济上独立的经济实体，任何一个企业都要依法建立。应根据各领域的国家具体控制情况决定该领域企业的法律形式。

一是铁路工程领域，为了有利于企业的经营发展而减少不必要的政治干预，国家可采用控股的方式进行控制。通过发展公私合营的混合所有制，实行政企职责分离和股权多元化，可以把国有企业的规模优势、人才优势与民营企业的体制优势、机制优势相结合，进而逐渐形成比较独立的市场竞争主体。中国中铁、中国铁建等公司目前技术已达到世界顶级水平，建议国家控股以依托国家高铁"走出去"战略，采用股份有限公司的形式。

二是铁路装备领域，中国中车、中国通号公司技术位于世界前列，但仍有一定的提升空间，面对国际市场的前后夹击，需要国家予以支持，因此国家应保持较高的控制力，采用股份有限公司的形式。

三是铁路运营领域，该领域企业不仅需要国有资本的支持，也需要更多的社会资本进入，设立为股份有限公司的形式，能够充分发挥市场化机制，促进现代企业制度建立。考虑到运营领域具有竞争性，其营业效率有待提升，建议国有资本参股，大力发展混合所有制，适时上市成为公众公司。

四是铁路路网领域，考虑到铁路路网公益性，出于政治及经济两方面考量，国家应拥有对铁路路网的绝对控制权，建议采用国有独资公司的形式进行绝对控制；但在全面深化改革的背景下，发展混合所有制也有利于建立现代企业制度，增强企业活力，所以也可以采用混合所有制形式。

五是铁路资本领域，目前我国铁路资本领域总体而言经营现状不佳（债务偏高、投融资体制改革尚未取得突破性进展），应由国家严格控制，国家财政予以相应的支持，建议采用国家独资公司的形式；但其作为投资铁路各领域企业的一种投资方式主体，也可以在国家控制的条件下充分融合社会资本，采用国家控股的股份有限公司形式。

总之，铁路各领域的国家所有权政策重点在于国家对各企业的控制程度，这与企业的性质和发展方向有关。当企业被定位为公益性企业时，公益类国有企业以保障民生、服务社会、提供公共产品和服务为主要目标，这类企业需要国家加强控制，所以应当采取国有独资的形式；当其定位为以公益性为主，商业性为辅时，该领域企业需要在国家控制下积极参与市场竞争，因此，可以采用国家绝对控股的形式；当其定位为以商业性为主、公益性为辅时，国家可稍微放松控制力，可采用国家相对控股的形式；当其定位为商业性企业时，为了使该领域企业能够充分竞争，建议国家放松控制，采用相对控股甚至不参股的形式。

8. 问：如何保障铁路国家所有权政策的实施？

答：应当全力做好相应的保障机制，以保证国家所有权政策的顺利实施。主要从以下六个方面展开。

（1）加强党的领导

党的十五届四中全会指出，"从战略上调整国有经济布局，要同产业结构的优化升级和所有制结构的调整完善结合起来"，同时"提高国有经济的控制力。国有经济要在关系国民经济命脉的重要行业和关键领域占支配地位，其他行业和领域，可以通过资产重组和结构调整，集中力量，加强重点"；党的十六大、十七大报告提出"深化国有企业公司制股份制改革，健全现代企业制度，优化国有经济布局和结构"、"完善各类国有资产管理体制和制度"，其中经济结构调整和国有资产管理体制改革的主要任务是国有企业改革重组和主辅分离，同时还指出"新时期深化经济体制改革的重大任务是建立新的国有资产管理体制，实行所有权和经营权分离"；党的十八大报告提出"深入推进政企分开、政资分开、政事分开、政社分开""推进事业单位分类改革"；党的十八届三中全会决定指出"推动国有企业完善现代企业制度""进一步深化国有企业改革"，成立中央全面深化改革领导小组；2015 年 9 月中共中央、国务院印发的《关于深化国有企业改革的指导意见》明确指出"坚持党对国有企业的领导是深化国有企业改革必须坚守的政治方向、政治原则"等。

从最早的十五大报告到十八大及十八大三中全会，以及党中央在后续发布的若干指导意见中，都提出并不断明确了中央对全面深化国企改革，尤其是垄断行业国企改革的分类改革指导意见，并强调了"坚持党的领导"。因此，加强党对铁路国家所有权政策制定的领导，为全面深化铁路改革发展提供强有力的保证和支撑，进一步贯彻、细化党对国企国资改革的方针政策，对于制定贯彻实施铁路国家所有权政策具有重要意义。

（2）要做好铁路国家所有权政策的理论准备

到目前为止，我国已初步明确国家所有权政策的基本方针，但还未形成体系，应该在研究国家所有权政策一般概念和基本内容的基础上，紧密结合铁路改革发展，实际加强对铁路国家所有权政策的研究。铁路国家所有权政策的意义，不仅在于它通过明确企业的基本和具体的功能目标，可以指导国有经济布局结构调整方案和国有经济改革方案的分类设计及实施，还在于它能够指导国有经济的分类管理。

（3）铁路国家所有权政策的顶层设计建议

一是建议设立国家铁路改革咨询委员会。有效确保铁路国家所有权政策的权威性。

二是建议设立中国铁路国有资本投资运营公司。随着国企改革的不断进行，在中国铁路国有资本投资运营公司成立或组建后，国资委（或财政部）将对铁路各领域企业的直接管理与经营权授予给中国铁路国有资本投资运营公司，由中国铁路国有资本投资运营公司代替国资委（或财政部）和其他出资人履行出资人职责，而国资委（或财政部）则负责对中国铁路国有资本投资运营公司进行监督管理。中国铁路国有资本投资运营公司根据铁路工程、装备、路网、运营等领域在国家战略发展中扮演的不同角色，在几个领域之间进行出资或股权的动态调整，从而实现国家对铁路各领域企业不同的功能定位和控制。

（4）铁路国家所有权政策的政策保障

一是铁路国有资产管理部门需要重新定位，即国有出资人机构从"管企业"转向"管资本"。国资委（或财政部）作为国有股东代表应履行股东的各项权利和义务，不能缺位，也不能越位。

二是明确铁路国有企业分类管理的实施方案。政府将铁路国有企业进行分类管理，并根据不同类型的铁路国企制定不同的所有权政策目标。

三是建立并完善铁路企业经营管理问责机制。建立问责机制，使铁路国企高管的责任、权利和义务对等，建立合理的经营者激励机制，仍是现阶段铁路国有企业发展混合所有制的重要内容。

四是提高铁路国有企业信息披露的透明度。国家应制定统一的信息披露政策，以明确信息披露的种类、对象、内容和方式，确保国有企业信息披露的质量和透明度。

五是积极推进铁路企业发展混合所有制。推进铁路企业股份制改革，引入社会资本实现股权多元化，对处于充分竞争领域的商业类铁路领域企业推进混合所有制改革。

六是推进铁路投融资体制改革。推进铁路采用"网运分离"的模式,确保国家对铁路路网进行管控的同时打破铁路路网的自然垄断性、增强铁路行业的直接竞争性、吸引民间资本投资铁路。

（5）铁路国家所有权政策的法律保障

一是要赋予国家民事主体资格。对国有企业进行股份制改造，确立国家的民事主体资格和地位,国家资产以股份的形式投入国有企业，国家通过持股来实现国家所有权。

二是政企分开、政资分开要以法律的形式巩固下来。为适应铁路企业股份制改造的需要，可以依据《公司法》制定《铁路股份制企业管理办法》，制定配套的法律、法规和规章。

三是针对不同类型国有企业分类立法。结合有关政策和行业法规出台规范政府直接干预较多的特殊领域中各类公司包括自然垄断公司、平台类投资公司等的法律，分类出台具体明确不同类型企业及其代表责任的法律法规。

四是制定铁路国家所有权政策改革的相关法律。我们建议制定我国《铁路国家所有权政策条例》，将铁路改革的相关规范及措施写进条例，使铁路国家所有权政策有法可依、目标明确。

（6）铁路国家所有权政策的人才保障

确保铁路企业人才与国家所有权政策相匹配。应该加强铁路国有企业相关人员在铁路国家所有权政策方面的专业培训,使企业人才能够对国有企业国家所有权政策有所理解与认同,并在执行过程中贯彻这些政策。同时，确保相关薪酬激励以吸引和稳定优秀人才，完善多层次、系统化的铁路国家所有权政策的人才保障措施及企业人才的建设工作。

（7）铁路国家所有权政策的宣传保障

一是巩固铁路国家所有权政策的统一认识。解疑释惑、凝心聚力，最大限度地形成思想共识，加强有关铁路国家所有权政策的思想教育和宣传引导。

二是营造利于铁路国家所有权政策实施的舆论环境。我们需要主动运用新兴媒介，加强与媒体的深度交流，始终保持正面引导的强劲态势，使铁路"以人民满意为标尺"的良好形象和铁路职工无私奉献的精神风貌通过媒体广泛传播，为铁路国家所有权政策研究、制定与实施营造良好的舆论环境。

三是加强铁路国家所有权政策内外宣传。加强内部宣传，其目的是充分发挥员工的智慧和能力，充分调动广大干部、工人对铁路国家所有权政策实施的积极性。做好外部宣传，在国家重大战略的机遇背景下，提升铁路各领域企业对外宣传能力，展示铁路各领域企业的发展趋势以及相应的国家所有权政策改革方向。

参考文献

[1] 陈小洪，赵昌文. 新时期大型国有企业深化改革研究[M]. 北京：中国发展出版社，2014.

[2] 岳媛媛，魏景赋. 美国铁路发展史上的政府管制问题探讨[J]. 物流技术，2005（1）：89-91.

[3] 呼志刚. 英国铁路路网公司的运营与管理[J]. 铁道运输经济，2006（12）：55-58.

[4] 孙萍. 日本铁路改革及启示[J]. 辽宁广播电视大学学报，2007（1）：95-96.

第二章　铁路网运关系调整问答[①]

1. 为什么铁路网运关系调整是全面深化铁路改革实践层面的首要关键问题？

答：铁路路网具有网络性、基建所需资金规模巨大等特点，具有极强的天然垄断性。铁路网运合一、高度融合的经营管理体制，已经成为难以逾越的体制性障碍，是影响铁路投融资体制、公益性补偿机制、中长期债务处置等其他深层次问题的根源，个别问题还十分突出，已经严重影响到铁路行业的持续健康发展。例如，在现代企业制度建设方面，即使像大秦铁路、广深铁路这样的上市公司，公司治理结构仍然不够完善；在混合所有制方面，非国有资本进入铁路实现混合所有制的途径十分狭窄；在投融资体制方面，主体分散、规模较小、"蚂蚁"级别的社会资本难以投资铁路基建这头"大象"；在债务处置方面，铁路难以盘活优质资产，中长期债务处置十分困难；在公益性补偿方面，铁路公益性补偿没有明确对象，只能以交叉补贴为主，效率更高的"明补""直补"难以实施。

一方面，以提高运营效率、保证运营安全为目标，"路网宜统"；另一方面，以提高运输服务质量、有效引入竞争为目标，"运营宜分"。但在网运合一的条件下，"路网宜统"和"运营宜分"的矛盾变得难以

---

① 本章由"铁路改革研究丛书"第 2 本《铁路网运关系调整研究》主要观点构成。有关铁路网运关系调整的详细分析，建议参阅《铁路网运关系调整研究》一书。

调和。因此，铁路究竟如何处理路网与运营之间的关系，已经成为全面深化铁路改革实践层面的首要问题。

2. 问：我国铁路网运关系必须予以调整，其解决方案是什么？

答：《铁路网运关系调整研究》一书提出了"基于统分结合的网运分离"的网运关系调整方案，其主要特点可概括为 16 个字，即"路网宜统，运营宜分，统分结合、网运分离"。

我们认为，网运合一、高度融合的网运关系是铁路其他深层次问题的根源，必须予以充分关注。一方面，以提高运营效率、保证运营安全为目标，"路网宜统"；另一方面，以提高运输服务质量、有效引入竞争为目标，"运营宜分"。

在网运合一的条件下，"路网宜统"和"运营宜分"的矛盾几乎不可协调，政府与铁路企业界限不清、公益性与商业性界限不清、铁路运输市场缺乏竞争、社会资本难以进入、中长期债务难以处置等一系列深层次问题也难以取得突破。

"基于统分结合的网运分离"不仅坚持了铁路运输统一集中指挥的原则，保证了路网基础设施的完整性与运输的高效性，而且能够真正的实现政企分离，有利于引入公平竞争机制，保证客、货运营公司的市场性与灵活性，并为铁路发展混合所有制、解决中长期债务等深层次问题创造有利条件。因此，我们建设基于统分结合的网运分离条件下，路网与运营各司其职。

一是路网和众多配套设施作为铁路行业的基础设施，由一个规模庞大、实力雄厚的国有企业集中统一规划、建设与管理，充分发挥铁路各类基础设施服务于全社会的功能，是确保公平、效率的首要条件。路网公司的主要职能为三个方面：一是建设维护国家铁路的基础设施，二是为国家铁路提供基础服务，三是主导与其他各产业的融合发展。为保证铁路运输市场竞争的公平性，可禁止路网公司以任何形式获得直接面向货主与旅客的运营资格，使其只能通过为运营公司服务创造自身价值。

二是为数众多的运营公司（不仅只限于三大专业运输公司）主要承担为旅客和货主提供优质运输服务的职能，运营将作为竞争性业务彻底放开。

可见，"基于统分结合的网运分离"能够合理处理好"路网宜统"与"运营宜分"之间的矛盾，我们建议，应将这个方案作为全面深化铁路改革总体设计的优选方案。

3. 问：为什么我国铁路运输的路网与客货运输业务必须分离？

答：我国铁路运输的路网与客货运输业务必须分离主要是出于以下三个方面的考虑。

（1）促进国有资产分类管理的需要

中共中央、国务院印发的《关于深化国有企业改革的指导意见》[①]和《关于国有企业功能界定与分类的指导意见》[②]都指出，应立足国有资本的战略定位和发展目标，结合不同国有企业在经济社会发展中的作用、现状和需要，根据核心业务范围，将国有企业界定为商业类和公益类，不同类型的国有企业实行分类改革、分类发展、分类监管和分类考核。这两份文件主要精神就是国家所有权政策的核心思想，也是制定铁路国家所有权政策的重要依据。

铁路作为国家重要的基础设施、大众化的交通工具、国民经济发展大动脉和综合运输体系骨干，在社会经济发展和国防军事等方面具有重要作用，有着浓厚的公益性色彩，但铁路客货运输业务大部分又具有商业竞争性，在我国当前网运合一的经营管理体制下，很难按照《关于深化国有企业改革的指导意见》和《关于国有企业功能界定与分类的指导意见》这两个文件界定我国铁路的企业类型。只有将铁路路

---

① 2015 年 8 月印发。

② 2015 年 12 月，国资委、财政部、发展改革委印发。

网与运营分离，才便于国家对铁路实行分类改革、分类发展、分类监管和分类考核。

（2）充分发挥市场竞争优势的需要

网运分离可以对部分市场主体降低铁路运输运营成本，从而增强市场竞争优势。目前，中国铁路总公司及其下属路局（集团公司）除了要做好日常的运输生产服务工作外，还承担着全国绝大多数铁路线网的建设和维护任务。特别是近年来，铁路网建设全面加速，铁路投资保持在每年 8 000 亿元以上。巨大的路网建设和维护成本对铁路运输企业而言无疑是巨大负担，且当前我国铁路运输公益性较强，铁路运输利润率较低，较其他行业投资资金回收更慢、回报周期更长。

以上因素在很大程度上削弱了运营企业专心从事运输生产业务的能力，降低了员工参与运输生产、研发多元化运输产品的动力。若实施"统分结合的网运分离"，在减少了基础设施给企业带来的成本压力后，铁路运营企业可以专心研究运输产品本身，为旅客和货主提供更加人性化、更具特色的运输服务，并且能够与公路等运输方式在平等的基础上进行竞争或合作，增强铁路在运输市场上的竞争力。

除了通过降低运营成本来增强竞争优势外，网运分离还可以在铁路运输市场引入竞争机制。客货运输服务作为非自然垄断业务，应具有充分的市场开放性和竞争性。但是，我国铁路拥有庞大的路网与众多配套的基础设施，且多为沉淀资本，并存在着规模收益等明显的自然垄断特性，这些特性决定了路网很难作为竞争主体参与市场竞争，也很难有竞争对手存在。在目前网运合一条件下，仅有铁路总公司下辖的 18 个铁路局集团公司及三个专业公司具有承运人资格，铁路运输领域内部几乎没有充分的竞争机制，这不符合市场经济的本质要求和客观规律。"统分结合的网运分离"有利于强化铁路运输市场竞争，旨在为社会资本参与铁路运输服务创造更多、更好的条件，鼓励各类社会资本举办众多小、精、专的运营公司，并以强化竞争、提高效益为第一目标。

（3）根本解决铁路深层次问题的需要

长期以来，我国铁路运输业的自然垄断性与市场经营性互相交织，阻碍了以市场为导向的铁路改革进程，并导致现代企业制度不完善、社会资本难以进入、铁路债务难以处理、公益性补偿不到位等诸多深层次问题，铁路改革发展面临较大挑战。铁路现行的"网运合一、高度融合"经营管理体制不仅难以满足市场经济条件下铁路行业的发展需求，并在一定程度上成为铁路进一步改革发展的体制性障碍，铁路网运关系调整刻不容缓。我们认为，我国铁路路网与运营的分离是解决铁路诸多深层次问题的破门斧，这也是我们认为铁路网运关系调整是全面深化铁路改革实践层面首要问题的重要原因

4. 问：国外也有路网分割的实践，比如日本，为什么我国铁路改革一定要坚持"全国一张网"的前提？

答：日本国铁改革后，客运按地区划分成了 6 个公司，实现了"客运与路网合一、货运与路网分离、路网按区域分割"的"分割、民营化"运营模式。这一方面是为了促进与私营铁路公司之间的竞争，另一方面也是日本铁路特有的市场需求结构决定的。北海道、四国和九州 3 个客运公司分别管辖 3 个岛屿的客运业务，独立的地理位置决定了市场及资源的可分割性。对少量的跨公司运输协调问题，通过企业间协商方式，辅之以先进的技术手段，并不难解决。但中国幅员辽阔，铁路客货运输需求主要是基于相互连通的大陆（目前海南岛通过琼海铁路轮渡与大陆铁路互联互通，而台湾岛内铁路与大陆铁路尚未实现互联互通），且主要表现为中长途运输，地区性的企业组织结构不完全适应这种市场需求，搞得不好，就可能因市场分割而影响铁路大干线的畅通。

扩大地区管理跨度，加大管内运输比重，可以减少直通运输协调上的矛盾，但从竞争的角度看，各公司管内用户基本没有选择余地。

这与美国铁路货运公司的情况有很大不同①。美国铁路货运公司也有按区域划分的特点，但同一地区内存在几家货运公司竞争，各货运公司之间相互开放通路，形成了特有的"地区重叠"现象。而我国铁路是一张统筹规划建设起来的路网，几乎没有重复建设，能够构成平行径路竞争的线路十分有限。所以，仅仅扩大区域性铁路公司管辖范围，还是不能从根本上解决问题。

不同国家有不同的铁路改革模式，都是由自身特殊的国情、路情决定的，我国铁路的线路特点和运输现状决定了我们必须坚持"一张网"的前提。

路网统一是保证运输安全的基础条件。在路网统一的条件下，机车车辆、工务工程、通信信号、行车组织等方面均由路网公司按照有关技术标准统一协调，提高技术标准体系的整体性，从而为运输安全提供基础条件。同时，这也提高了整个铁路系统遇到突发事件的应急处置能力。实践证明，没有执行统一的行车组织办法，是导致铁路个别特别重大事故的重要原因之一。

路网统一是提高运输效率的前提条件。2005年5月我国撤销所有铁路分局，在货物平均运距基本保持不变的情况下，货车周转时间明显缩短。可见，减少分界口数量使18点现在车统计对铁路畅通的影响大大减小，从而提升了路网的整体性，对提高铁路运输效率具有明显的推进作用。因此，实施统分结合的网运分离，既改变了各分界口传统的考核清算办法，又保证了路网的整体性，对提高整个路网运输效率具有重要意义。

除此之外，由于铁路基础设施投资巨大，坚持路网公司对铁路基础设施实行统一建设管理，能够优化铁路运输能力资源配置，合理规划新建基础设施，科学优化既有基础设施，从供给侧角度促进资源的高效利用。从统一调度指挥的角度，坚持路网公司的统一调度指挥，还能够合理调整铁路运输生产力布局，保证铁路运输的平稳有序和畅

---

① 美国政府采取了"货运与路网统一，客运与路网分离"的运营管理体制，即铁路货运公司拥有铁路线路，客运运营要与拥有铁路线路所有权的铁路公司签订长期线路租用合同，并向铁路货运公司支付线路使用费，其公益性运输亏损由政府给予补贴，减轻企业公益性运输负担，采用平行线路竞争等模式对铁路运输企业进行了改革。

通高效，从而缓解目前我国铁路运输存在的供给与需求矛盾。

路网统一是确保公平竞争的首要条件。铁路作为国家重要的基础设施，只有通过成立一个全国统一的路网公司才能为广义上的各类社会资本（包含国资、民资）举办的运营企业营造公平的竞争环境。路网公司将负责铁路路网等基础设施的建设、维护、运营，为所有参与市场竞争的运营主体提供基于路网的无差别服务，是维护市场公平竞争的首要条件。

路网统一是维护国家安全的重要保障。我国铁路作为国民经济大动脉，不仅发挥着不可替代的稳边富边、抢险救灾等作用，也是军事运输的重要手段，对保障部队建设、作战、演习和训练具有重大作用。完整的路网设施能够更好地完成国家宏观调控任务，能够更高效地保障国家重点物资运输、军事运输、抢险救灾运输等需要，确保广大人民群众正常的生活质量，维护社会稳定。

5. 问：“统分结合的网运分离”会在铁路投融资方面带来怎样的影响？

答："统分结合的网运分离"将吸引社会资本分类进入铁路领域。

对于社会中存在的众多小型民营资本，要想进入铁路运输市场，就必须以网运分离作为前提条件。我国社会资本一般具有主体分散、规模较小、数量众多的特点，而铁路建设具有建设投资大、回报周期长的特点，众多社会资本不具备大型国有企业的资金实力，在短时间也很难得到回报，这就造成了社会资本不愿也无法进入铁路领域，成为限制社会资本进入铁路的瓶颈。

国家已经意识到加快铁路建设不能只靠国家投资"单打独斗"，要拿出市场前景好的项目和竞争性业务吸引民间资本共同参与，通过创新融资方式、丰富多元投资主体，为铁路发展注入新动力。深入推进铁路投融资体制改革，进一步鼓励和扩大社会资本投资建设铁路，一直是我国的重点工作之一，特别是 2013 年 8 月国务院印发《关于改革铁路投融资体制加快推进铁路建设的意见》，更是体现了吸引社会资本投资铁路的紧迫性。尽管国务院和中国铁路总公司出台了多项鼓励社会资本进入铁路的指导意见，可是收效甚微①，仍难以激发资本市场投资铁路的活力和动力。纵观近年来社会资本投资铁路的案例，不缺可以枚举的项目，却难以寻觅较为成功的典范。

我们认为，这与我国铁路现在网运合一的经营管理体制有很大关系。一方面，"网运合一"体制下的铁路总公司及其下属路局（公司）在竞争中既扮演裁判员又扮演运动员的角色，往往社会资本投资铁路不仅难以盈利，甚至无法收回投入资金，这对社会资本来讲是明显的不公平竞争；另一方面，铁路"网运合一"体制下铁路建设融资规模（一般都在百亿以上）与社会资本规模（上百亿的社会资本极少）不匹配，造成社会资本难以进入铁路。

虽然铁路运营是可以完全放开的竞争性业务，但由于路网的巨大沉淀成本阻碍了潜在性企业的进入，运营也伴随着路网的自然垄断而高度垄断，铁路产业形成长期自然垄断局面，十分不利于社会资本投资铁路。因此，有必要将运营从路网的制约中剥离出来，打破现有的运营跟随路网被迫垄断的局面。

网运分离后，庞大的铁路基础设施建设和维护将由国有资本承担，为众多规模较小的社会资本进入运营市场创造条件，使客、货运输公司真正成为符合市场经济要求的竞争主体。机车车辆与列车运行线的使用费用成为了运营者的运输生产固定成本，并且该成本在整个成本结构中所占的比重很小，从而降低了其资产沉淀性和生产专业性，资金投入的回报周期也相应缩短，这将有效消除社会资本进入铁路的障碍和顾忌，增加运输服务的可竞争性，逐渐弱化甚至剔除运输服务自然垄断的特征，进而形成良性的行业竞争生态。

实施"统分结合的网运分离"之后，可吸引不同类别的社会资本分类投资铁路领域，如主体较为集中、实力雄厚、风险厌恶型的国有资本可投资铁路路网来获取比较稳健的投资收益，而主体较为分散、个体规模较小、风险偏好型的社会资本可进入运营领域，主要从事运输经营，资金回报周期短、预期收益较高。

---

① 据一份内部资料显示，2018 年铁路全年吸引社会资本 100 多亿元。

6. 问：为什么说"统分结合的网运分离"有助于完善我国铁路公益性补偿机制？

答：目前，我国铁路实行的公益性补偿形式是"政府内部转移支付"，即交叉补贴、税收减免、铁路建设基金等形式，这种公益性补偿存在缺乏系统的制度设计、政府单方面决策为主与社会参与不足、补偿范围界定方法不够合理、公益性补偿对象和补偿方式不完善、补偿标准和方法缺乏科学基础、监督机制缺乏及补偿效果不明显等问题。

我国铁路当前"网运合一，高度融合"的体制使得铁路经营性与公益性相互交织，没办法准确判断铁路的公益性，更没办法判断铁路亏损到底是由经营所造成的还是由铁路公益性所造成的，以至于没有办法确定铁路公益性的补偿标准。实行"统分结合的网运分离"，将路网与运营分离开，有助于分类指定铁路公益性补偿标准，使公益性问题合理解决。

实施统分结合的网运分离之后，能够明确补偿主体与补偿对象，也避免了以往不合理的分配制度。运营公司单纯的逐利性会自然地形成整张路网上线路的运输密度差异，盈利较好的线路运输密度大，竞争激烈，盈利较弱的线路运输密度小，竞争微弱。这样，市场无形的手就将"公益性"线路自然地析出，为建立科学合理的公益性经济补偿核算方法提供了依据。在"统分结合的网运分离"条件下，由国家财政对从事公益性运输的运营公司予以适当补贴，运营公司自负盈亏，这将有效处理好铁路企业性与公益性之间的矛盾，在实现铁路运输市场化的同时保证社会主义制度的体制优势，并充分发挥我国的资源优势。

7. 问：实施"统分结合的网运分离"的基本思路是怎样的？

答："统分结合的网运分离"是指把具有自然垄断性的国家铁路网基础设施与具有市场竞争性的铁路客货运输分离开，以现有的

"1+18"基本格局相对不变为基础组建铁路路网公司，以实现路网的"统"，在现有三大专业运输公司的基础上再组建若干个客货运营公司，以实现运营的"分"，从而实现铁路路网与铁路运营的分类管理、专业经营。

实施统分结合的网运分离，其基本思路主要是坚持稳中求进的工作总基调。

2013 年以来，中国铁路总公司面对严峻的铁路货运现状，积极应对现代物流领域的激烈竞争，探索推进铁路货运组织改革。当时推进的铁路货改将在一定程度上促使铁路网运分离。例如，上海铁路局货运改革方案为成立阜阳、蚌埠、合肥、徐州、南京、杭州、金华、上海等九个货运中心，装卸公司、上铁物流、各地区铁路发展集团的相关子公司成建制划归货运中心，各站段货运相关专业也划归货运中心。

我们认为，如果把货运业务逐步从车站（车务）中分离出来，最终按照现代物流企业的标准将一部分货运中心整合形成一批具有竞争力的货运公司，另一部分货运中心整合进入三大专业运输公司，今后再适时把客运也分离出来，那么铁路局集团就只具有行车职能。而铁路局集团的行车职能只能置于统一的调度指挥权力之下，理所当然地归属于路网公司。

分离出来的货运中心、客运中心将逐步整合成为具有独立法人资格的运营公司。这些公司没有巨额的固定成本负担，能够灵活地参与到市场竞争当中，能真正依靠市场参与者之间的竞争，提高铁路运输企业的服务水平，降低其运营成本。同时，为了获得更多的线路使用权，各公司之间将会产生一定的竞争，由于路网公司对于路网的拥有权，这些竞争将会在公平合理的原则下进行。

总之，我们建议不宜采用"一刀切"式的网运分离，而是以逐步将若干货运中心划转进入三大专业运输公司或整合为新的运营公司的方式进行[①]。如此，成熟一批，划转或整合一批，随着资产、业务、人员的逐渐划入，铁路网运关系的调整也就水到渠成了。

---

① 如果三大专业运输公司为上市公司，可考虑由其从资本市场募集资金，用来逐步从各铁路局集团公司收购若干货运营销中心。这样的改革路径将更加市场化，但是可能需要较长的时间。

"统分结合的网运分离"最终目标是形成"（1+18）"和"（3+N）"的局面：

① 路网领域，将铁路总公司和 18 个铁路局集团公司的运营业务剥离，其职能简化为建设维护国家铁路的基础设施、为国家铁路提供基础服务、主导与其他各产业的融合发展，不再直接参与铁路客货运经营。继续保持全路一张网，在路网领域形成一个路网总公司和旗下 18 个子公司"（1+18）"的局面。

② 运营领域，继续做大做强三大专业运输公司，同时开放整个铁路运输市场，充分引进社会资本，打破铁路运输市场的垄断性，形成众多小、专、精的铁路运输公司，在运营领域形成 3 大专业运输公司和 N 个其他铁路运输公司"（3+N）"共同繁荣的局面。

③ 资本领域：依托中国铁路投资有限责任公司（简称中国铁投），联合其他国有资本共同组建中国铁路国有资本投资运营公司（简称中铁国投），优化铁路国有资产管理体制。届时，将国资委管理的中国中车、中国通号、中国铁建、中国中铁等铁路央企的股权划归中铁国投统一管理，由中铁国投代表中央政府对铁路行业行使国家意志，并实现铁路国有资本在路网、运营、工程、装备等领域的优化布局和合理流动。

8. 问：实施"统分结合的网运分离"的具体路径是怎样的？

答：由于我国铁路目前处于持续发展阶段、体制转换时期，运输经营、建设发展、分离分立、改革重组等任务十分繁重，笔者认为可以分四个阶段完成"统分结合的网运分离"。鉴于目前我国铁路客运发展良好，在多种交通方式中具有较强的竞争力，对其实施"统分结合的网运分离"改革的紧迫性低于铁路货运，因此本次改革方案主要探讨铁路货物运输的网运分离模式。

（1）第一步，改革准备阶段

铁路总公司（及其所属各单位）改制是全面深化铁路改革的破局

之策。该阶段主要目标是：① 对铁路所有企事业单位进行资产清查及核对工作；② 对 17 个非运输主业下属单位以及 18 个铁路局进行改制；③ 在完成对 18 个铁路局的改制后，对铁路总公司本级进行公司制改革[①]；④ 推进非运输主业企业和三大专业运输公司的股份制改造；⑤继续深化货运改革、推进铁路客运改革。

① 开展铁路资产清查工作，防止后续改革过程中出现国有资产流失问题。调整铁路网运关系必然涉及路网与运营的业务边界与资产边界，同时为了防范改革进程中国有资产流失的潜在风险，应在继续深入网运关系调整之前，先行实施铁路资产清查工作，为即将展开的网运分离创造良好条件。

② 积极稳妥地推进铁路企业公司制改革。首先，对中国铁路总公司所属非运输企业的公司制改革，其次，是对全国 18 家铁路局进行公司制改革（中国铁路总公司下属 18 个铁路局已于 2017 年 11 月完成公司制改革工商变更登记，更名为"中国铁路某某局集团有限公司"）。最后，是对中国铁路总公司的公司制改革[②]，应该按照政企分开的原则，加快构建公司法人治理结构，建立以公司章程为核心的制度体系。

③ 推进非运输主业企业和三大专业运输公司的股份制改造（条件具备时可上市）。在改革准备阶段推进三大专业运输股份制改造，一是贯彻学习 2018 年中央经济工作会议中关于"加快推动中国铁路总公司股份制改造"的精神，二是为后续推进网运分离做准备。

④ 将非运输主业公司的产权（股权）由中铁总划转给其全资子公司——中国铁路投资有限公司（简称中国铁投），进一步做实、做强中国铁投，进一步锻炼中国铁投国有资本投资运营能力，为未来组建中

---

① 1. 2018 年中央经济工作会议要求加快推动铁路总公司股份制改造，这是中央为铁路改革设定的总体性、终极性目标，本书作者建议中国铁路总公司以中央经济工作会议精神为指导，充分结合铁路实际，抓紧制定具体性、阶段性目标，报国务院、财政部审批后严格按计划执行。2. 铁路改革十分迫切，一天也不应耽搁。应充分认识到铁路股份制改造方案论证需要较长时间，待方案明确后再实施铁总改制可能存在贻误改革时机的风险。因此，建议在进一步论证铁路股份制改造方案的同时，应首先将铁路总公司改制为国有独资公司，以尽快发挥新体制机制的作用。
② 为便于阐述，在不引起混淆的情况下，后文不区分中国铁路总公司改制前后名称的差异。

国铁路国有资本投资运营公司整个铁路行业（装备、工程、路网、运营）国有资本投资运营能力奠定基础。

⑤ 深化铁路货运改革。深化铁路货运改革的目标应是对已经存在的货运中心做好划转（进入三大专业运输公司）或整合（举办新的物流公司）的准备工作，厘清行车（路网）与货运（运营）的业务与资产边界。除此之外，可适时成立物流企业或参股（甚至控股）一些股权结构清晰、治理结构规范、经营情况良好、具有一定发展潜力的社会化物流企业（如福佑卡车、卡行天下、三志物流、壹米滴答等），作为网运分离的初步尝试。货运组织改革的重大意义在于能够提高铁路货运效率与效益，有利于提高铁路干部职工收入水平，从而为铁路改革提供内在动力，同时也能够为铁路创造良好的社会评价，使社会公众关心支持铁路改革，为铁路改革提供外部动力，为"统分结合的网运分离"深入实施夯实改革基础。

从上述构想来看，我国铁路改革目前仍然处于准备阶段。

（2）第二步，运营业务公司化（运营资源整合）阶段

运营业务公司化（运营资源整合）阶段重点是推进以下四项工作：一是做实、做大、做强三大专业运输公司；二是把2013年以来成立的货运营销中心的一部分职能划给各铁路局集团货运部，另一部分职能划给各铁路局集团货运受理服务中心[①]；三是对于货运受理服务中心的一部分，可根据铁路向现代物流转型发展的实际需要，以三大专业运输公司融资购买的形式，将其划转进入三大专业运输公司；四是对于货运受理服务中心的另一部分，则按照现代企业制度整合而成若干个类似三大专业运输公司的货运运营公司。以上三大专业运输公司与若干个新增的运营公司（简称为"3+N"）构成铁路运营领域的骨干。运营业务公司化（运营资源整合）阶段的实质是在铁总的框架内实现初步的、事实上的网运分离。

作为铁总与各铁路集团公司全资的股份制公司，整合成的若干专

---

① 货运受理服务中心的职责包括：货运业务集中受理、大客户维护、装载监控、服务质量监督等。

业运输公司将承担三大职能：一是初期将成为干线运输的竞争主体，二是中期将成为铁总与铁路局框架内实现网运分离的推动力量，三是中远期将成为融资平台甚至成为上市公司，从而为铁路直接利用资本市场创造有利条件。

我们特别强调，本阶段应在铁总统一领导、监督下进行，由各铁路局集团具体实施，从而充分发挥铁总作为现行体制的积极作用。在本阶段目标达成之后，货运、客运、路网三类公司均为中国铁路总公司以及各铁路局集团全资或控股的有限责任公司，则我国铁路将在铁总与 18 个铁路局集团框架内初步实现事实上的网运分离。

需要特别指出的是，我们之所以强调一部分货运中心划归三大专业运输公司，另一部分整合成一大批公司，主要是出于未来发展的需要，特别是对资本市场融资的需要。① 这些运营公司要经常性地停牌从而面向社会开展募资活动，并且根据相关监管规定，相邻两次募集资金应间隔较长时间（18 个月）方可进行，运营公司数量太少不便该类募资活动开展；② 中国铁路运营资产规模极其巨大，考虑到单个资本市场承受能力有限，铁路运营类资产首次公开募股（IPO）应面向包括中国 A 股在内的全球资本市场，运营公司具有一定数量将有利于此项工作的开展。

（3）第三步，网运分离阶段

该阶段的主要目标是将运营（主要是 3+N 个运营公司）从路网（主要是"1+18"）中逐步分离出来。将第二阶段中国铁路总公司及 18 个铁路局集团孵化出的一大批运营公司推向市场，除部分需兜底公益性运输的客货运营公司外，其余全部流转为社会资本控股或参股的股份有限公司（若具备条件可上市），并允许各类社会资本举办铁路运营公司，铁路运营作为"竞争性业务"彻底面向市场开放，实现较为彻底的网运分离。此时兜底公益性运输的运营公司应实现国资控股的混合所有制改革，并从铁总控股划转为中国铁路投资有限公司控股①，18

---

① 待"中铁国投"成立后，由"中铁国投"持有相关股份，详见"铁路改革研究丛书"第 12 本《铁路改革目标与路径研究》。

个铁路局集团不再继续参股。

铁路运营公司的股权多元化改革应以混合所有制改革为目标，以股份制公司为最终实现形式，这是贯彻十八届三中全会关于国有企业改革、建立现代企业制度精神的必然要求，是"混合所有制"这一重大理论创新在铁路领域的大胆实践。

这一阶段仍要充分发挥铁总和各铁路局集团公司作为现有体制的作用，调动其参与改革的积极性，以运营公司产权流转来实现铁路混合所有制改革，并为解决铁路中长期债务提供一种可供选择的方法。

（4）第四步路网整合（路网资源整合）阶段

路网资源整合主要内容包括两项任务：

① 整合业务站段成立综合段。

将工务、电务、供电合并为工电供综合段，推进实施工务、电务、供电、通信多工种管理综合化、维修一体化和大修专业化，建立与铁路发展相适应的劳动组织和生产管理模式。

② 逐步将"1+18"整合为一个路网集团公司。

对全国路网进行整合，将中国铁路总公司以及剥离了客、货运公司的 18 个铁路局整合为一个统一的路网公司。现有各铁路局集团公司继续保留并成为中铁路网的子公司，现各铁路局集团的调度所可作为路网公司的数个区域调度中心（或派出机构），整合后的路网公司将减少或消除目前各铁路局集团之间基于自身利益的相互纠缠，有利于在保证安全的前提下，以提高效率为首要目标。

9. 问：路网公司是否应当继续保持国有独资的公司形式？

答：路网公司是选择国有独资还是发展混合所有制，是一个值得思量的问题。

参考文献

[1] 中国网. "十三五"期间，国企混改会走多远？[EB/OL]. 国务院新闻办公室网站[2017-04-26]. http://www.scio.gov.cn/ztk/dtzt/2015/33681/33686/33693/Document/1445038/145503 8.htm.

[2] 左大杰，李斌，朱健梅. 全面深化铁路改革目标与路径研究[J]. 综合运输，2016.38（8）：19-24.

第三章 铁路现代企业制度问答[①]

1. 问：为什么建立铁路现代企业制度是全面深化铁路改革亟需解决的关键问题之一？

答：所谓现代企业制度是指以市场经济为基础，以企业法人制度为主体，以有限责任制度为核心，以产权清晰、权责明确、管理科学为条件的新型企业制度，它既能够适应商品经济的发展要求，又能够适应社会化、规模化生产的要求。

建立现代企业制度，实行公司制，是国有企业特别是国有大中型国有企业的改革方向。目前，我国油气、电力、通信等行业对现代企业制度改革均进行了卓有成效的探索和实践，特别是十八届三中全会以来，这些行业的现代企业制度改革得以进一步有序推进。然而，由于铁路自身行业特点，其现代企业制度改革一直难以取得系统性突破。作为全面深化国企改革的重要组成部分，推进铁路现代企业制度的改革工作具有重要的现实意义。

当前我国铁路面临诸如国家所有权政策、铁路网运关系调整、铁路现代企业制度、铁路混合所有制、铁路投融资体制等 12 个亟需解决的关键问题。从改革层面的内在逻辑来看，这 12 个亟待解决的关键问题可划分为四个层面——国家所有权政策层面，国有资产管理体制层

[①] 本章由"铁路改革研究丛书"第 3 本《铁路现代企业制度研究》主要观点构成。有关铁路现代企业制度的详细分析，建议参阅《铁路现代企业制度研究》一书。

面，企业治理结构层面和企业运行机制层面。铁路现代企业制度建设属于铁路国企改革的企业治理结构层面的范围。

企业治理结构层面上的铁路现代企业制度研究，既是铁路国家所有权政策及铁路网运关系调整的现实需求，也是后续深入研究铁路投融资体制、混合所有制、公益性补偿机制等内容的重要基础和前提。

通过建立现代企业制度，铁路将实现以股份制建立混合所有制企业，以公司制为经营方式的转变。产权多元化的实现将搭建吸引社会资本投资铁路的平台，有效拓宽铁路投融资渠道，促进铁路投融资机制的进一步完善，也为解决铁路债务问题提供制度保障。在现代企业制度下，铁路运输企业将以市场为导向，完全自主经营，自负盈亏，同时，铁路企业内部将形成合理的运营及治理机制，实现企业组织的合理化、管理的科学化。

以党的十八届三中全会为标志，全面深化铁路改革已经站在新的历史起点上。在新的时代背景下全面深化铁路改革，必须充分考虑当前我国的国情、路情与铁路行业发展中出现的新的关键问题，并探索解决这些关键问题的方法。一方面，与同为网络型自然垄断行业的油气、电力、通信行业相比，铁路现代企业制度建设欠账最多，与党中央、国务院对铁路改革的期待尚有不小差距；另一方面，当前铁路改革正处在关键时期，但是我国铁路路网和运营领域的企业并未完全建立起符合我国市场经济体制的现代企业制度[①]，普遍缺乏有效制衡的公司法人治理结构（或法人治理结构有待规范），难以跟上铁路迅速发展的步伐和满足铁路深化改革的实际要求。

在此背景下，建立铁路现代企业制度既是全面深化铁路改革的重要工作，能够为其他各项改革工作奠定体制基础，也是增强铁路运输企业活力和竞争力、提高铁路运输业发展质量的有效途径和必然选择。因此，铁路现代企业制度建设已经成为全面深化铁路改革亟需解决的关键问题之一，也成为了继铁路国家所有权政策、铁路网运关系调整之后的又一个亟需解决的关键问题。

---

① 比较而言，铁路工程、装备领域的国有企业（如中国铁建、中国中车等）已经建立了较为规范的现代企业制度，为十多年该领域的持续健康发展奠定了坚实的体制机制基础。

2. 问：铁路现代企业制度建设与铁路改革四个层次之间的关系如何理解？

答：我们认为，在市场经济条件下运作的铁路企业，必须要解决四个层面上的问题，即铁路国家所有权政策层面的问题、铁路国有资产管理体制层面的问题、铁路国有企业治理结构层面的问题和铁路国有企业运行机制层面的问题。

上述四个层面的问题是环环相扣的，铁路国家所有权政策是全面深化铁路改革的基础，是后续改革方案设计的依据和前提；铁路国有资产管理体制是根本，是企业有效运营的原动力；治理结构是一个把出资人权利、责任和义务加以整合，并向企业传导的机制层次，其特征在很大程度上是由出资人的性质、资产管理的方式决定的；企业的运行机制，是整个权利链条的重点，并由铁路国家所有权政策、资产管理体制和企业治理结构来决定其运行机制。铁路现代企业制度建设在铁路改革四个层次中起着"承上启下"的作用，"承上"是指铁路现代企业制度是铁路国家所有权政策与铁路国有资产管理体制的主要体现，"启下"是指铁路现代企业制度不仅决定企业治理结构，还是企业运行机制的重要基础。

（1）铁路国家所有权政策层面

要建立铁路现代企业制度，首先需要明确铁路的国家所有权政策层面的问题。国家应该根据铁路国有资本的战略定位和发展目标，结合不同铁路国有企业在经济社会发展中的作用、现状和发展需要，将铁路国有企业进行分类定位，并采取适宜的控制政策。分类疏理铁路公益性和竞争性的内在属性，进一步明确国家对铁路各领域的控制方式、是否允许社会资本参加、铁路各领域国有企业的出资人、法律形式以及相应的治理结构。这也是铁路国企改革的第一个层次，进而在明确铁路国企功能定位的基础上完善铁路国有资产管理体制。

（2）铁路国有资产管理体制方面

对于铁路而言，应以"管资本"为主来提高资本配置和运营效率，推进铁路国有资产优化重组。建立健全铁路国有资产管理、监督和营运体系是建立铁路现代企业制度的难点，应遵循"国家所有、分级管理、授权经营、分工监督"的原则。

（3）铁路国有企业治理结构层面

基于公司制的铁路现代企业制度，应该充分配合铁路企业的市场行为，在网运分离的基础上建立差异化的分类治理机制，并成立具备铁路国有经济管理委员会、铁路国有资本运营公司或铁路国有资本投资公司、一般性铁路国企三个层次的经济管理体制，完善董事会、监事会和经理层等治理结构，使之成为社会经济中充满活力的"细胞和组织"。

（4）铁路国有企业运行机制

在四大改革层次中，企业运行机制是直接实现国有企业效益的层次。铁路改革在突破了上层体制障碍之后，最终毫无悬念地会落实到企业运行机制这个最直接体现改革效益的层次，也只有解决了铁路前三个层次的问题，在企业运行机制方面的改革才能发挥效用。例如，《铁路债务处置研究》一书只是描述了企业运行当中某一类比较具体的问题的对策，属于企业运行机制层面的改革，但铁路债务处置必须在明确了铁路国家所有权政策、现代企业制度的前提下才能顺利实现。再如，《铁路企业运行机制研究》一书是在明确了铁路国家所有权政策、现代企业制度的前提下，阐述了作者对铁路工程、装备、路网、运营、资本等五大领域的企业运作方面的思考，是对作者构想之中铁路行业发展形势的整体描述，也是铁路改革所有深层次问题破冰之后企业最直观的外在表现，还是作者对铁路五个主要领域相互作用关系的描述，是整个深化铁路改革的最终呈现。

综上，应从铁路国家所有权政策层面、铁路国有资产管理体制层面、铁路企业治理结构层面和铁路企业运行机制层面全方位多角度出发，推进铁路现代企业制度建设，实现全面深化铁路改革的目标和任务。

3. 问：网络型行业现代企业制度建设的实践经验对铁路有何启示？

答：铁路具有自然垄断的行业特性，因此可参考借鉴我国油气、电力、通信、民航等网络型行业现代企业制度建设的实践经验。这些实践经验主要包括以下几个方面。

（1）加强党的领导和顶层设计

由于行业的特殊性，网络型行业国有企业改革之中的网运关系调整以及现代企业制度建设始终是两个重要问题，企业推进改革的积极性不高，容易出现等完"指导意见"再等"实施意见"，等完"实施意见"再等"实施细则"的情况。在系统内改革意愿不强的情况下，党对网络型行业现代企业制度建设的顶层设计对于该类国有企业改革具有极其重要的意义。

以油气领域为例。2017 年 5 月，中共中央、国务院印发《关于深化石油天然气体制改革的若干意见》(简称《意见》)，明确了深化石油天然气体制改革的指导思想、基本原则、总体思路和主要任务，部署了八个方面的重点改革任务，其中包括改革油气管网运营机制，分步推进国有大型油气企业干线管道独立，实现管输和销售分开。2019 年 3 月 19 日，中央全面深化改革委员会第七次会议审议通过了包括《石油天然气管网运营机制改革实施意见》在内的八份文件。会议明确指出要组建国有资本控股、投资主体多元化的石油天然气管网公司。然而就目前改革形势来看，油气领域企业推进改革的积极性略显不足，对有关文件和意见响应周期较长。与油气领域类似，铁路也具有自然垄断的行业特性，可能存在改革意愿和积极性不足的问题，因此在铁路改革发展的关键时期，应加强党的领导，从顶层设计角度推动铁路改革加快推进。

（2）确立资本所有权的多元化和产权的明晰化

在网络型行业的现代企业制度建设和发展过程中，资本所有权是多元化的，一直属于众多不同的所有者。产权关系明晰为实现所有权和经营权的分离提供前提条件。在铁路现代企业制度的建设过程中要注意确立资本所有权的多元化和产权的明晰化，明确铁路企业的出资人和产权所有人，以利于铁路现代企业制度的建设。

（3）建立合理的现代企业组织制度

所谓现代企业的组织制度，也就是关于企业核心组织机构的设置及其相互关系的制度，它主要体现在企业的组织结构方面。

铁路现代企业制度的建设过程中要设立相关部门，为铁路现代企业制度的建设服务。在铁路系统中，非常有必要建立规范的组织制度，使企业的出资者（国家）、所有者代表（代表国家履行出资人职责并派驻董事进驻企业）、经营者（企业本身）有法可依，有章可循，由于各组织部门既相互独立又相互制约，所以可以最大限度地调动起各组织部门的监督权力，使组织制度能够完美落实。

（4）完善现代企业制度的立法

铁路现代企业制度和法制有着内在的联系。一方面，法制的完善和规范促进铁路现代企业制度的产生和发展；另一方面，铁路现代企业制度正常运转要求具备相应的法制环境。尤其是铁路公司企业法人地位的确认，其公司的设立、运行、合并、兼并、破产等程序的法制化，为铁路现代企业制度的发展方向、准则、竞争秩序、组织与管理等提供规范的法律保障，清除了企业演进道路上的障碍，有效地避免了企业制度发展过程中的混乱，从而保障铁路现代企业制度沿着规范化、秩序化的方向发展。

（5）合理发挥政府作用

从企业制度的演进史看，政府在现代企业制度的建立和发展过程中发挥了重要作用。对于铁路这样的网络型行业而言，政府的作用主要体现在：制定法律、明确铁路企业的地位、设立条件、运作、合并、分立、清算程序和方法，以及铁路企业的内外部关系；运用财政政策、货币政策、产业政策，从宏观上影响、引导、制约铁路企业的生产经营行为；在非常时期运用必要的行政手段直接干预铁路企业部分经营活动；建立社会保障体系，促进市场发育，维护市场秩序等。政府一般并不直接干预铁路企业具体的生产经营活动，而是着重为铁路企业制度的建立和发展创造良好的外部环境，规范或明确铁路企业的地位、组织和行为等。

综上，应结合我国相关网络型行业现代企业制度改革实践带来的经验和启示，从我国铁路实际改革情况出发，推进铁路现代企业制度改革，促进全面深化铁路改革事业顺利进行。

4. 问：我国铁路行业现代企业制度建设有何特点？

答：改革开放以来，我国铁路进行了一系列改革，铁路工程、装备、路网、运营和资本等主要领域企业都在现代企业制度建设方面取得了不同程度的发展。

在铁路工程领域，以中国中铁股份有限公司和中国铁建股份有限公司为代表，大都建立了比较完善的现代企业制度，各公司下设股东大会（独资公司无股东大会）、董事会、监事会和经理层，董事会下设战略委员会、风险管理委员会、薪酬考核委员会、提名委员会等部门，经理层下设财务部、法律事务部、人力资源部等基础部门。部门和机构均各司其职、协调运转，建立了有效制衡且规范的法人治理结构。

在铁路装备领域，有许多典型的装备公司，如中国中车股份有限公司和中国铁路通信信号股份有限公司，以及中铁工程装备集团有限公司、唐山远通铁路装备制造有限责任公司、郑州铁路装备制造有限公司等。与铁路工程领域公司类似，以中国中车股份有限公司和中国铁路通信信号股份有限公司为代表，铁路装备领域公司也大都建立了比较完善的现代企业制度，其股东大会、董事会、监事会和党委会以及经理层制度完善且规范。

在铁路路网领域，自 2013 年撤销铁道部、成立中国铁路总公司以来，铁总积极贯彻国家关于铁路改革的决策部署，取得了一系列重要成果。特别是在中央巡视组 2017 年上半年做出铁路有关企业"推进改革不力"结论之后，铁总加强统筹领导，仅用了半年多一点的时间就基本完成了 18 个铁路局的公司制改革，基本建立了现代企业制度。但是，其现代企业制度还有待规范，存在诸如董事会与经理层交叉严重、缺乏外部董事等问题；此外，中国铁路总公司本级的公司制改革也尚未完成。总之，铁路路网领域现代企业制度建设有待进一步完善。

在铁路运营领域，主要包括拥有路网资源的运营企业、不拥有路网资源的运营企业（主要是 3 大专业运输公司），以及未来可能成立的各类混合所有制运营企业。其中拥有路网资源的运营企业包括铁总下属的 18 个铁路局集团公司，不拥有路网资源的运营企业主要包括 3 家专业运输公司，分别为中铁集装箱运输有限责任公司、中铁特货运输有限责任公司、中铁快运股份有限公司。就 3 大专业运输公司而言，其现代企业制度均较为完善，但对未来可能成立的各类混合所有制运营企业而言，其现代企业制度的建设和规范还相对落后，必须予以重视。

在铁路资本领域，现代企业制度建设已经有了较多实践，其中典型的企业主要包括中国铁路投资有限公司、京津冀城际铁路投资有限公司、中铁建设投资集团有限公司和四川铁投城乡投资建设集团有限责任公司等。除中国铁路投资有限公司为铁总全额出资设立而无股东会外，其余铁路资本领域公司均设置了股东大会、董事会、监事会及经理层，并依照《公司法》建立和完善了各公司现代企业法人治理结构。

总的来说，铁路的工程、装备、资本等领域已经基本建立了符合现代企业制度的企业或公司，但运营和路网领域的企业还未完全建立起现代企业制度，或现代企业制度的建立有待规范。总体而言，运营和路网这两个领域的现代企业制度建设进程明显落后于工程、装备和资本领域的企业。

5. 问：现阶段我国铁路现代企业制度建设存在哪些问题？

答：从目前我国铁路现代企业制度改革的情况来看，主要存在但不限于以下两个方面。

一方面，铁路五大领域现代企业制度建设不均衡。铁路工程、装备领域现代企业制度发展比较完善；资本领域现代企业制度建设虽然起步较晚，但整体发展水平良好；相对而言，路网和运营领域的现代企业制度建设较为落后，发展水平有待提高。

另一方面，现阶段铁路路网、运营两个领域建立的现代企业制度并未完全符合新型企业制度的要求，存在诸如产权有待进一步清晰、权责划分有待进一步明确、管理科学性有待进一步提高等一系列问题。

（1）产权制度有待进一步清晰

产权制度是在财产所有权的基础上，界定和保护各产权主体行使对财产的占有、使用、收益和处置等各项权能，以及由此所形成的责、权、利的制度安排。铁路企业产权管理主要包括铁路国有资产产权界定、价值评估结果认定、铁路资产处置的决策和审批等。由于我国铁路长期以来一直实行高度集中的管理体制，所以铁路企业产权制度存在不少弊端。

中国铁路总公司、各铁路局集团及所属铁路企业均为企业法人，各层级管理的对象都是铁路国有资产，但各自应具有的产权责任、权利和利益并不明确，造成各个管理层级在各自资产构成和管理职能上经常互相交叉。比如铁总既是一个权利主体，又是一个利益主体；既行使行业管理职能，又行使国有资产所有权管理、运输调度指挥、运输结算等经营管理的职能。各铁路局集团及所属铁路企业也在产权管理上出现职能交叉或管理真空。铁路企业产权不清晰，铁路资产所有权、使用权、收益权、处置权界定不明确，将在一定程度上阻碍铁路各个管理层级职能的实现，难以在市场经济条件下实现铁路资源的有效配置，进而将严重制约铁路企业的发展。

（2）权责划分有待进一步明确

建立现代企业制度，就是要改革传统企业领导体制，使所有者、经营者和生产者之间，权力机构、决策机构、监督机构之间形成各自独立、权责分明、相互制约的关系，并通过法律和企业章程得以实现。然而当前铁路企业缺乏有效制衡的公司治理结构，权力机构、决策机构、执行机构、监督机构之间权责不明确，各机构人员不作为、机构之间职能交叉严重、相互推卸责任的现象时有发生。企业治理结构的缺失是制约铁路国有企业建立规范现代企业制度的一个重要影响因素。

铁路的运营和路网领域的企业还并未完全建立起现代企业制度，或现代企业制度的建立有待规范。其公司治理结构存在的问题主要表现为企业治理结构不完善、董事会建设不规范、铁路公司经理层人员选聘存在一定问题（如市场化选聘程度不高、经理层人员与董事会成员高度重合等）。

（3）管理科学性有待进一步提高

科学的管理体制包括多方面内容，如铁路企业内部管理和国家对企业的管理（尤其是以法律为主要手段）两个方面。这两方面存在的问题主要表现为：

① 铁路企业效率有待提高。

受历史原因和计划经济的影响，我国铁路将移动型的运载设备和网络型的基础设施捆在一起管理和经营，协调两者之间的关系也是内部化，一个铁路局集团的列车使用另一个铁路局集团管辖的线路，采取"内部"交易的办法或者无偿使用，企业的边界实际上是模糊的。另外，长期以来按地区设置铁路局，虽然现如今各铁路局已完成公司制改革，改制为铁路局集团，但各铁路局集团之间仍是在铁路总公司统一领导下的"兄弟单位"式的协作关系，企业主体之间应有的市场交易协作方式实际上很难得到体现，各铁路局集团之间更多的是内部协调，而不是市场协调。企业行为和政府行为并行，旅客和货主对铁路局集团及下属铁路企业的印象既是企业的又是政府的。我们认为，铁路现存的管理体制严重影响了铁路企业效率的提高。

② 铁路改革立法有待完善。

由于铁路市场化改革的滞后，我国的铁路立法大多属于行政法规，上升为国家法律层面的较少，甚至不少重要的规定尚未做到规范化、体系化、法律化。相较于中国铁路的持续快速发展，现有的铁路立法亦出现了明显的时间非同步性和内容的不全面性。现阶段的法律在界定铁路企业的法律地位时，不仅条文过简，而且也没有指明铁路企业的改革方向，铁路改革立法尚不完善。

当前，我国铁路改革正处关键时期，必须准确把握铁路现代企业制度改革过程中存在的一系列问题，将现代企业制度作为推进全面深化铁路改革重要抓手的作用真正发挥出来。

6. 问：我国铁路现代企业制度建设的实施途径是怎样的？

答：铁路现代企业制度建设重点涉及全面深化铁路改革"六步走"建议的网运关系调整阶段，现在针对围绕网运关系调整各阶段的铁路现代企业制度建设的实施途径进行简要分析。

（1）改革准备阶段的现代企业制度建设

① 非运输主业企业及 18 个铁路局改制阶段的现代企业制度建设。

首先，非运输主业企业改制。可参照中国铁路建设投资公司、中国铁路发展基金股份有限公司、中国铁路财产保险自保有限公司重组整合改制而成的中国铁路投资有限公司的模式，针对铁路总公司所属的 17 家非运输主业，综合考虑实际改革需要，经多方考评后，选择合适的几家公司为对象，在铁路总公司的框架下将其进行重组整合，并建立符合企业发展的现代企业法人治理结构。

其次，18 个铁路局集团公司改制。各铁路局已于 2017 年年底完成公司制改革，在改革准备阶段，18 个铁路局集团的出资人均为铁路总公司。完成公司制改革之后的铁路局集团需建立完善的董事会、监事会、经理层制度。

② 铁路总公司改制阶段的现代企业制度建设。

铁路总公司要进行现代企业制度改革，出资人代表一定要明确，其出资人代表有以下三种方案可供选择。方案一：铁路总公司仍然由财政部管理并履行出资人代表职责；方案二：铁路总公司完全划归国资委管理，由国资委履行出资人代表职责；方案三：财政部作为出资人代表，国资委负责指导铁路总公司本级改制的现代企业制度建设。

从目前铁路改革面临的形势来看，笔者建议优选方案三作为铁路总公司改制时的出资人代表方案。但铁路改革环境复杂多变，也可根据实际情况采取相应的改革措施，并针对改制后的铁路总公司建立完善而规范的现代企业治理结构。

（2）运营业务公司化（运营资源整合）阶段[①]的现代企业制度建设

运营业务公司化（运营资源整合）是网运关系调整过程中的一个重要环节，是在铁路总公司及各铁路局集团框架下进行网运分离的推动力量。在这一阶段，货运运营公司均为铁路总公司及 18 个铁路局集团的全资控股公司。

货运业务公司化后，由若干个货运营销中心整合形成的新的运营公司是铁路总公司及 18 个铁路局集团的全资股份制公司。在各货运运营公司中，铁路总公司及各铁路局集团交叉持股，因此需要建立具有现代企业制度的法人治理结构，形成由股东大会、董事会、监事会、

---

① 本丛书最后定稿时将此修订为"运营业务公司化（运营资源整合）阶段"。

经理层构成的相互制衡的现代企业法人治理结构。

（3）网运分离阶段的现代企业制度建设

第一，明确各铁路运营公司的出资人。原各运营公司仅为铁路总公司及 18 个铁路局集团的全资控股公司，但在这一阶段，无论是规模较小的社会资本还是其他类型的资本，均可参与到铁路运营中，其出资人构成变得更加多样化。

第二，规范各铁路运营公司的现代企业法人治理结构。在上一阶段建立的法人治理结构的基础上，按照现代企业制度要求规范其法人治理结构。设立股东大会，规范股东大会、董事会、监事会、经理层制度，形成"从无到有，从有到全"的完善且符合标准的现代企业制度。

（4）路网整合阶段的现代企业制度建设

首先，考虑将剥离了客、货运公司的 18 个铁路局集团整合为一个统一的路网公司（可称为中国铁路路网（集团）有限责任公司），若条件不具备，可由铁路总公司直接运作路网整合的相关事项。

其次，利用大秦铁路和广深铁路两家上市公司向资本市场发行股份，购买非上市公司的铁路路网资产，待两家公司形成控股中国铁路路网资产的形式时，将两家公司合并，成立中铁路网集团股份有限公司。依照有关法规与公司章程产生该公司董事、监事，交由股东大会审议，将市场机制引入对新公司经营者的选聘，完善公司治理制度。推进新公司经理人的职业化、市场化，建立包括任职资格认定、选拔、考核、激励、约束、培训在内的企业经营者管理体系。

（5）铁路现代企业制度的进一步完善

第一，理顺铁路总公司与铁路各领域企业的关系。围绕关于铁路改革的"六步走"建议，理顺铁路总公司在不同改革阶段与各领域企业之间的关系，尤其是理顺铁路总公司"瘦身健体"过程中与路网、运营、资本等领域企业之间的关系。

第二，规范铁路公司董事会建设。铁路公司董事会与经理层人员重合度不宜过高，确保董事会人员构成中的职工董事与外部董事比例，强化董事会在现代企业治理结构中的核心作用，规范铁路公司董事会建设。

第三，深化"三项制度"改革。深化和完善铁路公司劳动、人事、分配制度改革，建立铁路现代企业制度改革后转换经营机制的基本保障。

第四，推进配套改革其他措施。调整优化铁路国有资本布局结构，建立配套的现代铁路企业法律法规体系，加快推进铁路企业经营管理者的市场化选聘制度，加快在铁路各领域建立现代企业制度。

由于我国铁路工程、装备、资本等领域已建立起了较为完善的现代企业制度，而路网和运营领域还尚未完全建立起现代企业制度，或现代企业制度的建立有待规范，因此，以上叙述是围绕网运关系调整，并以路网和运营领域的现代企业制度建设为重点而展开、并提出的关于我国铁路现代企业制度改革的实施途径。

7. 问：如何建立铁路现代企业制度改革的保障机制？

答：为了全力推进铁路现代企业制度建设各项改革工作，使铁路现代企业制度改革顺利进行，应建立健全相关配套的改革保障机制，主要包括以下五个方面。

（1）坚持党的领导

在铁路现代企业制度建设过程中，铁路企业要坚持党的领导、加强党的建设。坚持党对铁路企业的领导不动摇，发挥企业党组织的领导核心和政治核心作用，保证党和国家方针政策、重大部署在铁路企业贯彻执行；坚持服务生产经营不偏离，把提高铁路企业效益、增强铁路企业竞争实力、实现铁路国有资产保值增值作为铁路企业党组织工作的出发点和落脚点；坚持党组织对铁路企业选人用人的领导和把关作用不能变，着力培养一支宏大的高素质企业领导人队伍。加强党对铁路现代企业制度政策制定的领导，进一步贯彻、细化党对国企国资改革的方针政策。

（2）加强顶层设计

首先，设立铁路改革组织机构。建议成立国家铁路改革咨询委员会，作为协助党中央和国务院领导全面深化铁路改革的决策咨询和协调机构。国家铁路改革咨询委员会可下设 12 个专门委员会，直接向国家铁路改革咨询委员会负责，提出关于各自负责领域的铁路改革政策和建议，并提交国家铁路改革咨询委员会汇总、协调，最终向中央全面深化改革委员会报告。

其次，加强铁路总公司与地区各部门的协同工作。各地区各部门要充分认识建立铁路现代企业制度改革的重要性和紧迫性，搞好分工协作，制定具体方案，明确任务分工、时间节点，定期督查、强化问责，确保各项改革措施稳步推进。国务院投资主管部门要切实履行好投资调控管理的综合协调、统筹推进职责。

（3）加强立法建设

铁路要进行现代企业制度改革首先要完善相关立法工作，从法律层面确立现代企业制度的合法性。只有确立完善的法律法规，才能依法保护各方权益，维护竞争公平有序、要素合理流动的投融资市场环境。具体来说，包括确立铁路投资主体的法律地位，加紧做好铁路改革立法规划，提出铁路现代企业制度改革重组的一系列法律法规的议案等，通过完善铁路改革的立法工作，推动我国的铁路现代企业制度改革，促进我国铁路的高质量发展。

（4）完善人才保障

建立和完善铁路现代企业制度既需要专业人才作为保障，也需要规范公司治理结构，从多方面约束和规范公司董事会、监事会、高级管理层人才建设工作，全面完善人才保障措施。

首先，完善董事会人才保障。董事会作为公司的决策机构，接受股东大会的委托（若铁路公司为独资公司，则无股东大会，此时直接接受国家出资人代表委托），做出公司的重大决策；同时将执行权委托给经理层，由经理层执行董事会的有关决策。铁路各类公司的董事会在公司治理中具有核心地位。对铁路独资公司来说，这种核心地位更加明显。铁路独资公司不设股东会，由财政部（或国务院指定的其他出资人）授权公司董事会行使股东的部分职权，决定公司的重大事项。在铁路公司建立现代企业制度的过程中，应注意董事会规模和构成，并设置常务委员会和专门委员会，多方面规范铁路公司董事会制度。

其次，完善监事会人才保障。在铁路公司监事会的建设过程中，应注意根据担任监事的基本条件遴选公司监事，监事应在任期内切实履行其职责，铁路公司监事会成员不应少于 3 人，且其中职工代表不应少于监事会人数的 1/3。担任监事的职工代表必须通过职工代表大会、职工大会或者其他形式民主选举产生。监事可以是股东、公司职工，也可以是非公司专业人员。其专业组成类别应根据《公司法》规定和公司章程具体规定。

再者，完善经理层人才保障。铁路公司在建立现代企业制度的过程中，应改革铁路企业领导任命制，建立人才公平竞争机制，改革铁路企业领导薪酬制度，建立完善的激励与约束机制，以及建立完善而规范的公司治理结构，将市场机制引入对铁路公司经营者的选聘，完善公司治理制度。

（5）加强宣传保障

铁路现代企业制度建设已进入了势在必行的阶段，为了使改革工作顺利进行，迫切需要加强内外宣传来深化广大干部、职工对铁路现代企业制度的认识。可通过拓展舆论宣传阵地，壮大舆论力量，增强新闻宣传针对性、正确把握舆论导向、纠正模糊认识等方式来加大内部宣传。在外部宣传方面，需要树立正确的宣传导向，针对性开展铁路跟踪报道，研究对外宣传策略，达到良好的宣传效果。

铁路现代企业制度建设需要从多方面建立保障机制，完善的保障机制也是铁路现代企业制度建设得以顺利进行的关键，必须落实各方面和各环节的改革措施，将铁路现代企业制度改革与铁路其他领域的改革结合起来，形成推动全面深化铁路改革的合力，从而完成全面深化铁路改革的目标和任务。

参考文献

[1]　刘国光. 中国经济体制改革的模式研究[M]. 北京：中国科学技术出版社，2009.

[2]　何德文，廖周伟. 铁路施工企业的现代企业制度改造[J]. 西南民族学院党报(哲学社会科学版)，1998(02)：124-127+1.

[3]　何包景. 浅议我国铁路企业现代企业制度的建立[J]. 东方企业文化，2007 (09)：80-81.

[4]　耿枢馨. "走出去"背景下加强我国铁路企业对外宣传能力的策略研究[J]. 中国铁路，2016 (09)：23-26.

第四章 铁路混合所有制问答①

1. 问：为什么铁路混合所有制是全面深化铁路改革亟需解决的关键问题之一？

答：产权改革一直是国企改革的中心环节。我国的国企改革从1978年十一届三中全会到2013年十八届三中全会，经历了35年，选择了一条有别于西方市场理论的渐进市场化改革道路，即国家政策一步一步引导国有企业从激进的控制权改革向渐进的所有权改革转变。尽管政府不断放权让利，扩大企业自主经营权，但是我国国有企业运行效率不高、缺乏活力的现象仍普遍存在。

2013年党的十八届三中全会审议通过的《中共中央关于全面深化改革若干重大问题的决定》明确提出了要积极发展混合所有制经济、鼓励国有经济和非国有经济融合等关于混合所有制改革的新论断。不难看出，产权改革将成为下一轮国有企业体制改革的重心。随着全面深化改革的不断深入，产权改革逐渐呈现出更多、更新的改革内涵。以产权改革来实现国有经济的战略性制度调整，将极大地完善我国的基本经济制度，提升国有经济的运行效率。

目前，我国铁路国有企业所有制形式较为单一，铁路总公司系统的企业国有资本均保持较高比例，铁路国有资本总体影响力与控制力

---

① 本章由"铁路改革研究丛书"第4本《铁路混合所有制研究》主要观点构成。有关铁路混合所有制的详细分析，建议参阅《铁路混合所有制研究》一书。

极弱，亟需通过混合所有制改革扩大国有资本控制力，提高社会资本投资铁路的比重。发展铁路混合所有制不仅可以放大铁路国有资本的功能，提高铁路国有资本配置和运行效率，还能够提升铁路国有企业的竞争力。

随着全面深化改革的持续深入推进，涉及的行业和领域也将有所扩大，其中铁路将作为混改的重点领域。因此，铁路混合所有制改革时机已经成熟，铁路混合所有制已成为全面深化铁路改革亟需解决的关键问题之一。

2. 问：我国国有企业混合所有制改革对铁路有何启示？

答：铁路作为典型的网络型行业，借鉴其他国有企业改革的经验，结合自身特点进行产权多元化的混合所有制改革，是铁路走出当前困境、适应经济发展的必要途径。企业混合所有制改革对铁路有以下四方面的启示。

（1）建立人格化的国有股、产权主体

铁路作为国有资产，在进行混合所有制改革时，其股权为全体人民所有，而全体人民所有权是由政府指定的特定机构和部门代为行使，因而缺少真正的人格化的产权主体来代为行使企业财产所有权。

人格化的产权主体缺位极易导致国有企业陷入权责模糊的不利境地。一是国家多部门分别享有并行使着所有权，缺乏一个统一的产权主体来代为行使所有权和控制权；二是由于信息不对称，国家多部门对国有股权实施管理，其权责交叉必然引起国有股权所有者代表缺位，进而导致监督权虚置，经营权转变为实际控制权并越位取代所有权；三是国有企业所有者代表缺位使得其难以建立有效的激励约束机制，难以落实国有股权维护工作，很可能出现特定利益集团（如董事会和高级管理层）利用控制权为自己谋私利的问题，即董事会和高级管理层越位行使经营权，股东大会仅限于形式，监事会形同虚设等，从而

破坏国有企业进行产权改革后形成的制衡机制。对于铁路混合所有制改革而言，建立人格化的国有股、产权主体十分必要。

（2）产权结构改革要确保国家在关键领域拥有绝对控股权，维护国家战略安全

铁路作为国民资产，不只有盈利权利，更要承担国家公益性运输义务。作为国民经济大动脉的铁路，实行混合所有制改革不是目的，而是手段。通过混合所有制改革，学习和借鉴国内其他行业或国外同行的先进经营管理经验，从而达到改善经营管理水平、提高经营绩效的目的。在铁路混合所有制改革的过程中，不能一味追求产权多元化，否则会脱离我国国情和铁路路情，极易导致我国战略安全问题。例如，在铁路路网混合所有制产权改革中，要坚持的首要和基本原则是国家绝对控股，保证国家对铁路路网的控制权，有效防范和化解相关金融风险和国家战略安全风险，维护国家战略物资运输稳定。

（3）完善非国有股引入机制，充分发挥非国有股东的建设性作用

我国铁路改革在引进非国有股时，应关注其可能引起的问题，通过完善引入机制，保证其发挥应有的建设性作用，以防国有资产流失。一是注重引进非国有股的关键环节——非国有股东的选择，通过明确非国有股东的引进类型、选择标准以及引进方式，确保选择出合格的战略投资者；二是设计好引进非国有股的配套措施，即完善引进非国有股的法律法规体系，对非国有股实施全面、动态的监管战略，加快外部市场环境建设的步伐，加强非国有股东与国有股东的沟通与协调。

（4）重构铁路企业内部治理结构

大多数国有企业体制改革过程中，对民间资本都有较高的进入壁垒，或者也可以认为国有体制改革吸引民间资本的能力有限。问题不

仅仅是国家对于民间资本购入股权的比重有严格的控制，还有国企内部治理过于行政化，董事会、监事会、经理层的有效监督制衡机制没有建立，难以发挥现代企业制度的优势。

解决当前国有企业治理存在的问题，应从两方面着手：一是构建强有力的监督机制，解决内部人控制问题，保证国有企业所有权与控制权相统一；二是构建有效的监督制衡机制，防止因监督机构权力过大而产生新的内部控制问题。

铁路企业由于自身特性，有别于其他国有企业，在进行混合所有制改革时不能照搬照抄，需要根据实际路情，努力学习先进的管理经验，提高市场竞争力和企业盈利能力。

3. 问：为什么说"产权多元化是铁路混合所有制改革的核心"？

《中共中央关于全面深化改革若干重大问题的决定》中明确强调"产权是所有制的核心"，并再次重申要"健全归属清晰、权责明确、保护严格、流转顺畅的现代产权制度"。在全面深化铁路改革的过程中，尤其要在铁路产权多元化上下功夫，将铁路国有资本与社会资本等各种所有制资本相结合，让市场机制在优化资源配置中起决定性作用。产权多元化的作用有以下六个方面。

（1）有利于完善基本经济制度

铁路发展混合所有制经济一方面依赖于基本经济制度的主体结构，另一方面也是推进经济体制改革、完善基本经济制度的重要内容，其原因有两个方面：一是铁路作为国民经济大动脉、关键基础设施和重大民生工程，是综合交通运输体系骨干和主要交通运输方式之一，在我国经济社会发展中的地位和作用至关重要；二是铁路国有资本规模巨大，在现代化经济体系中占有重要地位。

（2）有利于铁路国家所有权政策的实现

铁路国家所有权政策实现的最终的目标是：国家对铁路行业应采取更加重视、加强控制的总体政策，但是考虑到各个领域的实际情况，应对铁路工程、装备、路网、运营等领域采取有区别的具体政策：一是路网具有公益性和垄断性，可由国家控股；二是运营具有商业性和竞争性，可充分放开；三是工程、装备等领域虽然具有竞争性，但由于要体现高端装备走出去等战略任务，政府仍应保持较高的股权，以体现国家意志。因此，铁路进行混合所有制改革，是铁路国家所有权政策的具体体现，铁路国家所有权对于可由社会资本适当参与的领域应向社会资本放开。

（3）有利于推进铁路管理机制现代化

2013 年 3 月中国铁路总公司成立，铁路迈出了"政企分开"的关键一步，但其经营管理机制和水平基本沿袭原铁道部，市场机制在资源配置中发挥的基础性作用未能得到体现，铁路的封闭性和垄断性特点导致铁路缺乏竞争。中共中央、国务院《关于深化国有企业改革的指导意见》指出，深化国有企业改革的目标是发展混合所有制经济，建立和健全国有企业公司治理结构。按照国家深化国有企业改革、发展混合所有制经济的部署，铁路应当积极推进产权改革，稳妥有序的引入社会资本，促进国有企业转换经营机制，推进铁路管理机制和水平现代化。

（4）有利于构建铁路现代企业制度

铁路行业产权结构不合理主要表现为产权结构单一，现代企业的法人治理结构不完善。在产权多元化和发展混合所有制经济的共识和趋势下，发展基于产权多元的铁路混合所有制，是社会主义市场经济发展的内在要求，也是当前全面深化铁路改革的必然要求。党的十八届三中全会《决定》指出，根据不同行业特点实行网运分开、放开竞争性业务，推进公共资源配置市场化。现代企业制度的核心是产权清晰、权责明确、政企分开、管理科学。市场经济是基础，企业法人制度是主体，健全协调运转、有效制衡的公司法人治理结构是抓手。只有在市场条件下实现铁路产权多元化才能为建立铁路现代企业制度奠定基础。

（5）有利于引入社会资本参与

铁路一直以来都是由国有资本绝对主导，甚至全部由国有资本投资、建设及运营。政企分开后，2013 年成立的中国铁路总公司所有制形式仍是单一的国有资本形式，铁路总公司所有制结构和属性仍然未变。党的十八届三中全会指出，积极发展混合所有制经济，国有资本投资项目允许非国有资本参股。2014 年 11 月 26 日国务院发布《国务院关于创新重点领域投融资机制鼓励社会投资的指导意见》指出，加快推进铁路投融资体制改革，用好铁路发展基金平台，吸引社会资本参与，扩大基金规模。因此，铁路发展产权多元化的混合所有制经济形式是吸引社会资本参与铁路，推进铁路投融资主体多元化必要途径。

（6）有利于解决铁路中长期债务

中国铁路政企分开后，中国铁路总公司继承了原铁道部所有的资产与债务。截至 2018 年 3 月底，铁路总公司负债达 5.04 万亿元，较 2017 年同期的 4.72 万亿元增长 5.8%，负债率达 65.27%，巨大的债务问题已经影响铁路正常建设和运营，解决铁路债务困局是当前铁路经济体制改革的迫切要求。在全面深化铁路改革的进程中，势必通过铁路国有资产产权的流转实现企业化的经营，并实现铁路行业与资本市场的对接。通过产权流转，实现铁路所有制形式多元化，国有资本、民营资本等社会资本共同参与的混合所有制结构是解决铁路中长期债务的有效方式。

铁路实行产权多元化改革后，有利于铁路企业集聚社会资本、合理配置资源，促进和引导民间投资，可以从放宽投资领域、拓展融资渠道、实现投资主体多元化等方面，鼓励和引导社会投资以独资、合作、联营、参股、特许经营等方式，参与到铁路项目建设与运营中，这对于缓解铁路当前的债务风险、填补铁路建设资金缺口、促进铁路现代企业制度的建立等具有重要意义。

4. 问：铁路改革可以实现的交叉持股形式有哪些？

答：交叉持股作为国有企业改革的手段逐渐被运用到我国实践中，并发挥着积极效用。铁路总公司作为一个全民所有制企业，在实际操作层面仍有一定难度。因此，铁路总公司改革"三步走"应持续推进，铁路总公司本级的公司制改革尤为重要。一旦铁路总公司本级公司完成公司制改革后，对运输需求产业链的上下游企业交叉持股工作即可按照一定层次或范围依次展开。

（1）铁路总公司系统内各集团公司交叉持股

以货运为例。铁路网运关系调整过程中，铁路总公司应对已经存在的货运受理服务中心做好划转进三大专业运输公司或整合举办新的物流公司的准备工作，进一步厘清行车（路网）与货运（运营）的业务与资产边界，为实施运营业务公司化（运营资源整合）创造条件。以上三大专业运输公司与若干个新增的运营公司（简称为"3+N"）构成铁路运营领域的骨干，充分发挥运输市场的竞争主体、网运关系优化的推动力量、资本市场的融资平台三大职能，在铁路总公司范围内促进业务融合。

（2）铁路总公司与铁路工程、装备领域国有企业交叉持股

铁路行业国企之间相互交叉持股，是铁路改革顶层政策设计的重要选项之一。加快铁路总公司与铁路工程、装备领域公司交叉持股工作，从出资人角度以资本联合形式促进铁路产业融合。

一是与铁路工程类公司交叉持股，主要包括中国中铁股份有限公司、中国铁建股份有限公司和中国铁路设计集团有限公司（原铁道第

三勘察设计院集团有限公司）等典型企业。

二是与铁路装备类公司交叉持股，主要包括中国中车股份有限公司、中铁高新工业股份有限公司、中国铁路通信信号股份有限公司、中铁工程装备集团有限公司、唐山远通铁路装备制造有限责任公司、郑州铁路装备制造有限公司等典型企业。

铁路国有企业之间交叉持股不会给铁路国有资本带来流失风险，或能降低改革成本，将是铁路改革的一条新路径。加快铁路总公司与铁路工程类和装备类公司交叉持股工作，形成利益共同体，实现多方资源的集合，构建牢固的战略联盟，提高铁路行业市场竞争力，以资本联合的形式促进铁路产业融合发展。

（3）铁路总公司与"大交通"交叉持股

加快铁路总公司与水运（港口）、航空、公路货运以及客运类公司交叉持股工作，以资本联合形式加强多式联运，促进"大交通"产业融合，部分公司类型及典型企业如下：

① 港口公司：上海国际港务（集团）股份有限公司、天津港（集团）有限公司、宁波舟山港集团有限公司、广州港集团有限公司、河北港口集团有限公司等；

② 航空公司：中国国际航空股份有限公司、中国南方航空股份有限公司、中国东方航空股份有限公司、上海航空股份有限公司、海航集团、厦门航空有限公司、四川航空公司、深圳航空有限责任公司、山东航空股份有限公司等；

③ 快递公司：顺丰速运、圆通快递、中通快递、申通快递、韵达快递、汇通快递、天天快递等；

④ 公路货运公司：德邦物流股份有限公司、天地华宇物流有限公司、上海佳吉快运有限公司、新时代通成（上海）物流集团有限公司、天津大田集团有限公司和新邦物流有限公司等；

⑤ 公路客运公司：江西长运股份有限公司、大众交通（集团）股份有限公司、南京中北（集团）股份有限公司、湖北宜昌交运集团股份有限公司、福建龙洲运输股份有限公司、新国线运输集团有限公司、

北京首汽（集团）股份有限公司、上海芷新（集团）有限公司等。

铁路总公司可以与上述公司进行资本融合，完成资本融合后，铁路运输与公路、水路和航空运输等企业联系更加紧密，为进一步促进多式联运创造有利条件。

（4）铁路总公司与其他领域国有企业交叉持股

加快铁路总公司与其他领域（主要是煤炭、钢铁、水泥、粮食等）国有大中型企业交叉持股工作，促进铁路与产业链上下游的全产业融合。

铁路总公司与其他领域交叉持股应以铁路总公司完成本级公司制改革为前提。在此之前，这种交叉持股需求只能现实地以业务合作而非资本融合的形式存在。2018年1月26日，铁路总公司所属的18家铁路局集团公司与50家大型企业签署了年度运量运能"互保协议"。互保协议让铁路运输供需双方充分发挥运输优势，降低社会综合物流成本，具有积极意义。但互保协议没有使铁路总公司与企业在运能运量上形成利益共同体，合作关系脆弱，一旦铁路运输企业价格稍有调整，就可能在很大程度上影响到企业的效益，并最终损害运能运量互保协议形成的所谓"战略合作关系"，运输供需企业间的矛盾显而易见。

协议只能将双方关系固定为"伙伴"关系，远不是利益共同体。如果改为交叉持股，铁路总公司持有上述企业的股份，便不会对企业的困难坐视不管；反之，若企业持有铁路总公司未来改制企业的股份，也不会对其置之不理。

加快铁路总公司与其他领域（主要是煤炭、钢铁、水泥、粮食等）国有大中型企业交叉持股工作，实现多方资源的整合，提高企业市场竞争力，对于加快铁路混合所有制改革乃至相关领域的混合所有制改革具有重要意义。

（5）铁路总公司与地方国资的交叉持股

加快铁路总公司与地方国资的交叉持股工作，促进铁路国有资本与地方国资有效融合。以江苏省铁路集团有限公司为例。江苏省铁路集团有限公司（简称"江苏省铁路集团"）由江苏铁路投资发展有限公司改建而成,注册资本在原有 70 亿元的基础上逐步增资到 1200 亿元。江苏省铁路集团是以省为主投资铁路项目的投融资、建设、运营管理主体和国家干线铁路项目的省方出资主体,国有全资独立法人公司,实体化独立运作。

以铁路总公司本级的公司制完成为前提,加强铁路总公司与地方国资的交叉持股,积极探索铁路股权多元化改革,以资本融合的方式进一步优化铁路国有资本布局结构,放大铁路国有资本功能,实现国有资产保值增值。

(6)铁路总公司与非公有资本交叉持股

中共中央、国务院《关于深化国有企业改革的指导意见》提出,鼓励非公有资本投资主体通过出资入股、收购股权、认购可转债、股权置换等多种方式,参与国有企业改革重组或国有控股上市公司增资扩股以及企业经营管理。其中出资入股、收购股权、认购可转债、股权置换等都可以作为铁路公司股权变动的方式,实际操作可探索更多更灵活的方式,也可以是若干方式的组合。因此,铁路总公司可依据相关政策进行混合所有制改革,鼓励铁路国有资本与非公有资本之间交叉持股,例如 2018 年 8 月 29 日中铁快运与顺丰成立中铁顺丰。

有关铁路改革的交叉持股形式主要包含(但不限于)以上六种,后续可持续稳妥推进员工持股等新的持股方式。需要注意的是,以上交叉持股有利于形成一个治理结构完善的具有现代企业制度特征的公司制企业,为后续实施铁路混合所有制改革创造了更好的条件。

5. 问：铁路运营混合所有制改革该如何实施？

答：按照铁路网运关系调整(即"基于统分结合的网运分离")"四步走"改革路径的有关构想,在保持三大专业运输公司国有资本控股的基础上,铁路总公司及 18 个铁路局集团公司孵化出的一大批运营公司将推向市场,全部为或改制为社会资本控股或参股的股份有限公司

（若具备条件可上市），并允许各类社会资本进入铁路运营公司，铁路运营作为"竞争性业务"彻底面向市场开放（除军事运输和公益性运输外）。由于含有国资股东的上市公司是理所当然的混合所有制公司，下面重点结合三大专业运输公司实际，阐述其以整体上市、首次公开募股等方式实现混合所有制改革的有关构想。

（1）建议中铁集通过铁龙物流整体上市

中铁铁龙集装箱物流股份有限公司成立于 1993 年 2 月，前身为大连铁龙实业股份有限公司。1998 年 5 月，公司在上海证券交易所挂牌上市，股票简称"铁龙股份"，股票代码"600125"，是中国铁路系统第一家 A 股上市公司。2004 年，公司大股东变更为中铁集装箱运输有限责任公司（简称"中铁集"），公司也因此更名为"中铁铁龙集装箱物流股份有限公司"，股票简称变更为"铁龙物流"。

铁龙物流不断在治理结构、管理体制和经营机制上进行变革和深化，将资本市场和铁路产业进行有效结合，已经形成了以铁路特种集装箱物流业务、铁路货运及临港物流业务、铁路客运业务为主，以房地产开发、商品混凝土生产与销售等业务为补充的主辅多元化经营格局，发展成为资产质量优良、主营业务突出、盈利能力强、管理现代化的全国性企业集团，独家拥有中国铁路特种集装箱业务的经营权和全路最大的特种集装箱保有量。

铁龙物流作为中铁集实际控制的唯一的一家上市公司，具有完善的现代企业制度，总公司设股东大会、董事会、监事会和经理层。我们建议未来其母公司中铁集陆续将较好的资产和业务注入到铁龙物流中来，进一步实现中铁集通过铁龙物流整体上市。

（2）建议中铁快运、中铁特货借壳上市[①]

借壳上市是非上市公司通过把资产注入一家市值较低的已上市公

---

① （1）中铁快运目前没有盈利，建议首先海外上市，使其能够尽早募集资金参与铁路网运关系调整，待其条件具备时可再安排在中国 A 股上市。
（2）据最新消息，中铁特货将以 IPO 形式公开上市。

司（壳公司），得到该公司一定程度的控股权，并利用其上市公司地位，使本公司的资产得以上市的做法。中铁快运、中铁特货旗下还没有上市公司，因此可以采取借壳上市的方式进行。

借壳上市可以分为以下几个步骤进行：

一是准备阶段，选择壳公司，中铁快运、中铁特货应根据业务需要，选择一家上市公司。选择财务顾问，即选择一家投资银行，为借壳上市的运作提供财务咨询和建议，这样便可处理可能发生的复杂的法律和行政事务。

二是收购阶段，通过内部协议转让方式来实现。我国目前上市公司的股本结构中国家股、法人股所占比例较大，采用这种方式可以大大降低收购成本，因此它应是中铁快运、中铁特货集团借壳上市的首选方式。

三是壳公司的整理即资产转移，收购成功后，应对壳公司的财务、业务经营、人事安排等进行调整。首先，应向壳公司选派管理人员，进行必要的人事调整。其次，与壳公司员工进行沟通。最后，通过管理制度、经营方式及企业文化等方面的融合，在财务及业务经营等管理上对壳公司进行整合。

（3）建议新的运营公司在具备条件时直接上市

首次公开募股（Initial Public Offerings，IPO），是指公司通过证券交易所首次公开向投资者增发股票，以期募集用于企业发展资金的过程。铁路运营类业务属于充分竞争性业务（铁路军事运输和公益性运输除外），应彻底面向市场开放。按照现代企业制度孵化、整合而成若干个类似三大专业运输公司的货运运营公司，应稳妥有序引入其他国有资本、民营资本，形成产权多元化的现代企业治理结构。通过相关法律保障，逐步调整（主要是逐步减少）铁路总公司和各铁路局集团公司股权比例，为各类社会资本参与运营类公司创造公平的环境，将铁路总公司和各铁路局集团公司控股、参股的运营类非上市股份有限公司逐步转型成为社会资本控股、参股的股份有限公司。

在铁路网运关系调整阶段，将上述客货运营公司直接上市。在实现股权流转之后，若条件具备，应立法禁止中铁路网公司（由铁路总公司及 18 个铁路局集团公司整合而成）直接面向货主或旅客从事客、货运业务，强制中铁路网公司彻底退出运营类公司，其目的在于为各类社会资本参与运营类公司创造公平环境。

铁路运营业务是具有充分竞争性的业务，可通过产权流转，吸引社会资本进入以解决存量或增量债务，包括国有资本在内的各类社会资本以独资、参股或控股的形式实现混合所有制。

6. 问：铁路路网混合所有制改革该如何实施？

答：在实现网运分离之后，由铁路总公司实施全国路网资源整合，以期在条件成熟时成立由路网资产组成的中国铁路路网（集团）有限责任公司（或股份有限公司）。现有各铁路局集团公司继续保留并成为路网公司的子公司，各铁路局集团公司的调度所可作为路网公司的数个区域调度中心或派出机构。整合后的路网公司将减少或消除目前各铁路局集团公司之间基于自身利益的相互纠缠，有利于在保证安全的前提下提高运营效率。

（1）路网领域的交叉持股

路网领域首先应着重完善路网公司的出资人制度、改善公司治理结构和公司运行机制，加快路网公司与铁路工程、装备、水运（港口）、航空、公路和其他领域（主要是煤炭、钢铁、水泥、粮食等）国有大中型企业交叉持股工作。

路网领域的交叉持股的目的有以下三点：一是从出资人角度以资本联合形式促进产业融合，实现多方资源的整合；二是优化股权结构，实现股权的多元化，并以股权为纽带，加深企业之间的联系；三是构建牢固的战略联盟，提高企业整体市场竞争力，对于后续铁路路网的混合所有制改革具有重要意义。

（2）路网领域是否实施混合所有制改革的探讨

整合后的路网公司是选择国有独资还是发展混合所有制，是一个值得思量的问题。如果路网公司是国家独资公司，即只有国家出资人（财政部或国资委或中铁国投），那么中铁路网就是有限责任公司；如果除了国资出资人（财政部或国资委或中铁国投）还有多家国有企业出资，那么中铁路网既可以是有限责任公司也可以是股份有限公司；如果除了国资出资人（财政部或国资委或中铁国投）和其他国有企业的资本之外，还有其他社会资本，此时路网公司表现为一个混合所有制企业，那么以股份有限公司为宜。

我们建议，如果铁路国家所有权政策认为允许路网公司不以国有独资公司的形式存在，那么有必要实施路网公司混合所有制改革。在这种情况下，基于铁路路网基础性地位和对国家经济安全等重要战略地位的考虑，路网混合所有制改革应当由国有资本绝对控股、各类社会资本参股。

（3）基于交叉持股的混合所有制改革

路网层面的混合所有制改革可以利用广深铁路股份有限公司（简称"广深铁路"）和大秦铁路股份有限公司（简称"大秦铁路"）两家上市公司运作。

由于大秦铁路和广深铁路具有上市公司的"身份"，因此可以不断向资本市场发行股份，购买非上市公司的铁路路网资产，并逐渐把中国铁路路网资产打包装入大秦铁路和广深铁路两家上市公司。在大秦铁路和广深铁路两家上市公司基本掌握全国路网的股份后，可以参考中国北车和中国南车合并的例子，将大秦铁路和广深铁路两家上市公司合并，成立中铁路网集团股份有限公司（18 个铁路局集团公司在分离出运营业务后成为中铁路网的子公司）。

我们建议在实际条件成熟时采用广深铁路收购大秦铁路的方式进行收购，原因有以下三点：一是广深铁路在公司治理方面具有更大的自主权；二是广深铁路具有较多的收购经验；三是大秦铁路没有 H 股，实际操作时只需要考虑 A 股市场。其合并方案如下：

广深铁路吸收合并大秦铁路，并将合并后新公司拟名为"中铁路网集团股份有限公司"（简称"中铁路网"）。吸收合并的具体方式为：广深铁路向大秦铁路全体 A 股换股的股东发行广深铁路 A 股股票，拟发行的 A 股股票在上交所上市流通。合并过程中，大秦铁路和广深铁路的 A 股拟采用同一换股比例进行换股，以便公司 A 股股东之间可以获得公平的对待。之后，大秦铁路 A 股市场发行的股票予以注销。合并后，新公司（中铁路网）承接大秦铁路和广深铁路的全部资产、负债、业务、人员、合同、资质及其他一切权利与义务，从而实现双方对等合并的行为。

7. 问：铁路混合所有制改革中怎样防止国有资产流失？

答：铁路国有企业产权改革是一种提高资源配置效率的做法，但由于其中涉及利益关系调整甚至是国有产权主体的变更，改革又成了一个关乎公平的问题。因此，在铁路混合所有制改革中要严防国有资产流失。

（1）防止铁路国有资产流失的基本原则

防止铁路国有资产流失要特别注意公平。如何达到社会公平，可分为三个层次：一是通过程序（过程）的公平，达到结果的公平，这是社会公众最希望得到的；二是在结果很难确定时，至少程序是公平的（如司法程序、选举程序等）；三是不管通过什么程序（过程），只要结果是公平的，社会公众也能够接受。

（2）防止铁路国有资产流失的基本思路

防止铁路国有资产流失需要把握好改革中的关键环节，并加快相关方面的立法工作。在实践中必须控制好四个关键：一是出资人切实负起责任，要制定必要的产权交易规则，明确产权交易过程要合规、公开、透明，产权改革方案要广泛、充分地听取职代会意见，并经过债权人同意；二是要力求产权交易价格的合理和公平；三是管理层参与收购时，应回避决策过程；四是管理层和员工持股的资金来源要合法。

换言之，就是要加紧铁路国有资产监管、铁路国有资本运营和铁路国有企业改革等方面的立法工作，若有必要可单独成法，即制订《铁路国有资产监管法》《铁路国有资产运营法》《铁路国有企业改革法》。其中：监管法解决体制、职责问题，运营法解决国有资产转为国有资本经营运作问题，改革法解决国有企业的内部体制和治理问题。

（3）防止铁路国有资产流失的途径

防止铁路国有资产流失的解决之道就是寻找一个全国统一、公开交易、市场竞价的产权改革规则，应做到以下三点。

① 公开交易方式。

铁路国有企业产权改革的本质是要处置原来法理上属于公众的资产，公共政策问题必须重视公众意志。任何交易的"价格均衡"都是买方与卖方之间的"博弈"，而目前一些国有资产交易的卖方权力不受制约，导致"国有资产流失"的问题时有发生。铁路国有企业实际出售价格的高低本身在这里是次要的，公众同意和公开出售是首要的。在西方国家里，资产流失问题没有成为重大问题，就是因为它们的出售是公开的。德国甚至大规模地用政府补贴的方式出售国有企业，但没有人指责这种情况下存在国有资产流失问题。因此，从社会可承受程度看，国有企业产权交易的关键在于产权交易必须公开。

当然，公开方式的选择必须有利于铁路企业未来的发展，有时信息完全透明恰恰是企业的大忌。铁路国有企业产权交易中信息公开的时机和方式必须因势而动，以社会公众的要求为出发点。

② 公平交易程序。

首先，交易程序的公平是起点的公平，铁路国有企业产权改革只有起于"公平分家"，才能实现共同发展。其次，找到一种尽可能有利于、而不是有损于大多数人的方式是实现公平的重要措施。铁路国有企业产权改革是一种"所有者缺位的看守者交易"，只有在"所有者"

对"看守者"形成有效的委托与监督代理关系的情况下，这种交易才能成为合法的"代理人交易"。当然，起点平等也并不等于起点平均，在此过程中铁路各阶层都有利益表达的机制、都有集体谈判的功能与参与博弈的途经，能够发出自己的声音，争取自己的诉求，由此形成的配置即使最终并不平均，也会为公众愿意接受。

但是，交易程序公平的立足点不能追求所谓的"最优配置"，而只能追求最公平的配置。配置的优化应该在产权明晰后通过公平的市场竞争来实现，在此之前以权力指定"优者"并使其拥有特殊"配置"不仅是不正义的，而且也不合逻辑。此外，交易程序公平源于目标的定位，问题不在于铁路国资与民资之间的流向，而在于这种流向是否符合公平正义。美国每年都有数目惊人的私人财产与遗产被自愿捐献给公益基金，谁也不认为这样的"化私为公"构成"私有财产流失"或者对"私有制"的侵犯。因为所谓保护财产所有权，就是保护财产所有者的意志受到尊重，而决不是说财产不可转移。所谓公产不可侵犯，就是要尊重作为公产所有者的公众之处分意志，亦即公产不能违背公意地被某些人私占私吞。

③ 公正交易结果。

首先，公正的交易结果需要经过相关公证机构的公证，必要的公证不仅能从交易程序和交易过程等角度再次检验交易的公平性，而且也使交易结果更具备公信力，因而更具备合法性和约束力。其次，铁路产权改革涉及的制度安排，不仅仅是卖给谁的问题，其核心实质既是定价问题，也是当前铁路国有企业产权改革中急需解决的问题。铁路国有企业产权如何定价，表面上看是一个技术性的问题，但因为涉及铁路国有资产的重新分配，涉及民营企业参与并购活动，涉及原有铁路国有企业职工的利益，涉及资本市场投资者的利益，涉及全体纳税人的利益，故而其实质是一个制度安排问题。制度安排既包括定价方式，也包括公司价值的第三者评估和转让价格的社会监督等问题。这个制度安排既要保证铁路产权转让能够顺利进行，还要保证价格合理，不至于损害社会公平。

但是，铁路国有产权是公共财产，公共财产是涉及全体公民利益的财产，将公共财产面向公众转让，里里外外都涉及公众利益，难免会有铁路国有资产流失之嫌。铁路国有资产流失更多地应该关注外资并购中的国有资产流失。对于战略性产业和重要企业，要明确进入的方式和深度。

综上所述，铁路混合所有制改革中防止国有资产流失，应在明确基本原则和基本思路的基础上，参考上述解决途径，尽量做到市场透明、程序公正、信息公开、法律严明。

8. 问：如何保障铁路混合所有制的实施？

答：全面推进铁路混合所有制改革的各项工作，应建立健全相关配套改革保障机制，主要包括以下五个方面。

（1）顶层设计

目前，铁路混合所有制改革正在稳步推进，铁路混合所有制改革涉及经济社会各方面的利益。按照我们关于铁路改革顶层设计的构想，应当在国家铁路改革咨询委员会下设铁路混合所有制专门委员会。该机构作为国家铁路改革咨询委员的一个专门委员会，其主要工作包括但不限于研究并提出铁路混合所有制改革的总体目标、基本原则、基本要求、实施路径等决策参考意见。我们建议，按照铁路混合所有制改革目标和路径，逐步推进改革的顺利实施，并充分考虑铁路运营与路网的不同属性，分类制定各具特色的混合所有制实施路径。

（2）政策保障

推进铁路国有企业混合所有制改革，需要国家加大政策支持，鼓励采用股权投资方式推进铁路混合所有制改革。目前，铁路国有企业混合所有制改革已取得一定的成效，坚持开放融合、合作共赢，发挥铁路资产资源优势，积极推进铁路资产资本化、股权化、证券化，努力增强国铁资本的控制力，扩大资本的溢出效应。

接下来要进一步推进铁路混改，国家应加强政策引导，鼓励拓展与铁路运输上下游企业的合作，采取国铁出资参股、设立合作平台等方式，促进铁路资本与社会资本融合发展。探索股权投资多元化的混合所有制改革新模式，对具有规模效应、铁路网络优势的资产资源进行重组整合，吸收社会资本入股，建立市场化运营企业。创新铁路发展基金的发行模式，畅通企业、社会投资的铁路发展基金渠道。

（3）法律保障

《中共中央关于全面推进依法治国若干重大问题的决定》指出：实现立法和改革决策相衔接，做到重大改革于法有据、立法主动适应改革和经济社会发展需要。混合所有制经济发展关乎基本经济制度的生机与活力，必须坚持运用法治思维和法治方式推动混合所有制改革，正确把握改革于法有据与立法适应改革的辩证统一关系，努力实现改革与立法的良性互动。关于依法推进铁路混合所有制改革，我们认为需要注意以下三个方面。

① 铁路依法进行混合所有制改革。

首先，立法决策要主动适应和服务混合所有制改革需要，推进铁路国有企业混合所有制改革，需要加快建立健全混合所有制经济相关法律法规和规章制度体系，确保改革于法有据。其次，推进铁路混合所有制改革要善于运用法律，发展混合所有制的法律框架大体上已经清晰，可以说有法可依。在铁路混合所有制改革过程中，尤其需要以法治思维和法治方式破难题、涉险滩，始终坚持重大改革于法有据，坚持依法依规、依法授权。

② 铁路国有企业依法重组。

铁路改革的目标是政企分开、企业重组和市场经营。其中最主要的、也是难度最大的是企业重组。企业重组是铁路混合所有制改革应该解决的问题，即铁路运输企业按照什么模式重组、用什么方式进行重组，才能充分整合铁路资源（特别是路网资源、运营资源），提高铁路国有企业的经营效益。因此，在铁路国有企业重组的大目标确定以后，必须运用法律手段，规范重组行为，保证重组的成功。

③ 铁路混合所有制企业依法治理。

铁路混合所有制企业要通过市场化手段实现依法治理，需要以法律的形式进行规范。产权是所有制的核心，也是公司治理的基础。铁路混合所有制企业应尊重资本属性，按规范的公司治理制度来治理。要坚持资本所有权到位，依法保护各类股东权益，建立健全现代企业制度，由多元股东通过市场化手段依法治理公司，实现股权平等、依法协商、平等保护。要规范铁路国有企业股东会、董事会、经理层、监事会和党组织的权责关系，按章程行权，对资本监管，靠市场选人，依规则运行，形成定位清晰、权责对等、运转协调、制衡有效的法人治理结构。铁路国有资本要尽可能地回归到资本保值增值的天性，在混合所有制企业中依法按章与其他资本平等协商。

④ 宣传保障。

加强舆论宣传，做好政策解读，对铁路混合所有制改革的顺利推进具有重要作用。其主要任务是阐述铁路混合所有制改革目标和方向，通过对国情、路情与运输市场的分析，逐渐统一社会各界对铁路混合所有制改革的必要性和紧迫性的认知。与此同时，还应该深入开展宣传思想工作，积极解释疑惑，引导干部职工理解改革、支持改革，确保队伍稳定，高效开展铁路运输、铁路建设和经营开发，为改革的顺利推进提供有力保障。为配合铁路国有企业混合所有制改革，提供舆论支持，铁路局集团公司各级党委和宣传、新闻部门应加大改革宣传的力度，充分调动广大干部和工人拥护改革、参与改革的积极性，使社会公众、铁路职工和铁路客户等利益相关者了解和支持铁路混合所有制改革。

⑤ 人才保障。

人才保障是铁路混合所有制改革的重要保障之一，其关键是混合所有制企业建立市场化的人才选聘制度、激励和约束机制等。

一是积极探索推行混合所有制职业经理人制度。关键在于"去行政化"，真正把铁路职业经理人作为一种"职业"而不是"官位"，从根本上废除铁路企业经理人员的国家干部身份和行政任命制所带来的弊端（从长远来看，这项工作势在必行，但应尽可能分阶段、分步骤实施）。推行铁路职业经理人制度当前急需解决的问题是职业经理人的来源问题。选拔铁路职业经理人要坚持内部培养和外部引进相结合，国资监管机构重点从铁路现有经营管理人员中培养、提拔职业经理人，有序地推动铁路现有经营管理者向职业经理人整体转换。

二是激励和约束机制。市场化的约束激励机制是铁路改革的热点之一。铁路国有企业领导人员收入应与职工收入、企业效益、发展目标形成联动，行业之间和企业内部形成更加合理的分配激励关系。不仅要有激励机制，也应引入业绩挂钩、财务审计和信息披露、延期支付、追索扣回等约束机制，规范高管行为。应根据监管环境及市场实践、铁路国有企业目前的发展阶段及未来的战略规划、目前的财务状况及未来的预期以及激励对象的预期，选择适合的长期激励工具及其组合。

综上所述，铁路混合所有制改革应从多方面完善，这也是改革工作得以顺利进行的关键，各项保障工作必须落实具体改革环节，全力推进铁路混合所有制的改革。

参考文献

[1] 中共中央. 中共中央关于全面深化改革若干重大问题的决定[J]. 常理论，2014（01）：1-10.

[2] 网易. 江苏省铁路集团正式揭牌 注册资本 1200 亿元[EB/OL]. 网易财经.（2018-05-18）[2018-10-10]. http://movey.163.com/18/0519/12/DI5UOED9002580S6.html.

[3] 程志强. 国有企业改革和混合所有制经济发展[M]. 北京：人民日报出版社，2016.

[4] 李国荣. 大型国有企业产权多元了化改革问题研究[D]. 武汉：华中科技大学，2007.

[5] 段海. 以法治思维和方式推进混合所有制改革[J]. 现代国企研究，2015（21）：19-22.

[6] 孙林. 关于完善铁路立法有关问题探讨[J]. 铁道运输与经济，2001（06）：9-10.

[7] 上海国资. 混合所有制的机制保障[J]. 上海国资，2016（12）：82-83.

第五章 铁路投融资体制问答①

1. 问：为什么铁路投融资体制改革是全面深化铁路改革亟需解决的关键问题之一？

答：铁路作为交通运输方式的骨架构成和国家交通基础设施之一，不仅在全国综合运输网络中起着担纲作用，更与国民经济的发展和人民大众的出行息息相关。铁路建设项目需要巨额资本，但铁路投融资体制尚不健全和完善，无法适应日益增长的市场需求，弊端也日益凸显。

我国铁路建设资金结构不合理、投融资渠道单一的现象长期存在，直接导致铁路中长期负债的规模不断增大，铁路债务风险持续累积，"融资贵、融资难"是社会资本投资铁路面临的最大难题。在我国铁路"政企分开"之后，为了有效引导适合的社会资本融入铁路投融资领域，国务院、相关部委以及铁路职能部门等以前所未有的高频率颁布了一系列全面深化铁路改革的政策文件，尤其在勉励和扩大社会资本投资建设铁路等层面上做出了重要指导意见。铁路投融资政策已向社会开放，社会资本与铁路之间的"有形门"得以完全拆除，但社会资本投资铁路的积极性仍然不高，充分说明阻碍社会资本投资铁路的"玻璃门"仍然存在。随着《中长期铁路网规划》(2016—2030)的公布实施，

---

① 本章由"铁路改革研究丛书"第 5 本《铁路投融资体制研究》主要观点构成。有关铁路投融资体制的详细分析，建议参阅《铁路投融资体制研究》一书。

上述问题必将更加突出。

铁路改革需要立足于我国国情和路情，当前的铁路投融资体制改革的环境主要包括以下五个方面。

（1）运输市场能力紧张与运输需求持续走高

首先，铁路运输市场能力有限，其表现为基础设施规模不足、运输线网密度低、配套设施难以满足需要等，使运输市场的能力始终难以跟上国民经济迅猛的发展速度，矛盾难以平衡。其次，铁路发展速度虽然逐渐提升，但是仍存在运能虚靡和运输结构不合理的现象，铁路客货运需求以较高的速度扩大，铁路运输能力仍难以与锐增的运输缺口相平衡，有些地区的线路甚至无法支撑运输需求的巨大压力，铁路运输发展滞后对经济发展的制约作用明显存在。

铁路运能与社会运输需求的矛盾实质上是铁路运营营销的本质问题，铁路运营及营销与铁路运输服务产品、产品营销方式、营销供需平衡等紧密相关，更与铁路企业整体运作、铁路市场化运营等综合性发展有关，最终直接或间接影响铁路网运关系调整、铁路投融资能力与水平、中长期债务处置、混合所有制改革、综合改革方案的实施等一系列关键问题。

（2）铁路运输重要作用与建设资金严重短缺

目前，中国铁路建设资金主要来源包括提高铁路运费的铁路建设基金和国家开发银行的政策性贷款，还包括少量的铁路系统自筹资金、企业债券和地方政府投入，这意味着铁路建设主要依靠政府投入。而随着积极财政政策的淡出，国家的财政投入在铁路建设方面也会受到一定影响。因此，铁路建设必须开辟新的资金渠道，研究投融资体制的改革就显得尤为必要和紧迫。

（3）"玻璃门"形成了社会资本的融资壁垒

国家、各部委、中国铁路总公司已经出台一批铁路投融资体制改革的政策、文件，阻碍社会资本投资铁路的"有形门"已被彻底打破，然而社会资本仍然很难进入铁路投融资领域。在社会资本与铁路项目融资之间，还存在着诸多不适性和隐蔽阻碍，而"玻璃门"是阻碍社会资本融入铁路投融资领域壁障的实质所在。

（4）铁路项目风险管理与社会资本投资信心

铁路建设周期比一般工企业项目的建设期要长得多，势必导致建设期风险也比较多。如此一来，影响了投资者的投资信心，因此，立足于铁路自身角度、社会资本投资者角度以及社会资本运作管理角度，需要为社会资本投资者融资铁路领域重塑信心，对铁路投融资体制进行改革。

（5）铁路投融资正外部性与国内外投融资浪潮

经过 30 多年的高速发展，我国经济迎来新常态发展阶段，经济体制改革和体制改革不断深化。铁路行业的属性决定了铁路具有正外部性，这就决定了铁路多元经营是铁路发展的战略性选择。为了推进我国铁路多元经营和企业制度深度改革，不仅要在明晰产权关系的基础上推进企业重组，还要在理顺资产管理体制的前提下积极引入民间资本，加之国内外投融资浪潮热度逐升，通过铁路投融资体制改革，可吸引各种社会资本进入铁路领域，多方筹集铁路建设资金，以改革促进铁路发展。

综上所述，全面深化铁路投融资体制改革已成为当前铁路发展与改革的重要议题，铁路投融资体制改革是全面深化铁路改革亟需解决的关键问题之一。

2. 问：什么是铁路投融资"玻璃门"？为什么在铁路投融资领域更容易形成"玻璃门"？

答："玻璃门"对于民间资本来说，指的是垄断行业中看得见、进不去，一进入就"碰壁"，即垄断行业中对民间资本名义开放、实际限制的现象。虽然政策支持、鼓励社会资本进入铁路领域，打破了铁路与社会资本之间的"有形门"，但实际上社会资本真正进入铁路领域依然障碍重重，实际效果非常不尽如人意，以致在铁路投融资领域形成了"玻璃门"。而之所以在铁路投融资领域更容易形成"玻璃门"，主要有以下五个方面的原因。

（1）投融资资本规模的不适应性

铁路建设所需资金规模巨大，动辄上百亿、上千亿元。铁路固定资产投资包含基本建设、更新改造和机车车辆购置等，与铁路建设所需的巨额资金相比，单个的社会资本规模太小，与铁路投资规模难以匹配。民间资本等个体投资者在投资超大规模的铁路建设项目时很难适应，难以直接投资铁路建设项目。因此，在进入铁路的社会资本成分中，民间资本与私人资本参与铁路投融资的成分比较少，大部分来自大型国企和地方政府。虽然国家和地方的有关职能部门逐渐出台了一系列文件政策，积极推动民间资本在铁路投融资领域中发挥巨大的潜力作用，但由于民间资本与铁路建设项目之间资金规模的不适性，使民资"入铁"仍有比较大的难度。

（2）投融资资金的收益性

通常来说，铁路建设投资回报周期长，不利于资金回收。铁路项目建设周期一般需要 2~4 年，而收益回报的周期更长。例如，日本新干线建成投用后至少 8 年才实现盈利，而法国高速铁路 10 年才实现盈利。资金的回报周期偏长导致资金流转速度慢、投资风险高，这也是制约社会资本进入铁路的重要原因之一。对于民间资本来说，进入铁路根本目的是要盈利。但铁路投资规模大、回报期长，加上不时报出的亏损信息，自然会令逐利的民间资本犹豫。这也是民资"入铁"容易遭到"玻璃门"限制的一个原因。

（3）集中指挥与自主经营权的矛盾性

铁路的网络型特性要求全路统一指挥、集中控制。一方面，在铁路路网的整体性和运价统一性的要求之下，进行集中指挥是必要条件之一。另一方面，为了生产管理的有序性，实现比较高的路网整体效率，集中指挥也是关键因素。然而，在现代企业管理理念中，企业必须是自主经营、自负盈亏、自我发展、自我约束的市场主体，相关融资方（包括各种资本成分的融资集体或个人）势必会要求一定程度的市场自主运营权，这与铁路集中调度、统一指挥的生产管理原则产生矛盾，也困扰着我国历次铁路改革，导致社会投资方在投资决策中易受到"玻璃门"的限制。

（4）铁路缺乏公益性补偿机制

我国国情和路情决定了中国铁路必须承担公益性运输服务。随着铁道部政企分开的实现，中国铁路总公司正逐步朝着建立现代企业制度的目标发展。在此条件下，铁路运输企业的盈利与亏损对于企业自身的经营与发展关系重大，再由铁路无偿承担公益性线路建设和运输显然是不合理的，也有悖于市场经济的基本原则。目前，我国铁路实行的公益性补偿形式是"政府内部转移支付"，即交叉补贴、税收减免、铁路建设基金等。铁路公益性补偿存在缺乏系统的制度设计、以政府单方面决策为主、社会参与不足、补偿范围界定方法不够科学合理、公益性补偿对象和补偿方式不完善、补偿标准和方法缺乏科学基础、监督机制缺乏及补偿效果不明显等问题。我国铁路公益性补偿机制的缺乏，直接影响到各种社会资本"入铁"的积极性和能动性，在无法保障投资资金收益的情况下，社会资本尤其是民间资本会在投资决定时受到较大的限制和影响，难以突破民间资本"入铁"的"玻璃门"。

（5）铁路缺乏投融资保障机制

目前，我国对铁路改革保障机制的内涵尚未形成明确统一的认识。随着我国铁路的迅速发展，诸如企业制改革、投融资改革以及公益性改革等新型问题逐渐显现，对改革工作提出了新的挑战，亟待健全和完善相应的保障机制。为保证我国新时期全面深化铁路改革顺利推进，形成完善的保障机制显得非常紧迫和必要。在全面深化铁路改革的新时期，为保证铁路改革各项工作能够有序推进，必须遵循相关的法律、行政法规、国务院文件、部门规章、规范性文件等。

我国铁路专门法主要是《铁路法》，该法于 1991 年实施，并分别于 2009 年和 2015 年进行了修正，迄今已经实施了 28 年。随着我国铁路尤其是高速铁路的快速发展，《铁路法》中已有相当一部分条款不再适用，导致我国铁路立法总体上较为滞后。此外，在铁路"政企分开"的大背景之下，面对公司重组、投融资体制、公益性补偿机制等难题，我国铁路法律法规尚存有不少空白，缺乏对铁路改革、政府监管、市场主体以及新市场交易和监管规则的明确规定，导致一些问题"无法可依"，不能对错综复杂的铁路改革工作提供保障。因此，这也是影响民间资本进入铁路的重要原因之一，在全面深化铁路改革的背景下，发展和完善铁路保障机制、有序推进铁路改革进程十分紧迫。

以上都充分表明阻挡社会资本进入铁路领域的"玻璃门"依然存在。当前铁路管理体制改革滞后，搁置的社会资本总量与铁路网运合一的管理体制很难适应。如不打破体制性障碍，为一切社会资本创造进入铁路的条件，"玻璃门"将继续存在，铁路建设投资问题将仍不能得到根本的解决。

3. 问：新时期我国铁路投融资体制改革面临怎样的挑战？

答：新时期我国铁路投融资体制改革正面临着复杂的挑战，主要包括以下五个方面。

（1）投资主体构成单调、融资方式单一

我国改革开放之前以及之后一段时间，铁路融资制度长期属于计

划经济体制之中，形成了独具特色的铁路融资计划管理体制。即使在目前，我国铁路部门仍然没有完全摆脱计划经济垄断经营体制的现状，铁路投资主要采用行政计划管理的形式，由计划部门统一控制、分配和调整。计划手段过强，缺乏有效宏观调控导致系统外的民企基本无法进入铁路建设领域，民企和社会资本在投资铁路基础设施建设上竞争严重不足。

目前，进入铁路的社会资本大部分来自大型国企和地方政府，而数量更为庞大的民营资本与私人资本尚且缺乏参与铁路投资的积极性，投资主体构成单调、融资方式单一。

（2）社会资本投资总量偏小、融资渠道封闭

自 2011 年下半年铁道部首次出现大面积资金缺口以来，铁路建设资金缺口正以惊人的速度扩大。铁路行业"政企分开"之后，参与铁路投资的社会资本总量仍是很小，无法从根本上缓解铁路建设发展的资金压力。铁路发展基金以及铁路投资公司的成立，为大型国资进入铁路创造了良好的条件。

但是，这种模式目前只适于大型国资，并且短期内盈利情况并不理想，广泛而零散的社会资本，尤其是民间资本仍然缺乏进入铁路的动力和积极性。随着广大人民出行需求的持续增加，铁路尤其是高速铁路、城际动车、城市轨道交通等轨道系统的建设运营也会随之增加。因此，提升社会资本投资总量、拓宽铁路融资渠道，是未来铁路投融资改革工作中的重点问题，也是新时期铁路投融资体制改革面临的挑战之一。

（3）铁路投融资项目融资难、融资贵

就铁路投融资项目融资之"难"而言，我国铁路建设融资的主要方式是银行贷款、国家财政拨款、铁路建设基金和少量铁路自有留利资金，然而前期建设项目普遍没有达到 35% 资金比例底线，通常由商业银行或政策性银行贷款补足。铁路行业政企分开之后，铁路向商业

银行申请贷款时会经历更为严格的风险评估，贷款难度和门槛也会增高。可见，铁路投资项目融资渠道狭窄问题十分突出。

就铁路投融资项目融资之"贵"的问题，近年来随着铁路基建投资持续高位运行，我国铁路形成了以负债为主的筹融资模式。铁路是国民经济大动脉和国家重要基础设施。一条铁路的建设投资，动辄几十亿甚至上百亿、千亿。如此大规模的资本金需求也使得铁路项目融资贵的问题十分突出。

（4）铁路投融资受到体制机制的明显制约

我国铁路长期实行网运合一的管理体制，铁路投融资体制改革受其制约十分明显。一是国家铁路拥有调度指挥权，社会资本背景的铁路在运输组织上不可避免地受制于国家铁路，特别是运能运量矛盾突出的情况下更加严重。投入巨资修建的铁路，在运营上却几乎没有自主权，极大地打击了社会资本投资铁路的积极性。二是铁路属于网络型自然垄断行业，一般具有投资规模较大的突出特点，社会资本（特别是民营资本、私人资本）一般规模较小，很难与铁路投资项目相适应。

（5）铁路领域市场失效挑战

虽然国家颁布了一系列政策积极鼓励社会资本投资铁路，但社会资本进入铁路的案例依然很少，这说明市场配置资源的效率低下，存在市场失效问题。由于铁路自然垄断的行业特性，加之中国正在进行经济体制改革，从而使得市场配置资源的能力在铁路领域失效。我国铁路投融资体制改革面临的一系列挑战，诸如投资主体构成单调、融资方式单一，社会总投资总量偏小、融资渠道封闭，铁路投资项目融资难、融资贵，以及铁路投融资体制机制制约等问题，均为市场失效这个根本原因的具体体现。

至于为何在铁路领域会出现市场失效，其根源在于铁路的行业特点与网运合一的体制。铁路网运合一、高度融合的经营管理体制已经成为难以逾越的体制性障碍，是导致社会资本难以进入铁路领域和出现市场失效问题的一系列深层次问题的根源。因此，如何有效应对市场失效挑战也是新时期铁路投融资体制改革要面临的挑战之一。

由此可见，我国铁路投融资体制改革需要面临投资主体构成单调且融资方式单一、社会资本投资总量偏小且融资渠道封闭、铁路投融资项目融资难融资贵、铁路投融资受体制机制的明显制约、铁路领域市场失效等多方面的挑战，而其根源在于铁路网运合一、高度融合的经营管理体制。因此，必须正面认识、积极应对这些挑战，特别是从根源上找到突破口，才能从根本上解决铁路投融资问题。

4. 问：新时期我国铁路投融资体制改革的目标、任务和原则分别是什么？

答：新时期我国铁路投融资改革目标、任务和原则。

（1）目标是吸引社会资本投资铁路、在铁路领域积极发展混合所有制

对于深化铁路投融资体制改革来说，以负债为主的铁路投融资模式抗风险能力极为脆弱，极易受到国家政策和经济形势的影响，难以保证铁路建设的可持续发展。铁路为了支撑该模式下的还本付息，必须在行业内部通过"统收、统支、统分"的清算手段实行多层次交叉补贴，这样不仅扭曲了价格，而且对进入铁路的各类社会资本（包括银行贷款、非铁路国有资本、民营资本与私人资本等）产生了挤出效应。因此，铁路投融资体制改革不宜单方面进行，而必须与铁路领域的综合改革协调推进。吸引社会资本投资铁路、在铁路领域积极发展混合所有制，成为铁路投融资体制改革的主要目标。

（2）任务是打破阻碍社会资本进入铁路领域的"玻璃门"

为了鼓励和引导社会资本进入铁路领域，国务院和有关部委相继发布了一系列促进和指导铁路投融资改革的政策、文件，社会资本与

铁路建设之间诸多的"有形门"相继被破除，但是效果远不及预期，铁路基建资金来源比较单一的顽疾仍然存在。因此，为了实现铁路投融资体制改革的主要目标，必须打破阻碍社会资本进入铁路领域的"玻璃门"，这也成为了铁路投融资体制改革的主要任务。

（3）铁路投融资体制改革的基本原则应充分考虑铁路行业的特殊性来确定

为完成铁路改革的目标和任务，结合铁路行业特性，铁路投融资体制改革应遵循但不限于以下六个原则。

① 铁路改革的根本性原则。

国家铁路属于全民所有，是推进国家现代化、保障人民共同利益的重要力量，为党和国家各项事业发展提供重要的运力保障，特别是铁路路网作为关系到国计民生的重要基础设施，必须毫不动摇地坚持国家持股 51%以上，以确保国家对铁路基础设施的绝对控制，这是深化铁路改革必须把握的根本要求。

② 铁路建设与运营的差异性原则。

对于铁路而言，需要特别考虑铁路建设和运营的差异性，尤其考虑其两阶段投融资项目中的细化问题，紧抓铁路路网公益性特征，在"基于统分结合的网运分离"铁路运营管理模式下，以公益性补偿机制配合铁路建设与运营的差异化投融资管理，实现铁路建设与运营投融资模式的深度改革。

③ 投融资体制改革的系统性原则。

投融资体制改革问题是一项系统工程，不仅关系到行业内部的调整与发展，也关系到相关行业的整体协调关系。全面深化铁路投融资改革的本质和关键，应在把握系统整体性原则，发挥铁路企业规模化效应的同时，做好整体行业协同性发展与行业内外的统筹系统协调。

④ 投融资组成结构的平衡性原则。

铁路投融资组成结构需要保持整体结构的平衡性。完善铁路建设和运营资金的组成，有利于推进我国铁路投融资的整体结构平衡，并且合理地运用铁路建设和运营资金。未来我们要把握铁路投融资资金结构的平衡性质，推动我国铁路投融资结构的深度优化。

⑤ 投融资主体收益对等性原则。

坚持政企分开、政资分开，转变政府经济管理职能，依据"谁投资、谁受益、谁承担风险"的对等性原则，充分发挥市场配置资源的基础性作用。

⑥ 投融资体制改革渐进性和持续性原则。

铁路改革是一项综合性强的系统工程，因此改革难度很大。我国铁路改革历史欠账太多，严重滞后于经济社会发展与改革的总体水平。很多特别迫切而又明显不符合市场发展需求的问题，应尽快实施改革；对于那些必须取得突破但一时还不那么有把握的问题，应在试点取得经验的基础上再做改革。总之，铁路投融资体制改革应贯彻渐进性原则，处理好"顶层设计"与"摸着石头过河"的关系。

新时期我国铁路投融资体制改革的目标和主要任务是基于我国国情和路情而制定的，遵循相关原则更有利于打破阻碍社会资本进入铁路领域的"玻璃门"，实现在铁路领域积极发展混合所有制的目标。

5. 问：我国铁路投融资体制改革的实施途径是怎样的？

答：根据国务院和有关部委相继颁布的一系列铁路改革政策，结合交通运输行业发展形势以及铁路的行业特性，铁路投融资改革的实施路径主要从以下四个方面着手。

（1）稳中求进地实施网运关系调整

只有在网运关系调整过程中或网运关系调整到位后，才更有利于铁路投融资体制改革的进程。因此，为了顺利推进铁路投融资体制改革的进程，分别在铁路改革准备阶段、运营业务公司化（运营资源整合）阶段①、网运分离阶段和路网整合阶段逐步实施投融资改革。

---

① 本丛书最后定稿时将此修订为"运营业务公司化（运营资源整合）阶段"。

首先，统筹网运分离的改革准备阶段。对铁路总公司下属的 17 家非运输主业单位以及 18 个铁路局进行改制；在完成对 18 个铁路局的改制后，对铁路总公司本级进行改制；继续深化货运改革、推进铁路客运改革；对铁路所有企事业单位进行资产清查及核对工作。

其次，实现铁路运营业务公司化的阶段。做实、做大、做强三大专业运输公司（中铁集装箱运输有限责任公司、中铁特货运输有限责任公司、中铁快运股份有限公司）；对于 2013 年以来成立的一批货运营销中心中的一部分，可根据铁路向现代物流转型发展的实际需要，按照公司制和股份制的思路，由铁路总公司及 18 个铁路局集团以交叉持股的形式，将其划转进入三大专业运输公司；对于 2013 年以来成立的一批货运营销中心的另一部分，则按照现代企业制度孵化、整合而成若干个类似三大专业运输公司的货运运营公司。以上三大专业运输公司与若干个新增的运营公司（简称为 "3+N"）构成铁路运营领域的骨干。运营业务公司化阶段的实质是在铁路总公司的框架下实现初步的、事实上的网运分离。

再资，推动铁路网运分离阶段。将运营业务公司化阶段中由铁路总公司及 18 个路局集团建立的一大批新的客、货运营公司推向市场，并允许各类社会资本举办铁路运营公司，将铁路运营作为 "竞争性业务" 彻底面向市场开放（除铁路军事运输外），实现较为彻底的网运分离。

最后，改进铁路路网整合阶段。将剥离了客、货运公司的 18 个铁路局集团整合为一个统一的路网公司（可称为中国铁路路网（集团）有限责任公司），将现有各铁路局调度所整合为铁路总公司或路网公司的数个区域调度中心（或派出机构），若条件不具备，可由铁路总公司直接运作路网整合相关事项。在进行完上述改革措施后，铁路总公司可以进行路网层面的混合所有制改革，成立中铁路网集团股份有限公司。

（2）建立完善的铁路现代企业制度

从铁路现代企业的产权制度、组织制度以及管理制度入手，结合现代企业制度"产权清晰、权责分明、政企分开、管理科学"的特征及其对深化铁路投融资体制改革的重要意义，多方面建立并完善铁路现代企业制度。

在完善现代企业产权制度方面，坚持深化国有企业发展现代企业制度的正确方向，把铁路运输企业改造成公司法人——有限责任公司或股份有限公司，实现铁路产权关系明晰化、权责明确化、融资利益平等化，并在铁路企业内部形成合理的运营及治理机制，保障铁路企业投融资各方利益。依据现代企业管理理论和实践经验，逐步推动建立完善的铁路法人治理结构，建立完善的董事会制度、监事会制度、职业经理人制度，以及现代企业组织制度。另外，加快推进铁路企业深化劳动、人事、分配制度改革，推动非运输企业实行改制分流，完善现代企业管理制度。

（3）成立或重组中国铁路国有资本投资运营公司

为契合新一轮国企改革，未来将在铁路领域成立或组建一个或若干个中国铁路国有资本投资运营公司。通过中国铁路国有资本投资运营公司来对铁路各领域企业进行管理与控制，优化铁路领域产业布局，进一步加强对铁路国有资本的监督与管理，一方面，使铁路国有资本能够顺利地在各铁路国有企业之间流动，这对于实现铁路各领域的发展目标和功能定位有着重要意义，另一方面，这也是铁路建设多元化、市场化、创新化的一个重要标志。此外，也有利于实现铁路国有资产的保值增值。与此同时，为了有效推进铁路国有资产管理体制改革，还需要做好铁路国有资产投资管理规划，整合铁路国有资产组成等工作。

（4）其他配套改革措施

从铁路路网基础性地位和对国家经济安全等重要战略地位出发，结合铁路混合所有制改革的实际意义，建立完善的铁路混合所有制体制，实现铁路企业产权多元化；根据我国铁路行业特性和铁路建设与改革的需要，遵循以铁路公益性服务功能为科学基础、公益性运输供给方受益、需求方补偿、政府主导和社会参与、权利与责任对等等原则，建立铁路公益性补偿的机制；借鉴产权流转处置债务的历史经验，考虑我国铁路目前改革的实际，按"清产核资—债务偿还"四个步骤展开以产权流转的方式处置债务，并对每个步骤严格依法执行与审核；结合铁路发展实际，通过以产品为导向，大力发展铁路延伸服务，转变铁路经营方式，不断提高铁路的经济效益和社会效益。

因此，作为全面深化铁路改革亟需解决的关键问题之一，铁路投融资体制改革需结合我国国情和铁路行业特性，按照上述改革途径有序推进。

6. 问：为什么只有在网运关系调整过程中或调整到位之后推进铁路投融资体制改革才具有现实可行性？

答：虽然铁路投融资体制改革非常迫切，但不宜在铁路改革初期就进行，而应在网运关系调整过程中或调整到位之后进行。其原因在于，尽管国家鼓励社会资本进入铁路的力度很大，但社会资本投资铁路的推进项目却极少，除了一般认为的投资回报低、回收期长等经济因素之外，也与铁路行业特性有关。要想打破由于铁路行业特性等因素形成的阻碍社会资本投资铁路的"玻璃门"，改革铁路投融资体制，迫切需要调整网运关系。

一方面是铁路基建领域的"玻璃门"。铁路建设所需资金规模巨大，从体量上讲属于"大象"级别，而社会资本一般规模较小，属于"蚂蚁"级别，不管如何鼓励"蚂蚁"来吃"大象"，"蚂蚁"都会觉得无从下口。亿级规模的社会资本十分可观，但若投到铁路基建领域，可能连个"水花儿"也不会有。

另一方面是铁路运营领域的"玻璃门"。在网运合一体制下，国家铁路拥有调度指挥权，民资背景的铁路在运输组织上不可避免地受制于国家铁路，特别是在运能运量矛盾突出的情况下更加严重。投入巨资修建的铁路，在运营上却几乎没有自主权，极大地打击了社会资本投资铁路的积极性。

与之对应，鼓励社会资本投资铁路必须结合铁路的行业特性来做顶层设计。

首先，必须调整网运关系，路网公司只能出售列车运行线，所有运营公司基于路网基础设施不受歧视地购买列车运行线从事客货运业务。各种规模的社会资本均能各得其所，例如：十亿级以上规模的社会资本可购买干线级别高铁的一部分运行线；亿级规模的社会资本可购买城际铁路的一部分运行线；甚至十万级规模的社会资本，可购买京广铁路集装箱班列的一个箱位来搞快运或快递。有路网作为基础设施，社会资本投资铁路运营领域的门槛将大大降低，愿意投资铁路运营的社会资本必然大大增加。

其次，铁路基建领域要充分利用股份制和资本市场这个利器，把基建所需"大象"级别的资金需求，分割成上百亿股份，要让那些体量较小、但追求稳定收益的"蚂蚁"们吃得下、消化得好。在网运关系调整过程中或调整到位之后，可充分运用铁路的数个上市公司作为平台到资本市场上去融资。从欧、美、日的铁路发展历史看，19 世纪是铁路基建的时期；19 世纪欧、美、日资本市场的主角也是铁路股票。如果能充分发挥资本市场的直接融资功能，社会资本投资铁路将会取得重要进展，铁路投融资体制改革也将得以顺利推进。

最后，在我国铁路改革的顶层设计中，应考虑建立便利的进入机制和退出机制，以充分吸引各类社会资本投资铁路，而不必时时处处针对特别的投资人和投资项目做个性化的设计。特别是要把基建"大象"分割成股份，使各类社会资本都能"吃得下"，从而能够充分发挥资本市场的作用，扩大直接融资的比重，并在不想继续投入的时候能够以市场手段退出。而这些顶层设计都依赖于网运关系的调整。

由此可见，网运关系调整到位之后或结合网运关系调整过程进行铁路投融资体制改革则水到渠成。"蚂蚁"级别的社会资本面对"大象"级别的亿级铁路建设资金规模，也将不再显得微不足道。

一方面，不仅运营公司可基于路网基础设施不受歧视地购买列车运行线从事客货运业务，各种规模的社会资本在网运分离的前提下，也均能有所作为，根据各自的资金规模而进行相应的铁路运营投资。

另一方面，网运分离也可充分发挥资本市场的直接融资功能，促使社会资本投资铁路。

因此，在网运关系调整过程中或等到调整到位之后来进行铁路投融资体制改革，将更具有现实可行性，并且也更有利于全面深化铁路改革的进行。

7. 问：中国铁路国有资本投资运营公司在铁路改革过程中将扮演怎样的角色？其资本金的来源可以有哪些？

答：该问题的本质其实就是中国铁路国有资本投资运营公司的功能定位及出资人问题。随着我国国企改革步伐的不断加快，在重要行业成立或重组国有资本投资运营公司是必然的。铁路在我国交通运输业中至关重要，按照十八届三中全会确定的"管资本"、组建"国有资本运营公司"和"国有资本投资公司"的原则和方向，成立中国铁路国有资本投资运营公司是全面深化铁路改革的必然趋势。

中国铁路国有资本投资运营公司（简称"中铁国投"）是国家与铁路各领域企业之间联系的纽带，国家委托国资委（或财政部）代理行使铁路国有资产的所有权，对铁路国有资产进行监管与经营。随着国企改革的不断进行，在中铁国投成立或组建后，国资委（或财政部）将对铁路各领域企业的直接管理与经营权授予给中铁国投，由中铁国投代替国资委（或财政部）和其他出资人履行出资人职责，而国资委（或财政部）则负责对中铁国投进行监督管理。中铁国投根据铁路各领域企业的不同特性而进行绝对控股、相对控股或是参股，从而实现铁路各领域企业资产良好运营，合理规划、整合市场资源，优化铁路企业布局，进一步促进我国铁路的发展壮大，同时为出资人带来收益。

结合我国国有企业改革政策以及当前铁路领域企业的发展现状，建议以中国铁路投资有限公司为基础，成立或组建中铁国投，建立健全铁路现代企业制度建设。一方面，依托中铁国投平台，为铁路建设项目提供专业的投融资服务，并对实体企业、重点产业、重大经营项目与对外合资合作项目进行投资开发。另一方面，中铁国投以股权投资的形势参与铁路路网、运营、工程、装备等领域的实业企业的管理与运营，根据不同领域企业的特性而进行绝对控股、相对控股或是参股，这也是铁路国家所有权实现的重要方式，不干预各领域企业的运作，从而实现铁路各领域企业的良好运营。合理规划、整合市场资源，优化铁路企业布局，进一步深化我国铁路投融资体制改革。

应当注意的是，在组建中国铁路国有资本投资运营公司的过程中，需在铁路资产监管机构、中国铁路国有资本投资运营公司、铁路各领域企业之间，实现两级分离和三层资产管理架构，具体要求有以下三个方面。一是在铁路资产监管机构与中国铁路国有资本投资运营公司之间，实现监管者与出资者职能的分离；二是在中国铁路国有资本投资运营公司与铁路各领域企业之间，实现出资者与各领域企业的分离；三是形成"资产监管机构——中国铁路国有资本投资运营公司——铁路各投资领域企业"的三层资产管理架构。

同时，规划好铁路国有资产分类监管战略，通过对重点子领域企业投资来实现股份制深化改造，依托铁路国有资产投资运营公司的专业化管理平台，提升对铁路领域国有资本的控制力和影响力。

在中国铁路国有资本投资运营公司的资本来源方面，有以下五点建议。

第一，可由中国国家产业结构调整基金等国家级基金出资。铁路是国家重要的先导性、支柱性产业，由国家产业结构调整基金出资组建或参与中国铁路国有资本投资运营公司，体现了国家支持与重视铁路改革发展的意志，是关于铁路的国家所有权政策的重要体现。

第二，可由铁路相关大型央企出资，如大型装备企业（如中国中车、中国通号）、大型工程企业（如中国铁建、中国中铁）、大型物资企业（如中国铁物）。铁路领域上述企业共同出资组建或参与中国铁路国有资本投资运营公司，对于促进铁路路网、运营、装备、工程领域各类企业融合发展具有重要价值。

第三，可由"大交通"领域央企以及各级地方国企分别出资，如大型民航企业（中国国航、东方航空、南方航空等）、大型港口企业（如大连港、青岛港、连云港、盐田港等）、大型航运企业（中国远洋海运集团等）、有实力的快递快运企业（如圆通速递、申通速递、中通速递、韵达速递、德邦快运等）。由上述企业共同出资组建或参与中国铁路国有资本投资运营公司，不仅有利于充分吸引各类资本投资铁路，而且从资本融合的角度来讲，对于促进多式联运具有重要意义。

第四，可由铁路运输上下游领域内央企以及各级地方国企出资，如大型煤炭企业（如中国神华）、大型钢铁企业（如宝武集团）、大型石化企业（如中国石油、中国石化）、大型汽车企业（如一汽集团、东风汽车、上汽集团等）。由上述企业共同出资组建或参与中国铁路国有资本投资运营公司，不仅有利于充分吸引上述企业投资中国铁路，而且对于上述企业"降本增效"具有重要意义。

第五，可由一切对铁路感兴趣的社会资本（包括个人资本甚至境外资本等）出资。例如，可由中国国有企业结构调整基金与中铝共同设立的国调中铝铜产业发展基金（总规模30亿元）出资来组建中国铁路国有资本投资运营公司。此外，我国第一支钢铁产业结构调整基金——四源合钢铁产业结构调整基金（规模初定400亿元～800亿元），亦可成为我国中国铁路国有资本投资运营公司的出资者。

总而言之，中国铁路国有资本投资运营公司的出资人并不唯一确定，各类型的资本都可参与进来，上述提到的几种类型的出资人建议可供决策时参考，至于中国铁路国有资本投资运营公司的出资人组成结构到底如何，还应根据铁路改革的实际情况来确定。

8. 问：如何建立铁路投融资体制改革的保障机制？

答：为了全力推进铁路投融资体制的各项改革工作，使铁路投融资体制改革顺利进行，应建立健全相关的配套的改革保障机制，主要包括以下四个方面。

（1）加强党的领导

在铁路投融资体制改革的过程中，铁路企业要坚持党的领导、加强党的建设。坚持党对铁路企业的领导不动摇，发挥企业党组织的领导核心和政治核心作用，保证党和国家的方针政策、重大部署在铁路企业贯彻执行；坚持服务生产经营不偏离，把提高铁路企业效益、增强铁路企业竞争实力、实现铁路国有资产保值增值作为铁路企业党组织工作的出发点和落脚点；坚持党组织对铁路企业选人用人的领导和把关作用，着力培养一支宏大的高素质企业领导人队伍。加强党对铁路投融资政策制定的领导，进一步贯彻、细化党对国企国资改革的方针政策。

（2）铁路投融资体制的法律保障

铁路投融资制度改革亟待相关立法工作的保障，而铁路投融资立法保障又是推动铁路投融资工作全面稳定进行的"稳定器"。从法律层面确立铁路投融资制度的合法性，完善与投融资相关的法律法规，制定实施政府投资条例、企业投资项目核准和备案管理条例，加快推进社会信用、股权投资等方面的立法工作。只有确立完善的法律法规，才能依法保护各方权益，维护竞争公平有序、要素合理流动的投融资市场环境。

铁路投融资体制改革的立法工作可从以下九个方面着手。依法厘定政企分开原则及明晰政企关系；依法确保铁路运输企业的市场主体地位；立法规定竞争价格机制；依法建立消费者权益保护机制；立法完善铁路市场的运营和监管；铁路改革立法工作应阶段性和渐进性推进；维护铁路法制的完整性和统一性；选择性地借鉴外国铁路改革的立法经验；争取政府部门在铁路改革立法过程中发挥主导作用。

（3）铁路投融资体制的组织措施

着力推进行政管理体制改革，是完善社会主义市场经济体制的关键环节。随着铁路改革不断深入推进，政府行政管理体制改革对其他改革的牵制作用日益明显，加快政府行政管理体制改革已成为全面深化改革的关键。

在铁路投融资体制的组织措施保障方面，应注意改革铁路投资项目审批制度、放宽市场准入、重组铁路优良资产上市融资、建立"滚动发债"机制、巩固铁路产业投资基金、优化外资投资模式、改善铁路建设市场制度和铁路投资调控方式、加强铁路投资与建设监督。

（4）铁路投融资体制的配套措施

铁路行业特性决定了铁路投融资体制改革的特殊复杂性，真正把社会各方面资金吸引到铁路建设上来，还要靠政府引导、市场运作、依法保障，必须着力研究解决好以下五个难点问题。研究建立铁路投资补偿机制；探索适合铁路网络特性的合资铁路经营模式；建立与铁路市场化融资相适应的运价机制；建立健全有利于吸引社会投资铁路的政策法规；协调铁路投融资体制改革的相关工作。

为了推动我国铁路体制改革立法工作，应当注意以下五个方面。第一，铁路改革中复杂多元的利益关系需要通过公开透明的民主立法程序来确定，不能给腐败留下制度空间；第二，公正良好的竞争秩序需要通过法律来建立，不能使铁路行业从行政垄断发展成为企业垄断；第三，改革的总体目标和发展道路需要通过法律来确立和稳定，不能使其随着领导班子的更迭而变化；第四，相关立法工作需要符合铁路职能部门的实际工作，做好各方面工作的良好过渡与衔接；第五、铁路行业特性决定了铁路投融资体制改革的特殊复杂性，真正把社会各方面资金吸引到铁路建设上来，还要靠政府引导、市场运作、依法保障。

全面深化铁路投融资改革进度有赖于铁路改革保障机制的完善程度，同时，铁路改革保障机制的推动建立和完善又需要从铁路投融资的制度建设理念和投融资实情出发，实现多个关键问题的系统设计与全面推进。因此，应把握机遇尽快完善铁路立法，以法律的形式体现改革的意志，依法推动改革的进程，全力推进铁路投融资体制改革措施，逐步落实各个性质制度和环节的具体要求，积极推进相关的配套改革措施。通过立法来确定和落实全面深化铁路改革的目标和步骤，将铁路改革长远目标的设计与其起步阶段的运作模式、中期过渡阶段的运营模式协调有序地衔接起来，既考虑到旧体制向新体制过渡的平稳性，又有明确的阶段改革目标和实质性内容，保证各阶段的改革工作做到有法可依、有法必依、执法必严。

铁路投融资体制改革需要从多方面建立保障机制，完善的保障机制也是铁路投融资体制改革得以顺利进行的关键，必须落实各方面和各环节的改革措施，将铁路投融资体制改革与铁路其他领域的改革结合起来，形成推动全面深化铁路改革的合力，从而完成全面深化铁路改革的目标和任务。

参考文献

[1] 经济参考报 . 社会资本投资铁路障碍诸多 : 最大问题是融资难 [EB/OL]. 新华网 .（2015-05-08）[2017-03-08]. http://news.xinhuanet.com/fortune/2015/05/08-c_127778712.htm.

[2] 肖翔 . 铁路投融资理论与实践 [M]. 北京：中国铁路铁道出版社，2003.

[3] 王书会 . 中国铁路投融资体制改革研究 [D]. 成都：西南交通大学，2007.

[4] 郭春丽 . 促进民间投资要打破"玻璃门"拆除"弹簧门"[J]. 宏观经济管理，2019（09）：23-24.

[5] 范莉莉 . 中国国家铁路无形资产的开发与管理 [M]. 北京：中国铁道出版社，2003.

第六章　铁路债务处置问答[①]

1. 问：为什么铁路债务处置是全面深化铁路改革的关键问题之一？

答：随着我国经济体制和经济增长方式的不断变革，铁路企业的经营环境和企业自身状况也发生了深刻的变化，目前铁路的经营管理体制和经营管理观念在一定程度上落后于市场经济的需要，导致我国铁路负债严重。铁路债务大部分都是铁路总公司通过贷款、发债及各种短融方式形成的。通过对我国铁路债务现状分析，我国铁路债务存在以下四个方面的问题。

（1）负债规模不断增大

在铁路投资规模不断扩大的环境下，我国铁路所面临的债务绝对值呈不断上升的趋势，并且上升速度较快。另外，我国铁路所面临的负债上升速度与铁路的资产上升速度相比较，负债上升速度明显较快，这不利于我国铁路的进一步发展。铁路的大部分债务来源于基本建设，基本建设的负债大约占到我国铁路总负债的一半以上。我国的铁路债务不断上升，但是国家财政对铁路的预算投资力度相对减少。因此，我国铁路需要从外部筹集资金，大部分都是通过借款，这就导致我国

[①] 本章由"铁路改革研究丛书"第 6 本《铁路债务处置研究》主要观点构成。有关铁路债务处置的详细分析，建议参阅《铁路债务处置研究》一书。

铁路的负债不断增加。

（2）我国铁路还债压力不断增加

我国铁路的债务负担较重，并且存在负债期限不合理的问题。我国铁路在银行的中长期贷款基本时间都较短，比如国家开发银行的贷款主要是以八年或者十三年为主，还款期限较短加重了铁路的还债压力。我国铁路通过发行铁路债券获得直接融资资金，但是其所发行的债券大部分为短期债券，主要以三年到五年为主，这与铁路行业的利润回收不相匹配，导致铁路还本付息的压力加大。

（3）我国铁路债务结构不合理

我国铁路的融资渠道近年来发生了相应的变化，包括国内银行、国外金融机构以及发行铁路债券，虽然投资主体变得多元化，但是我国铁路存在体制以及历史债务等问题，尤其是铁路在基础建设中对新线路的投资造成铁路债务增多。我国铁路的融资结构还相对单一，大部分依赖国内的银行贷款解决资金缺口。

在我国铁路的负债结构中，国内银行借款占比超过一半，世界银行借款以及日元借款等其他借款占比相对较少，并且在国内银行借款中大部分以国家开发银行的中长期借款为主，借款数额呈上升趋势。由此可见，我国的债务结构相对单一，不利于享受各融资渠道的优惠组合，因此，也不能减轻我国铁路的债务负担。

（4）我国铁路债务主体不清

一方面，铁路总公司作为一个市场经济主体，通过负债的方式来修建铁路，铁路债务应主要由铁路企业自身承担；另一方面，大部分铁路线路和运输项目都具有公益性，产生了巨大的社会效益，在此背景下，政府有合理处置债务的义务。由于以上两个方面缺乏明确的边界，导致铁路债务主体不清。

我国铁路债务情况不容乐观，客观上使社会资本不敢贸然进入铁路行业，在一定程度上降低了铁路公益性的服务质量，阻碍了铁路的市场化改革。因此，铁路债务处置是全面深化铁路改革的关键问题之一。

2. 问：我国铁路债务是如何形成的？

答：自中华人民共和国成立以来，特别是近些年来，我国加大了铁路的建设力度，铁路发展取得举世瞩目的成绩。现有的铁路经营管理体制无法有效减少负债，而铁路投资仍然在加速，我国铁路债务规模有进一步扩大的趋势。铁路债务的形成主要有以下三个原因。

（1）铁路进行大规模的基础设施建设，而同期投入不足是债务形成的直接原因

近年铁路新线建设每年都以几千公里的速度增加，其中对资本投入要求更高的高速铁路和客运专线建设占新增线路的一半以上。2015年我国铁路完成固定资产投资 8 238 亿元，而中央对交通运输业的财政预算支出仅为 806.89 亿元，其中还包括对其他交通运输方式的预算支出。每年铁路建设的资金缺口只能通过铁路总公司自筹资金来解决。因此，从某种程度上看，铁路负债主要是用于弥补国家财政在铁路基本建设方面的资金投入缺口，铁路债务是历年国家对铁路投入不足形成的负债，其本质是国有资本出资不到位所造成的。

（2）铁路的公益性质，是导致铁路债务规模进一步扩大的重要原因

我国国情和路情决定了中国铁路必须承担公益性运输的任务。铁路公益性出于国家利益和社会利益的考虑，将铁路的便利分享给社会群众，它的服务使公共集体获得利益而自身的收益小于成本或者甚至没有收益。据了解 2016 年铁路承担的公益性运输亏损达到 1 626.23

亿元。因此，铁路因其公益性质造成了大量的亏损，是铁路债务规模持续增大的一个重要原因。

（3）资金管理不善在一定程度上加剧了债务问题

由于体制上的原因，铁路运输企业长期以来未建立起真正意义上的现代企业制度，企业产权不清，责、权、利不明，经常出现项目投资超概算的现象，使铁路建设成本上涨较快。其中，资金运用管理不善占主要原因。我国铁路的负债绝大部分形成了优质的铁路国有资产，但目前我国缺乏对铁路投资资金使用情况的绩效考核，铁路普遍缺乏资金成本收益观念，少数投资资金使用效益不高，浪费、无效、低效使用的情况较为严重，加剧了铁路债务风险。

综上，铁路债务形成的原因可以总结为国有资本出资不到位、铁路具有公益性质、资金管理运用不善。因此，在解决铁路债务问题时，要从以上三个方面入手科学合理地处理铁路债务，促使铁路企业健康发展。

3. 问：国外铁路债务处置情况及特点是什么？

答：日本、法国、德国铁路发展过程中也遇到过债务庞大的问题，虽然各国国情、路情大不相同，但是由于铁路行业具有垄断、公益等共同特性，其铁路债务处置实践对我国仍具有一定的参考价值。

（1）日本铁路债务处置情况及特点

日本在 1949 年设立了日本国有铁道（简称国铁），属于"公社"形态的公营企业。"公社"制度使国铁本身受到政府限制，国铁实行的全国一元化经营也脱离了日本交通结构的实际情况和各地区经济发展的实情，经营情况日益恶化。1980 年赤字额达 1.008 4 万亿日元，1985 年出现了 1.6 万亿日元的巨额赤字，在 1987 年民营化之际债务总额达到 37.1 万亿日元。

政府和国铁当局也曾协同制定和实施了一系列经营改革方案，但由于没有变更其经营体制，经营恶化状况未能得到控制。日本政府在1987年4月1日实行了对国铁的分割民营化改革，民营 JR 集团宣告成立，之后实现了扭亏为盈。日本国铁债务处置特点主要可分为以下三点。

① 利用公司相关资产偿债。日本政府成立国铁清算事业团，全责处理"国铁"相关资产（例如 JR 公司股票以及其他剩余土地资产）。若"国铁"相关资产不足以弥补债务，则利用国民税收进行偿还。

② 政府承担部分债务。原国铁承担的长期债务（包括将来负担的退休金债务等）分为三部分：第一部分是 JR 公司承担 14.5 万亿日元；第二部分是出售原国铁的土地等资产以及 JR 公司上市后的股份，预期共计 8.9 万亿日元；剩余的第三部分由国家财政负担，计 13.8 万亿日元。

③ 合理分配各企业债务承担额。对于经营状况良好的 3 家客运企业（JR 东日本、JR 东海、JR 西日本）和 1 家货运企业，则要求承担相应债务；而其他 3 家经营状况不好的企业（JR 北海道、JR 四国、JR 九州）不要求承担债务，并且政府给予经营稳定基金。

（2）德国铁路债务处置情况及特点

德国铁路中的短途客运业务长期处于亏损状态，因此联邦政府对短途客运业务给予一定的财政补贴。短途客户可以根据各区域实际情况实施改革，联邦政府可以选择价格优惠的承运者进行承运，铁路的经营者也没有理由将日后的自身经营不善归结于承担了公共责任，而要从自身的运作管理上寻找改进方法。

德国联邦政府通过对铁路实行分离政策，以股份制公司的运作方式探寻新的模式，铁路出现了大的转变，从原先一直亏损的状态扭转过来，并向更好态势发展。德国铁路债务处置特点主要有以下三点。

① 德国联邦政府承担全部债务。德国联邦政府通过出售铁路多余

用地以清偿 650 亿马克债务。

② 德国联邦政府进行相应补贴。对于部分运营有困难的线路，德国政府根据实际情况下拨一定的财政补偿。

③ 铁路实行私有化运营。铁路企业实行私有化运营后，企业将不区分公共性业务与一般经营性业务，都按照企业一般收费标准收取相应的费用。

（3）法国铁路债务处置情况及特点

法国铁路实行"上下分离"的政策后，新成立的铁路网公司（RFF）接管了 1 342 亿法郎基础设施建设的负债和所有财政欠款，RFF 承担的债务利息，由中央财政在预算中安排。国家接管了 200 多亿法郎的债务，新的国家铁路公司（SNCF）承担了约 450 亿法郎的债务。

自 1997 年，法铁公司经营状况逐年好转。1999 年总收入 974 亿法郎，支出 897 亿法郎，再加上支付银行贷款和利息，法铁实现收支平衡。从 2000 年 6 月份的统计数字看，上半年高速铁路运量增长 8%，干线运量增长 6%，区域局运量增长 3%，法铁扭亏为盈。法国铁路债务处置特点主要有以下两点。

① 政府承担法铁债务。法铁通过发行债券和贷款陆续建成了一千多千米的 TGV 高速铁路，但是由于铁路行业投资回收期比一般行业长，且建设的线路中有部分公益性线路，法国政府意识到自身有义务解决法铁相关债务。因此改革后，新成立的 RFF 公司接管了 1 342 亿法郎的铁路债务，RFF 的债务利息由中央财政预算中安排。

② 坚持财政补贴。主要用于公益性铁路建设项目的投资补贴以及法铁运营公司的客票减价补贴和地区性客运补贴。总之，法国铁路实行"网运分离"后，政府补贴不降反增，最大限度地支持铁路发展。

日本、德国和法国铁路债务处置在各自的国家起到了一定的作用，同时对我国处置铁路债务也有一些启示：国家财政支持对铁路债务处置具有重要作用；通过铁路资产偿还债务；应将债务处置纳入铁路管理体制改革进程之中予以解决。

4. 问：铁路债务处置的基本思路是什么？

答：2013 年《国务院关于组建中国铁路总公司有关问题的批复》文件第二条与第十条中明确指出，财政部代表国务院履行铁路总公司出资人职责，并由财政部会同国家有关部门就铁路债务处置问题提出具体处理方式。可见，铁路债务处置方案的责任主体为财政部，有关部门协助，具体的处理方式有如下四种。

（1）债务减免

我国铁路企业在公司制改革之前绝大多数属于全民所有制企业，所有权归全体人民，是社会主义国家特有的企业形式。公司制改革后，其中的国有资本也属于全体人民。因此，在所有制不变的情况下，可通过债务减免处理部分铁路债务。此时铁路债务减少，资本金和股权不变。

（2）转增资本金

中国铁路总公司是经中华人民共和国国务院批准，依据《中华人民共和国全民所有制工业企业法》，由国家出资成立的大型国有企业。可以由财政部（代表国家）负责处理部分银行贷款，最终计入铁路总公司资本金。此时铁路债务减少，资本金增加。

（3）市场化债转股

若有国务院支持，财政部承担铁路总公司改制过程中必要的财务支持职责，并且铁路总公司成功改制为国有独资公司（国有独资公司不设股东会，由国有资产监督管理机构行使股东会职权）。那么改制之后的铁路总公司，可通过市场化债转股手段处理部分或全部债务。此时铁路债务减少，股权增加。

（4）市场化产权（股权）流转

党的十八届三中全会指出："国有资本、集体资本、非公有资本等交叉持股、相互融合的混合所有制经济，是基本经济制度的重要实现形式，有利于国有资本放大功能、保值增值、提高竞争力，有利于各种所有制资本取长补短、互相促进、共同发展。"这一论断为铁路总公司混合所有制改革提供了可能性。因此，中国铁路总公司进行混合所有制改造时，企业就能够通过债转股以及市场化产权（股权）流转形式处理巨额负债。此时，债务减少，所持股权减少。

铁路债务巨大，上述四种方式的任意一种都不可能完全解决问题。因此处理铁路债务的基本思路是结合这四种方式，在铁路现代化企业改革的过程中逐步完成债务处置。

首先，中国铁路总公司目前属于全民所有制企业，所有权归全体人民，铁路产权不能自由买卖。若由政府出面，通过债务减免和市场化转增资本金先处理部分债务，则可暂时缓解偿还债务压力。其次，铁路若通过改制，成为国有独资公司，那么可通过"债转股"形式再处理部分债务。最后，铁路若进行混合所有制改造，产权就处于放开状态，因此可通过"市场化产权（股权）流转"手段处理债务。需要注意，铁路属于国家重要战略资产，国家需要对铁路形成绝对控股。因此，中国铁路总公司若进行混合所有制改造，国家控股比例不能小于50%，而剩余股权则可以自由流通，合理引进社会投资者和国外投资者，使企业资产结构达到最优化状态。最终完成现代企业制度建设，成功摆脱负债的桎梏。

股权转让过程中国有资产投资运营公司起着关键作用。网运关系调整后，铁路总公司瘦身变成中国铁路路网总公司，路局变成了路网子公司，运营企业完全放开，公益性运输由三大专业运输公司兜底。然后再把中国铁投从财政部划出来，并在其基础上由财政部或国资委注资成立中铁国投，专门负责路网建设，装备、工程等领域的投资。

综上，在处理铁路债务问题时，应充分考虑铁路企业的性质，在不同时期应采取不同的处置方式，并且国家对铁路要保持一定的控制，这样能够有效促进铁路债务处置。

5. 问：铁路债务处置是否不利于国家对铁路的控制？

答：债务减免、转增资本金、市场化债转股以及市场化产权（股权）流转四种债务处置方式有各自的特点，不会损害国家对铁路的控制。

第一，债务减免是指国家发布相关文件或通知，通过行政手段免除铁路企业所欠的国家债务。如要高效运用铁路资产，加快中国铁路总公司现代化企业制度建设，那么企业必须进行债务重组。债务减免是根据国家有关法律政策或相关文件进行的，在国家的控制范围内，不会损害国家对铁路的控制。

第二，转增资本金是国家将铁路企业从银行所得贷款作为国家对铁路企业的直接投入，从而增加企业资本金。由于铁路运输带有公益性质，铁路总公司盈利水平不高，难以偿还银行的巨额本息，但是可以由财政部负责处理部分银行贷款，最终计入铁路企业资本金。因此，转增资本金是国家将企业的债务转为国有资本金投入到企业，不会损害国家对铁路的控制。

第三，市场化债转股主要是指铁路将债务转为股本，债权人拥有这部分股本并参与企业运营。中国铁路总公司改制为国有独资公司后，可通过债转股手段处理部分或全部债务，不会损害国家对铁路的控制。

第四，市场化产权（股权）流转是将产权作为商品在市场上进行流通，产权可以转让或交易。铁路若进行混合所有制改造，那么产权就处于放开状态，因此可通过"市场化产权（股权）流转"手段处理债务，需要注意，铁路属于国家重要战略资产，国家需要对铁路保持一定的控制。股权（产权）流转，并不意味着全部流转，而是以铁路国家所有权政策为依据，根据铁路各个领域的不同定位保持国家不同的控制力。例如：运营公司（除了兜底公益性运输的三大专业运输公司）完全放开；工程和装备领域在股权流转时应保证国家的相对控制；路网和资本领域在股权流转时应保证国家的绝对控制。因此，市场化产权（股权）流转不会损害国家对铁路的控制。

综上，不管铁路企业处在哪个阶段，相应的债务处置方式既能有效处置债务，同时也不会损害国家对铁路的控制。

6. 问：铁路债务处置是否会损害国家铁路的公益性？

答：债务减免、转增资本金、市场化债转股以及市场化产权（股权）流转四种债务处置的方式会为铁路公益性提供多方面的支持，不会损害国家铁路的公益性。原因有以下四个方面。

通过对债务减免、转增资本金、市场化债转股以及市场化产权（股权）流转四种债务处置方式的理解，可以知道四种处置方式从本质上都是为铁路企业提供了资金，而公益性负债作为铁路债务的一部分，通过四种处置方式可以为铁路公益性提供资金保障；转增资本金的实施途径中明确要求区分经营性负债和公益性负债，通过整理公益性负债相关资料，向发改委、财政部提出书面申请，并且由财政部会同国资委办理转增国家资本金的手续。在此过程中明确区分经营性负债和公益性负债，可以为国家对铁路公益性补偿提供参考；通过四种方式对铁路债务进行处置，铁路债务在很大程度上能够得到缓解，甚至有可能扭亏为盈，会极大地调动铁路各部门的工作积极性，使铁路员工和社会公众从思想上对铁路公益性有更深刻的认识，在一定程度上为铁路公益性补偿提供保障。由产权流转处置方式可知，一方面，运营公司（除了兜底公益性运输的三大专业运输公司）完全放开，路网领域在股权流转时应保证国家绝对控制企业，因此，国家对公益性运输和公益性铁路具有绝对控制权，不会损害铁路的公益性。另一方面，铁路所有制形式更丰富，会促进企业改善经营，只要公益性运输收入不低于边际成本，那么企业就有动力去做好公益性运输，不会损害铁路的公益性。

通过对以上四个方面的分析，四种债务处置的方式会给铁路公益性提供资金保障，为国家对公益性补偿提供参考，并使铁路企业积极承担更多公益性运输。由此可知，四种债务处置的方式不但不会损害国家铁路的公益性，而且还会为国家铁路的公益性提供保障。

7. 问：各种铁路债务处置方式的实施途径是什么？

答：在铁路债务处置基本思路的基础上，应对四种债务处置方式的实施过程进行详细研究，以确保每一种处置方式的顺利实施。铁路债务处置方式的实施途径有以下四种。

（1）铁路债务减免实施途径

截止到 2019 年 3 月，中国铁路总公司负债为 5.26 万亿元人民币。负债大致可分为公益性负债以及经营性负债。对于公益性负债，设想由国务院牵头债务减免部分，铁路国有资本投资运营公司统筹铁路债务重组，由财政部确定免除铁路债务的具体内容。

（2）铁路转增资本金的实施途径

由于铁路有自身盈利发展的权利，也有承担社会公益性运输的义务，因此，相关专家提出铁路负债必须区别对待，可分为公益性负债与经营性负债。作者认同此观点，并基于此规范铁路转增资本金的实施途径，有以下四种。

① 区分公益性负债与经营性负债。公益性负债，是指铁路企业因承担公益性运输或者建设公益性线路而造成的企业亏损。经营性负债是指铁路除公益性负债以外的负债。

② 整理公益性负债与经营性负债的相关材料，向发改委、财政部提出书面申请，包括负债明细、申请理由、申请金额等相关资料。

③ 由财政部会同国资委办理转增国家资本金的手续。

④ 转增国家资本金的财务会计按财政部给出的相关文件处理。

（3）市场化债转股的实施途径

市场化债转股的实施途径有以下四种。

① 以中国铁投为基础，成立铁路国有资本投资运营公司。国有资本投资运营公司是国家授权经营国有资本的公司制企业。公司的经营模式，是以投资融资和项目建设为主，通过投资实业拥有股权，通过资产经营和管理实现国有资本保值增值，履行出资人监管职责。

② 中国铁路总公司申请签署债转股协议。铁路总公司实施债权转股权，前提是由铁路国有资本出资人代表向铁路国有资本投资运营公司推荐。国有资本投资运营公司对铁路总公司进行独立评审，制定企业债权转股权的方案并与企业签订债权转股权协议。债权转股权的方案和协议由国资委会同财政部、中国人民银行审核，报国务院批准后实施。

③ 将中国铁路总公司的股权划拨给中铁国投。中铁国投按照国务院与铁路国有资本出资人代表确定的范围和额度收购中国铁路总公司股权（若超出确定的范围或者额度收购的，须经国务院专项审批），或者由国家财政部（或国资委）将中国铁路总公司的股权划拨给中铁国投，或者由财政部将中国铁路总公司股份授权给中铁国投。中铁国投拥有中国铁路总公司股权之后，运用自己的特殊法律地位和专业化优势，对股权进行一定的经营操作，如有可能也可以出售一部分。

④ 股权退出。债转股以后，一些国有资本投资运营公司将成为企业阶段性持股股东（但中铁国投可能是永久性持股，某一阶段的持股数量可能略有变化）。阶段性持股将避免持续持股带来的弊端，它意味着管理公司最终的目的和最终的步骤是将股权脱手，退出现有的投资领域，收回投资。

（4）铁路市场化产权（股权）流转实施途径

借鉴市场化产权（股权）流转处置债务的历史经验，结合我国铁路改革的实际情况，我国铁路以国有资产市场化产权（股权）流转方式处置债务宜按"清产核资-产权（股权）调整-市场化产权（股权）流转-债务偿还"四个步骤展开。

清产核资。在全面深化铁路改革实施之前，建议尽早按照我国已颁布的多项法规、规章，制定铁路产权（股权）管理办法，尽早开展铁路国有资产的清产核资、产权登记、统计报告以及资产评估。在全面深化铁路改革实施之中，各类铁路企事业单位的废止与设立均应依法实施审计、监督，从而避免铁路国有资产的流失。

产权（股权）调整。基于统分结合的网运分离是我国铁路改革的必然选择，所以产权（股权）调整应由运营公司产权（股权）调整、路网公司产权（股权）调整两部分组成。

① 运营公司产权（股权）调整。首先成立资产管理部门，在厘清铁路运营与路网公司的资产边界之后，负责对运营公司进行资产核算及管理。然后，将运营公司重组为由总公司、各铁路局相互控股、参股的非上市股份有限公司。

② 路网公司产权（股权）调整。首先成立资产管理部门，厘清路网公司产权（股权）后，负责今后一段时期内路网公司相关资产的管理。然后，由总公司主导进行路网公司（由目前铁路局剥离运营业务而形成）整合重组，形成非上市的中国铁路路网（集团）股份有限公司。

在上述两项工作中，如果不能厘清运营与路网公司的资产边界，那么将由若干个运营公司逐步募资从铁路总公司和 18 个铁路局集团手里购买运营资源。因为只要涉及向资本市场募资，它必须说清楚它要买哪些资产、什么价格等，采用市场化厘清的方式进行，这就是所谓的网运分开不需要下文件而是以行政命令的形式来推进，可以采用市场化的措施来推进，这个是 2000 年前后的网运分开所不具备的条件。

市场化产权（股权）流转。市场化产权（股权）流转的目标是实现运营公司的完全市场化与路网公司的混合所有制，以流转产权（股权）获得的资金偿还债务。分为以下两种。

① 运营公司市场化产权（股权）流转。产权调整之后，将运营类公司上市，并通过相关法规，要求总公司、各铁路局逐步退出运营类公司，为各类社会资本参与运营类公司创造公平的环境，将总公司、各铁路局控股、参股的运营类非上市的股份有限公司逐步转型成为社会资本控股、参股的股份有限公司。

② 路网公司市场化产权（股权）流转。路网公司市场化产权（股权）流转可引入社会资本，将铁路总公司及所辖 18 个铁路局全资的中国铁路路网股份有限公司重组为具有混合所有制特点的中国铁路路网股份有限公司，实现股权多元化（最多可将 49%的股份流转给非公资本），有利于实现企业的公司制管理。

债务偿还。铁路总公司偿还债务的渠道主要由两个部分组成，一是流转运营公司最多 100%的股权而获得的资金。我们认为，铁路运营类业务是可以完全放开的"竞争性业务"，通过流转运营公司的产权（即股权）可以有效处置我国绝大部分甚至全部铁路的中长期债务；二是流转路网公司最多 49% 的股权而获得的资金。

以上四种实施途径的可行性分析。第一，"清产核资、产权（股权）调整、市场化产权（股权）流转、债务偿还"的技术路线具有一定的可行性；第二，通过运营公司至多 100% 的股权，再加上路网公司 49% 的股权流转出来的资金与目前铁路总公司的债务总额相当；第三，法律和法规既能推进技术路线的实施，又能防止国有资产的流失。

铁路企业若按照以上实施途径来解决债务问题，将提高债务处置的效率，并加快促进铁路的市场化改革，使铁路企业健康、稳定发展。

8. 问：各种铁路债务处置方式的实施条件是什么？

答：由铁路债务处置思路可知，铁路企业在不同的阶段应采取不同的处置方式或者处置方式的组合，但是这四种处置方式在实施前要具备以下四种条件。

（1）铁路债务减免实施条件

若想国家给予一定的债务减免优惠，铁路部门必须展示自身的投资价值，抓紧优化企业运营管理，其具体表现为：精简企业职能部门结构，减少冗余人员的设置，实现"小总部，大产业"的结构；运用市场营销理念，提高企业盈利能力，起到国有资产保值增值的效果；加快"网运分离"的改革步伐；在社会上，应该给予积极的正面宣传，使民众明白铁路债务中既有运营亏损债务，又有承担公益性义务而形成的债务。

（2）铁路债务转增资本金的实施条件

关于铁路债务转增资本金的实施条件，有几份文件可供参考。《关于将部分企业"拨改贷"资金本息余额转为国家资本金的实施办法》（计投资〔1995〕1387 号）以及《上海市发展计划委员会、上海市财政局关于地方基建"拨改贷"转增国家资本金的处理办法的通知》（沪计调〔1996〕37 号），这两个文件都提出将企业"拨改贷"资金本息余额转为国家资本金，并且提出了必须要满足的条件。虽然文件提出较早，但是其在实施中取得了一定的成效，因此仍可供铁路实施债务转增资本金时借鉴。

基于铁路自身实际，我们认为铁路债务转增资本金的实施条件为以下五点。

① 明确转增国家资本金的范围。转为国家资本金的"拨改贷"资金是指经国务院批准，由中央财政安排的国家预算内基本建设投资，扣除已经偿还、减免的本息，从使用贷款之日起至相应截止日的本息余额。

② 企业需要提供相关审计单位的审计报告，并且说明归还资金本息余额有困难，需国家直接投资增加资本金。

③ 企业申请将"拨改贷"资金本息余额转为国家资本金时，必须明确中央级"拨改贷"资金的出资人。

④ 企业必须经过清产核资、资产评估，才能申请办理将"拨改贷"资金本息余额转为国家资本金的手续。资产评估工作由铁路国有资本出资人代表负责组织实施。

⑤ 企业提交将"拨改贷"资金本息余额转为国家资本金的书面申请。

（3）铁路债转股的实施条件

铁路进行债转股的前提条件是企业已经改制为国有独资公司或正在改制为国有独资公司，并且铁路国有资本出资人代表对实施债转股的中国铁路总公司也需要制定相应的要求，作者认为需满足以下五个条件。

① 明确债转股范围。转股债权范围以银行对企业发放贷款形成的债权为主，适当考虑其他类型债权。转股债权质量类型由债权人、企业和国有资本投资运营公司自主协商确定。

② 通过国有资本投资运营公司开展铁路债转股。除国家另有规定外，银行不得直接将债权转为股权。银行将债权转为股权，应通过向国有资本投资运营公司转让债权，再由运营公司将债权转为铁路总公司股权的方式实现。

③ 筹集债转股资金。债转股所需资金由国有资本投资运营公司充分利用各种市场化方式和渠道筹集。例如国有资本投资运营公司依法依规向社会投资者募集资金，特别是可用于股本投资的资金，包括各类受托管理的资金，也可发行专项用于债转股的金融债券，发行用于债转股的企业债券。

④ 规范履行股权变更等相关程序。铁路总公司在进行债转股时应依法进行公司设立或股东变更、董事会重组等，完成工商注册登记或变更登记手续。涉及公司上市增发股份的应履行证券监管部门规定的相关程序。

⑤ 依法依规落实和保护股东权利。铁路总公司实施债转股后，要保障国有资本投资运营公司享有《公司法》规定的各项股东权利，在法律和公司章程规定范围内参与公司治理和企业重大经营决策，进行股权管理。

（4）铁路市场化产权（股权）流转的实施条件

可由国有资本投资运营公司购买中国铁路总公司股权，然后由出售股权得来的资金偿还债务，而成为中国铁路总公司股东的投资运营公司通过监督企业的经营，促使企业扭亏为赢，稳定股权价值。由于铁路行业的特殊性，铁路市场化产权（股权）流转必须符合以下两个条件。

① 符合国家实际控制企业的要求。国家需要对铁路路网和资本领域拥有绝对的控制权，即国家资本比例必须大于 50%（含 50%），然后将剩余股权进行流转，并达到偿还铁路负债的目的；而对于铁路除路网之外的其他领域，特别是运营领域，本身就是属于竞争性业务，国家无需对其实行控制。

② 符合铁路资产转让原则。国有资产转让应当有利于国有经济布

局和结构的战略性调整，防止国有资产损失，不得损害交易各方的合法权益。

9. 问：如何建立铁路债务处置的保障机制？

答：铁路债务数额巨大，因此随着铁路改制分阶段稳步推进债务处理进程是较为明智的选择，再配套相应的保障机制以保证铁路债务处置顺利进行。建立铁路债务处置的保障机制有以下四个方面。

（1）顶层设计

考虑到铁路债务处置的复杂性，建议由财政部牵头成立铁路债务处置专门委员会①，该专门委员会直接向国家铁路改革咨询委员会负责，并负责制定各个阶段铁路债务处置方案，提出铁路债务处置建议。债务处置过程中，财政部、发改委等部门需牵头组织对中国铁路总公司的资产评估工作，制定企业债转股和市场化产权（股权）流转具体方案，协调各方（主要涉及政府、股权购买方以及铁路企业）的相关利益。

（2）政策保障

以公益性负债为例。中国铁路总公司建设了大量公益性线路并承担着大量公益性运输，国家应制定相关财政补贴与税收优惠政策。例如，区分铁路运输中公益性运输以及经营性运输。针对运输企业采取相互付费收支免征增值税、高新技术铁路装备制造企业实行减免企业所得税、加大铁路投资项目的税收抵免范围、对铁路新线试营运期间免除营业税及企业所得税等措施，设置铁路建设项目相关用地优惠方

---

① 我们建议由财政部、发改委、交通运输部、国家铁路局、中国铁路总公司等部门或企业以及著名专家学者组成国家铁路改革咨询委员会（为中央深改委决策铁路改革事项时提供咨询意见），并在该委员会下设铁路债务处置专门委员会。

案等一系列政策，以减少铁路企业的公益性负债。

（3）法律保障

新时期下建立和完善铁路市场化产权（股权）流转的债务处理方式，首先需要建立健全法律保障机制，加快推进铁路改革配套法律立法进程，加快制定铁路债务处置的相关法律法规，逐步解决铁路债务处置过程中缺乏法律保障的问题，形成有效保护铁路债务处置的法律法规框架，从而为铁路债务依法处置保驾护航。

在铁路总公司体制改革不断推进过程中，应制定或修订相关法律法规制度，确保铁路总公司出资人根据铁路行业特点和实际情况，完善产权保护制度，防止债转股、市场化产权（股权）流转过程中国有资产流失，并适应铁路改制之后的监管需要。

（4）宣传保障

铁路债务处置过程中引进社会资本和外资，容易给公众带来搞"私有化"的错觉。应充分认识到，国家拥有铁路50%以上的股权，拥有对企业的绝对控制权，从国家利益出发，铁路企业不会侵害社会公众利益实现自身利益的最大化。因此，应引导各大权威媒体充分阐明铁路债务问题形成的主客观原因，详细说明铁路债务处置的必要性与迫切性，对采用债务减免、转增资本金、债转股、市场化产权（股权）流转等铁路债务的处置方式给予积极评价，从而形成良好的铁路债务处置舆论环境。

综上所述，从顶层设计层面统筹规划，协调铁路债务处置中相关各方利益；从法律层面防止国有资产流失并提供公平公正的市场环境；从政策方面给予铁路部门大量财力物力上的支持；最后从社会舆论层面保障铁路债务处置顺利进行，并接受社会公众监督。上述四项保障措施能够在一定程度上保证我国铁路债务处置顺利进行。

参考文献

[1]　张健，王金林. 日本两次跨世纪的变革[M]. 天津：天津社会科学院出版社，2000.

[2]　应晓慧. 铁路债务问题比较研究[D]. 北京：北京交通大学. 2015.

[3]　刘朝晖. 我国铁路货运体制改革与发展的研究[D]. 成都：西南交通大学. 2005.

[4]　张钺. 市场化债转股的法律分析[D]. 长沙：湖南大学，2017.

[5]　铁道党校课题组，林淼，石云鸣. 加强专业技术人才队伍建议　为铁路改革发展提供人才保障[J/OL]. 理论学习与探索，2014（6）：54-57.

1. 问：为什么说铁路运输定价机制改革是深化铁路改革的关键词之一？

答：从当前我国国情和路情来看，全面深化铁路改革势在必行，在这一改革发展的新时期，铁路已经成为一系列国家重要战略（倡议）的共同交集，将承担更多新使命。而铁路运输定价机制改革，是全面深化铁路改革发展的重要组成部分，建立适应铁路长期、稳定、可持续发展的运输定价机制，不仅有助于铁路中长期债务处理，同时也是铁路企业进行股份制改造的必然选择。研究铁路运输定价机制的主要原因在于现行铁路运价体系存在系列问题，不能适应铁路改革发展的新形势。铁路运输定价机制研究的必要性有以下四点。

（1）现行铁路运价改革的速度滞后于铁路改革整体进程

客运方面：我国铁路客运定价从中华人民共和国成立后的较长一段时间一直由国家严格管控，后客运定价过渡到多元化时期，铁路运输企业逐渐地尝试不同的票价制定方法，出现了新路新价、优质优价等形式。现今，政府已经逐步对铁路客运定价放松管制。2015 年和 2016 年，国家发改委

---

①　本章由"铁路改革研究丛书"第 7 本《铁路运输定价机制研究》主要观点构成。有关铁路运输定价机制改革的详细分析，建议参阅《铁路运输定价机制研究》一书。

先后发布《关于改革完善高铁动车组旅客票价政策的通知》和《关于完善铁路普通旅客列车软座、软卧票价形成机制有关问题的通知》(后简称《通知》)，两个《通知》明确了在国家铁路上开行的普通旅客列车软座、软卧票价、设计时速 200 千米以上的高铁动车组列车一、二等座旅客票价，由铁路运输企业自主制定。自此，铁路企业拥有更大的定价自主权。

货运方面：一直以来，铁路承担着大量公益性运输任务，其运价长期以来低于市场上其他运输方式运送同类货物的运价。1955—1982 年近 30 年的时间内，铁路货运始终实行全国统一的低运价政策。1983 —2002 年，在我国逐渐由计划经济体制转变为市场经济体制的时代背景下，铁路货运定价机制也由前一阶段的严格管控逐渐得到了适度的放松。并在 2003—2012 年间，为适应市场变化，首次进行了铁路货物运价与成本构成因素的联动调整政策。2013 年，铁路政企分开后，我国铁路货运运价逐步开始实行市场化，国家通过放宽铁路货运定价机制、适当提高运价、清理与规范市场等措施，不断地与铁路运输企业一同进行铁路货物运价的市场化探索与努力。

总体而言，在铁路改革发展的进程中，铁路运输定价机制也在不断调整和更新，但现行铁路运输定价机制已经不能适应铁路改革发展的新形势。在推动铁路企业完成股份制改造的进程中，铁路运输定价调整的进度已经落后于铁路高速发展的需要。因此，综合考虑不同地区的经济发展水平、人口状况、环境承受能力和其他运输方式的竞争等因素，落实铁路运输定价机制改革已经迫在眉睫。

（2）竞争机制需要定价差异化

相较于其他运输行业，铁路运价浮动范围较小，与经济发展、物价水平不成比例，较为滞后[2]。铁路行业单一的运价体制已不能适应铁路的改革发展。为全面深化铁路改革，提高铁路竞争优势需要依靠差异化的价格和高质量的服务。

消费群体的差异化，使得消费者对服务质量的要求和票价支付能力都有所不同；同时，铁路运输又存在季节性、规律性的需求波动。为刺激消费，促进与其他运输方式竞争，扩大铁路运输企业的利润空间，差异化定价势在必行。

（3）运价改革已有足够的政策支持

十八届三中全会明确指出，国家发改委下一步要缩小政府的定价范围，减少政府定价项目，将政府定价主要限定于重要公共事业、公益性服务和网络型自然垄断领域[2]。同时，近几年来，国家发改委一直致力于推动铁路运输领域的价格改革，现今市场化定价已经取得了一定的成果。不仅在 2015 年和 2016 年，连续两年发布了关于铁路高铁动车组旅客票价及普通旅客列车旅客票价改革的指导意见，还分别在 2013 至 2017 年间，陆续发布了 7 个关于指导铁路货运定价改革的文件。其中，2017 年 12 月发布的《关于深化铁路货运价格市场化改革等有关问题的通知》明确对铁路集装箱、零担各类货物运输价格等 12 个货物品类运输价格实行市场调节，由铁路运输企业依法自主制定，进一步明晰了我国铁路货运市场化定价的改革方向。铁路实行市场化、差异化定价的政策已经明确，推进铁路运输定价机制改革的时机已经成熟。

（4）网运关系调整要求按照网、运两类业务分类定价

党的十八届三中全会通过的《中共中央关于全面深化改革若干重大问题的决定》（以下简称《决定》）对自然垄断企业提出了"根据不同行业特点实行网运分开、放开竞争性业务，推进公共资源配置市场化，进一步破除各种形式的行政垄断"的重要论断。2019 年政府工作报告中提到：深化电力、油气、铁路等自然垄断型领域改革要根据自身行业特点实行网运分开，将竞争性业务全面推向市场。因此，铁路运输按照网、运两类业务进行分类定价是铁路网运关系调整背景下的必然要求。现阶段，我国铁路采用网运一体化运输经营模式，其运输定价主要区分为客运定价和货运定价。而我国铁路目前面临的诸多深层次矛盾亟待以网运关系调整作为突破口予以根本性解决。因此，以网运关系调整为背景，铁路运输定价应区分为路网定价（列车运行线）和运营定价（运输服务产品）。

2. 问：铁路运输定价需要考虑哪些因素？

答：铁路运输定价受到来自于自身运输生产和外界市场大环境等多方面因素的影响，主要可以分为内部因素与外部因素，只有综合考虑各因素才能制定出合理的运价。

运价制定需考虑的内部因素主要包含铁路运输成本与服务属性。

对于企业而言，成本是决定定价的重要因素，也是企业定价时首先考虑的因素。在制定价格时，价格高于平均运输成本企业方可获利，从而扩大再生产，否则收入无法弥补生产成本支出，造成亏损，长此以往不利于企业正常发展。同时，企业的成本高低也影响企业在运输市场中的竞争力，把运输成本控制在较低水平的运输企业在定价时可获得更大的利润空间，增强竞争力。

服务属性因素是指铁路运输产品的服务特性，也与铁路运输自身的技术经济特点相关。这些特性一方面可以影响旅客和货主对运输服务产品的需求大小，另一方面，它们又是不同运输服务质量下成本差异的外在表现。

运价制定需考虑的外部因素包括区域经济水平、居民支付能力、运输市场竞争、铁路运输需求与运输供给及国家政策等。

区域经济水平决定了运输结构和交通发展状况，同时区域经济水平在一定程度上决定了当地居民的购买力。经济发展和交通运输业的发展是相互促进，相互影响的。

居民支付能力是运输需求的前提，从而间接影响运输价格。

运输市场竞争指市场中铁路与其他运输方式一同对运输市场份额的争夺。从根源上讲，运输需求和运输供给对运价的影响都是基于市场中的竞争。一方面运输企业可通过制定较高的运价获取更高的收益；而另一方面也可以通过较低的运价扩大市场占有率。因此，制定运输价格时需要根据自身在竞争市场中所追求的目标来确定相应的价格水平。

铁路运输需求指社会对铁路运输提出的具有支付能力的需要，是客户购买运输产品的前提条件，更是市场的直接参与方之一。运输需求在市场中是动态变化的，其受到社会经济发展、货物本身特性和出行者特征的影响而表现为周期性特点，这也决定了在制定价格时需要根据某些特性，如地区差异、货物种类或旅客群体等进行差异化、动态化的定价。

运输供给也是市场的直接参与方之一，对运价造成直接影响。同时，运输供给又受到铁路运输企业运能的直接影响。因此，运输供给在市场化的定价机制下是不容忽视的因素。

国家政策的发布将会从根本上决定政府和运输企业制定价格的权利限度，以及制定具体运价水平的最大允许范围。对于国家而言，出于维护国家经济秩序或其他目的，政府会通过立法出台相关政策或其他途径对市场中的价格进行干预。

上述八个因素——铁路运输成本、运输服务属性、经济发展水平、居民支付能力、运输市场竞争、铁路运输需求、运输供给及国家政策之间相互作用和相互影响，共同决定了铁路运输价格的制定和调整。

3. 问：我国铁路运输价格体系的现状是怎样的？

答：2013 年我国铁路实施"政企分开"改革，在这个里程碑式的时间节点前后，我国铁路运输定价机制都在不断地进行改革尝试与调整。

（1）在价格制定权限上

客运方面：2016 年，国家发改委宣布放开高铁动车票价，改由铁路总公司自行定价，并给予铁路总公司根据市场竞争状况和客流分布等因素实行一定的折扣票价的权力。同年，为充分发挥市场对资源配置的决定性作用，国家发改委提出：在中央管理企业全资及控股铁路上开行的普通旅客列车软座、软卧票价，由铁路运输企业依法自主制定；普通旅客列车高级软卧包房票价继续实行市场调节价。在此之前，我国铁路旅客运输定价除明确规定线路或运输公司允许进行自主定价外，客运定价主要采用政府指导价的形式。在指定的客流高峰或平日内，以及客流量较高或较低的部分线路上允许企业在固定范围内自主进行票价的上下浮动。在通知执行后，铁路总公司在旅客票价制定中拥有较大的自主权，但是我国大部分铁路线路的旅客票价，还不能很好地体现市场竞争及供求关系，运价改革还需深入。

货运方面：从 2013 年至今国家发布的有关铁路货运运价的各项改革政策和运价调整策略中可以看出，我国铁路货运运价已逐步开始实行市场化。但是在我国铁路货物运输中，国铁普通运营线一般是以国家规定的统一运价为基准价（执行特殊运价的国铁线路及国铁控股合资铁路，以国家规定的运价或浮动上限价为基准价），铁路运输企业根据市场供求自主确定具体运价水平，其运价允许在基准价基础上进行规定限度内的上、下浮动。

（2）在具体价格体系上

我国铁路旅客运输票价分为普速铁路与高速铁路两部分，但大体都服从"以基准票价率为基础，按照递远递减原则，根据具体运输服务类型及等级成比例计算"的整体思路。普速铁路票价率以硬座客票为基础进行加成，根据计费里程进行价格折减，区段越长票价递减率越高；高速铁路按照各高速铁路速度等级和客座等级依次设置了基本票价率，根据计费里程，执行递远递减。

我国铁路货物运输费用由货物运费、货运杂费、专项和代收费用以及延伸服务费四个部分组成。货物运费由发到运费和运行运费构成，以货物重量和运价里程为基础征收费用，运费则参照运价分类进行确定，目前我国铁路货物运价可分别按货物运输种类和使用范围进行分类；货运杂费是指对一般作业环节以外占用铁路设施和劳务等情况带来的成本增加的补偿；专项和代收费用包括铁路建设基金、新路新价均摊运费、电气化附加费、印花税等；延伸服务费指在铁路运输过程中，延伸服务经营者在提供延伸服务时按不同服务内容向委托人收取的费用（如货物的接取送达、仓储保管、流通加工等）。

（3）在运价管理体系上

我国铁路根据设计规划、投资建设和经营管理等的不同划分为国家铁路、地方铁路、合资铁路、专用铁路和铁路专用线。铁路运价管理包含基本运价、运输杂费，其中国家铁路运价管理还包含特定运价的管理。

国家铁路的基本运价由国务院铁路主管部门拟定，报国务院审核批准后方可实施，其决定权属于国务院；运输杂费的具体收费项目与收费标准由国务院铁路主管部门确定；特定运价由国务院铁路主管部门以及价格主管部门共同确定。地方铁路基本运价及运输杂费由省级人民政府价格主管部门确定。对于专用铁路，若其兼办公共旅客运输与货物运输，则其基本运价、运输杂费、专用线共用收费的标准皆由省级人民政府物价主管部门确定。

根据国家有关规定，我国铁路的旅客票价，货物、包裹、行李的运价，以及客货运输杂费收费项目及标准必须公告，未公告的不得实施。

4. 问：目前世界其他国家是否有铁路运价改革相关的改革经验，又有哪些方面值得我们参考借鉴？

答：在世界范围内，目前已有多国进行或已完成铁路领域改革，而在铁路运输定价机制改革方面，诸如美国、日本、德国、法国、俄罗斯等都已积累了相对丰富的改革经验。

（1）在铁路客运定价方面

美国自 1970 年通过了《铁路客运法》后，成立了美国全国铁路客运公司（下文中简称 Amtrak），并在全国范围内开始实行客货分开、局部"网运分离"的经营管理模式。在运价管制上，Amtrak 成立后美国铁路客运票价基本不受政府管制，运价制定主要考虑市场竞争因素；在运价体系上，Amtrak 不实行统一的票价率，而是对不同线路、不同列车单独定价；另外，Amtrak 还使用"收益管理"方法确定执行票价，利用计算机预定系统分阶段对客票预定和剩余能力进行分析，随时根据客流状况、市场需求情况动态地调整实际实行的票价档位。

日本铁路运价首先经历了严格的政府定价阶段，运输按里程定价，票价相对固定统一。随后，日本国铁实施"分割、民营化"改革，铁路线路按区域划分给 6 家客运公司，铁路客运业务也由监督委员会完成分配，各客运公司按照相关规定交纳新干线设施租金。客运公司在制定运价时通过专业市场服务需求调查将旅客分类，然后根据客流分布情况制定运价，并视情况制定相应的折扣。自 1997 年起，日本政府采取"上限价格制"，企业可在政府认可的上限范围内可自由设定运价。自此，日本铁路企业有了更大的定价权限。

法国客票定价体系改革在时间上经历了三个阶段。一是按里程定价阶段，运价在不同地区、不同线路采用统一标准；二是引入收益管理阶段，客运价格同时采用两类基准价，即原有的线路按里程计费，而新线通过收益管理确定基准价，并区分不同客运服务质量、客运繁忙程度的票价，合理控制两类基准价的价差；三是多元化定价阶段，法国国营铁路公司在此阶段进一步加强票价调控等级，丰富了票种。在运价管制方面，目前铁路客运价格由法国国家铁路公司制定并向国家主管部门提交价格方案，由国家运输主管部门提请法国行政院进行最终审批。

德国客票定价随着"网运关系"的调整实施了相应的改革措施。"网运分离"前，德国客票以按里程定价为主，联邦政府统一定价；德国铁路实现政企分开后，进一步实现了"网运分离"，此后铁路运价采用基于市场化的定价方法，运营公司基于竞争定价，路网公司基于成本定价。在运价管理方面，不同长短途客运公司受到不同机构监管，运价基本都根据市场自行定价，监管机构对其进行监审。

（2）在铁路货运定价方面

美国的铁路货运公司皆为私营模式，货运价格采用公开铁路货物运价和合同运价两种形式。在运价管制方面，美国经历了严格管制、放松管制、最终放开管制的三个阶段。目前，美国铁路货运定价除部分农产品采用合同运价需报备外，其他运价制定权限已全面放开，铁路运价管理机构仅在存在纠纷或客户申诉的情况下介入。

日本铁路货运定价实行上限认可制，即在运输大臣认可的适当利润对应的上限范围内，货运公司可自主浮动运价。其运价根据货物种类、服务质量、季节及折扣原则设定。

俄罗斯通过划分铁路运输市场中的竞争性和垄断性，并且根据是否占据市场主导地位采用不同的运价政策。2003 年俄罗斯铁路实行政企分开、网运分离改革后，逐步开放了铁路运输定价，国家以费率或费率系数公布运输企业不得超过的价格范围，以实现对价格的调控。

法国铁路货物运价前期受政府直接控制，之后随着市场化改革的深入，运价逐渐放开。目前，法国铁路货物运输企业拥有自主定价权，通常采用以收入补偿支出的原则进行合理定价。

（3）启　示

从以上国外铁路客运定价机制的改革情况来看，随着时间的推移、企业发展及市场的需求，国外铁路基本都逐步建立了以市场化为导向的定价方式。同时，各国都建立了多层次的票价体系，即根据不同消费群体细分市场的不同需求，提供有差别的服务，制定多样化的票价体系。在必要情况下推出各种优惠价格策略，真正发挥市场调节作用，提高了铁路运输的市场竞争力。

从以上国外铁路货运运价改革的历程来看，铁路货运定价基本都经历了由政府严格管制到逐步地、有区分地企业自主定价转变的过程。

由此可以看出，市场导向、分类定价、放松管制是国外铁路运价改革中最为重要的三大原则。让铁路运输企业充分地参与到市场竞争当中去，根据市场竞争情况、通过市场竞争来获得铁路运输服务产品的市场均衡价格，充分考虑市场供给和需求情况采取多元化定价策略，是全世界范围内铁路运输行业改革的大方向、大趋势。各国的铁路运价改革实践也表明合理放松铁路运价政府规制，一方面可促使铁路运输企业更好地参与到市场竞争当中去，促进企业发展并取得良好的经济效益和社会效益；另一方面也能够在一定程度上促进综合交通运输的发展。

5. 问：为什么要将铁路的"网"与"运"划分成两个方面，采用不同的定价思路？

答：将铁路的"网"与"运"划分成两个方面，采用不同的定价思路是基于以下三个方面的考虑。

（1）分类定价思路的技术依据

在铁路运输领域，铁路路网设施设备管理与铁路运输经营分别承担着不同的角色。前者代表着形成铁路运输网络的基础设施的所有权，后者则代表着这种基础设施的经营使用权，即"网"与"运"。在深化我国铁路运输国有企业改革的过程中，"路网宜统、运营宜分、统分结合、网运分离"是我国铁路网运关系调整的趋势。铁路"网"和"运"具有不同的技术经济特点，这是铁路运输按照"网"和"运"分类定价的技术依据。

（2）分类定价思路的政策依据

2015 年 8 月 24 日，中共中央、国务院印发了《关于深化国有企业改革的指导意见》，意见明确指出：划分国有企业不同类型，根据国有资本的战略定位和发展目标，结合不同国有企业在经济社会发展中的作用、现状和发展需要，将国有企业分为商业类和公益类。通过界定功能、划分类别，实行分类改革、分类发展、分类监管、分类定责、分类考核。铁路"网"和"运"的战略定位和发展目标不同，这是铁路运输按照"网"和"运"分类定价的政策依据。

（3）国外铁路运价改革的经验借鉴

根据欧洲多个国家铁路运价体系改革的实践经验，铁路运价制定应顺应市场化导向趋势，建立多层次票价体系；区分运输的营利性和公益性的性质，分类定价；放松运价管制。其中，德国铁路在实现网运分离后，对路网和运营进行了分类定价，即运营基于竞争定价，路网基于成本定价。国外的定价实践，可供我国铁路运输按照"网"和"运"分类定价参考借鉴。

综合以上三方面的考虑，在我国铁路网运关系调整的背景下，深入贯彻《关于深化国有企业改革的指导意见》中分类改革的思路，吸收国外铁路运输定价机制改革的经验启示，充分考虑我国铁路运输定价机制管理体系存在的问题，我国铁路运输定价机制改革应当区分

"网""运"两大方面的铁路相关企业，结合其各自的类型、战略定位与发展目标、社会经济发展中承担的作用进行分类探讨。

6. 问：进行我国铁路运输定价机制改革的基本环节是什么？

答：我国铁路运输定价机制改革的基本环节有以下四个。

（1）分类改革

在铁路路网领域，铁路运输定价应遵循国家合理掌控、满足战略性要求、以实现最大化社会福利为原则。在铁路路网领域应当实行政府规定运价下限、路网公司在此基础上充分考虑市场竞争后合理定价；在铁路运营领域，铁路运输定价应遵循国家适当调控、促进企业良好参与市场竞争、实现合理经营利润以满足行业长久发展为原则，完全放开企业自主定价权限、由政府管制逐渐转变为市场主导。

（2）铁路运输定价机制改革与铁路经营体制改革相配合

铁路运输运价形成机制是由铁路经营机制和管理机制决定的。我国铁路运输定价机制改革的进展取决于铁路经营体制大环境改革的进程，建立现代化企业制度、增强铁路运输竞争力、充分的市场竞争等是改革运价机制的基础。

同时，在市场经济条件下，铁路运输企业一切经营活动都以市场为核心，企业生存发展取决于企业市场竞争能力。成熟的市场化定价机制必定能促进企业进行有效的资源优化与配置、激励经营主体、增强企业经营能力和综合竞争力，反过来保证铁路经营体制改革的顺利进行。

（3）逐步放松铁路运输价格的管制

"严管型"的铁路运输定价对铁路运输存在多方面的负面影响，如削弱了运输价格对市场供需和资源分配的调节作用，铁路运输企业无法根据具体变化对运价进行灵活的调整以适应市场环境，不能有效地进行资源优化配置，不能很好地激励经营主体等。

运输定价的过度管制也会对铁路货物运输发展带来上述种种影响，因此我国铁路运输定价机制改革应体现放松管制的要求。在目前铁路运输垄断性降低、多种运输方式间激烈竞争的环境下，定价管制的放松将有利于铁路运输企业通过自身经营及合理的市场竞争获利，从而促进我国铁路发展，同时市场中的竞争与博弈也将使行业向实现社会福利最大化方向靠拢。

（4）加强运价制定中间环节的监管

放松铁路运输定价的管制并不意味着国家、政府对运输价格完全放手。实际上，在放宽铁路运输价格制定权限的同时，政府更应该加强对价格构成的审核以及价格制定的监管，其基本方向应当是规范化、科学化、法制化。国家或铁路企业对价格的调整、审核应当有明确的原则与程序，具备科学的理论依据、提高监管效率。同时，对涉及运价监管的机构和各利益相关者的行为，国家应制定完善合理的法律法规，约束定价中间环节的所有参与者。

7. 问：您认为我国铁路定价机制改革的可行思路是怎样的？

答：路网公司提供的运输产品为铁路列车运行线，其购买对象应为铁路运营企业。我国铁路定价机制改革的一种可行思路是根据路网、运营的不同特点来分别定价。

（1）路网领域

铁路路网领域具备垄断性和公益性，路网公司的经营管理和价格的制定必须受到国家政府的合理管控。在综合考虑各方因素后，路网公司定价可采用基于成本导向的列车运行线价格，即以运行线成本为基础，加上合理的利润加成得到运行线价格。其中，由政府设置利润加成率下限，路网公司出售列车运行线时不得低于该利润率水平所对应的价格下限，其目的是为了保证路网公司不亏损，使盈利水平始终能维持其发展。在面向货主或旅客的铁路运输价格受到市场作用和适当政府管控的条件下，针对路网公司不设置利润加成率的上限，允许其与运行线购买者（运营公司）之间或多方运行线购买者之间进行博弈、协商，进而获得更多利润，为铁路路网设施设备的更新提供条件，促进路网公司不断优化产品质量，也可保证路网公司在市场竞争中的灵活性。

（2）运营领域

由于中国铁路运营资产规模极其巨大，且"网运分离"后，具备商业性的运营企业业务纷繁复杂，一时难以厘清，其运价改革应是一个循序渐进的过程。

在网运关系调整前期，考虑到我国铁路长期处于网运一体化的经营模式下，因此建议采用基于竞争导向的政府指导价及企业执行价形式，即在充分考虑运输成本因素的同时以考虑市场竞争为主。通过调研其他运输方式价格，政府制定铁路运价上限，企业制定的价格在政府规定的运价上限范围内合理浮动。

在网运关系调整后期，运营资源整合基本完成，运营企业应按照公益性运输项目和商业性运输业务对企业运输产品进行区分。对于公益性运输项目，可采取"政府补贴、运营竞价"的定价机制，即由政府制定公益性运输任务的补贴上限，由各运营公司结合自身情况、以运输成本为主要依据制定出价格，并通过竞价方式取得公益性运输项目，其盈利为政府补贴扣除运输成本的剩余值。旅客和货主通过正常流程购票或发货，但该部分票款收入或货运收入将直接流入国家财政。待运输过程结束后再统一清算，由财政部按照竞价结果对相应企业给予补贴，以保证运营企业承担公益性运输任务而不至于亏损。考虑到该项改革措施可能造成政府机关工作量的增加，因此建议加强对建立铁路公益性运输数据库的研究，考虑在财政部（或二级机构）下设一个单独的、专门负责铁路公益性运输补贴的清算部门。在此过程中，各运营公司间相互竞争、低价中标，可确保政府能以最低限度的财政补贴保障公益性运输项目的顺利完成，旅客或货主作为最终享受运输服务的受益者仅需承担部分费用，间接获得政府补助。对于商业性运输业务，政府可完全放开其运价管制，企业基于竞争导向、根据市场竞争和供求关系制定运价。

（3）具体定价方法

上述两点所述的定价改革思路涉及了两种主要的定价导向，基于成本导向的定价和基于竞争导向的定价。

对于基于成本导向的定价方法，其核心是确定具体成本，可采用以作业成本法为基础的计算方法。首先应将铁路运输过程分解为若干作业、建立运营作业与对应作业指标之间的联系，将性质相同或相近的作业进行合并，该步骤通过建立作业中心、确定成本动因分析实现。之后根据前一步建立的指标体系，计算各项作业成本支出并汇总，具体包括确定每项作业下对应的支出，并且将各项支出按照经济要素（工资、材料、燃料、电力、折旧、其他）进行分解，再将按要素分解的运输作业支出归集到对应作业指标下，建立运输作业指标与运输作业支出之间的联系。最后分析归纳各项单位支出计算方法，汇总各单位支出与运营指标、固定支出及其他支出，最终计算获得运行线总成本。

对于基于竞争导向的定价方法，其主要思路是构建运输服务属性评价指标体系，其中包含以运价为代表的经济性指标，考核市场中与铁路运输带来较大竞争的运输方式，建立包含铁路运输在内的、市场中参与竞争的各运输方式效用函数，然后以各运输方式的效用函数为计算依据、利用运输分担率预测模型预测各运输方式的可能市场占有率，最后参考铁路运输企业市场分担率(市场占有率)目标对运价进行不断调整。基于竞争导向的定价方法还包含经济学中常见的博弈论方法，该方法可充分考虑竞争对手的策略，适用于竞争激烈、运输市场中信息流通畅通、各竞争企业理性决策且以自身利益最大化为目标的企业进行运输定价。

8. 问：对于我国铁路运输定价机制改革，您对国家和铁路运输企业分别有哪些具体的建议？

答：我国铁路定价机制改革的具体建议可以从国家层面和企业层面两个角度来谈。

（1）从国家层面来说

我国应当明确开放定价的范围以及对定价的控制力度，完善价格监审制度，以及完善价格管控思路。

第一，明确开放定价的范围以及对定价的控制力度。在对铁路运输定价实施管控时，国家需要明确界定铁路运输的公益性范围和商业性范围，并且采取不同的定价管控力度。

对于主要具有公益性特点的铁路路网领域以及开展商业性运输业务的运营公司，国家应通过区分企业特点，采用不同的监管思路。铁路在我国公益性运输中承担着重要责任，创造了巨大的社会效益，因此需要在适当控制企业定价的基础上做到全面监管，并在铁路运输企业发生较大程度的亏损时降低其经营税收或者进行财政补贴。对于商业性范围内的铁路运营领域，应逐渐过渡到采取完全由市场决定的市场调节定价机制。放开国家管控，实行企业自主定价将会为铁路运输增加市场份额、提高企业竞争力提供良好的基础。

目前，铁路总公司已经在旅客运输票价制定中拥有了较大的自主权，而铁路货运票价在大部分情况下仍采用政府指导价的方式。未来在政府规定运价限度时，应考虑一定时期内的地区差异、市场需求的变化，设置合理的价格指导限度或管控措施，并且设定长短适中的价格调整周期。

第二，完善价格监督审查。完善价格管理审查制度，包括价格水平监管和价格行为监管。监管内容主要是对准许成本的监审和合理收益的监审，对铁路运输企业运价制定原则的审核，对企业实际运价执行情况的监督，以及开放有效的民众监督举报途径和管理制度，对运输价格导致的买卖双方纠纷的合法仲裁。基于前一步对成本的合理核算工作，政府应强化成本对价格的约束，并最大程度地透明化监审过程，及时出台配套的监审原则和流程法规。

（2）从企业层面来说

铁路运输企业应当改革具体的定价方式，完善成本核算与内部清算机制，以及加强运输市场调查与监测。

第一，改革具体的定价方式。铁路运输企业应当调整运价结构。以铁路货物运输为例，简化杂费与附加费的计算方法，就铁路建设基金纳入运价中合并计算的可行性开展研究。同时，又要使定价具备更多的差异，根据不同时期和地区的运输细分市场和货物运输产品制定不同的运价。

铁路运输企业应当通过正常的运输经营收益参与弥补铁路设备设施前期的建设投入，同时吸引社会资本的参与、投资。此外，有针对性的对不同运输产品进行差别化定价，对于不同竞争程度、不同地区、不同时期、不同运输服务要求下的运输产品采用不同侧重点和不同方式的运输定价方法。

第二，完善成本核算与内部清算机制。制定运价要求铁路企业对铁路运输成本具备充分而清晰的认识。具体可参考国内外学者的研究成果以及参考国外发展经验，理清铁路运输成本应当包含的内容、明确所需指标以及数据的调查收集办法等。

清算机制有着引导各合作利益主体经营行为的作用，完善铁路运输内外部清算机制对运价改革起着至关重要的作用。无论是成本的计算还是企业收益统计都离不开清算机制，完善而合理的内部清算机制是企业制定价格的基础。铁路运输通过货物或旅客在铁路网络上的转移实现其价值，企业可从铁路网络的具体节点和线形两个角度进行各环节的清算，并充分考虑列车等级、线路等级、线路繁忙度、运行时间等因素。

第三，加强运输市场调查与监测。铁路运输企业自主制定运价需要充分考虑市场中其他竞争企业的运输产品与定价情况，不同运输方式间也需具备合理比价关系，因此及时掌握价格动态、充分认识竞争市场环境是对企业的基本要求。铁路货物运输企业应成立相应的职能部门或机构，制定全面而具操作性的市场监测与分析机制，定期或不定期地安排人员对市场进行调查与数据采集分析工作，以便于企业及时采取对策调整价格，使其处于市场中的主动地位，增强价格灵活程度。值得一提的是，在此过程中铁路运输企业也应及时公布价格调整信息、增加价格构成对人民群众的透明度，积极回应问题，提升企业信誉。

参考文献

[1] 李建海. 高速铁路票价优化研究[D]. 成都：西南交通大学，2016.

[2] 张静. 铁路客运定价机制分析[J]. 华东交通大学学报，2016，33（1）：78-82.

[3] 汪帆. 铁路货物运输定价问题研究[D]. 成都：西南交通大学，2016.

[4] 崔朝晖. 铁路货物运价改革相关问题研究[D]. 成都：西南交通大学，2007.

[5] 李传翔. 我国铁路运输企业的客运运价形成机制及价格策略研究[D]. 成都：西南交通大学，2005.

[6] 张海. 我国铁路运输企业的运价形成机制及价格策略研究[D]. 成都：西南交通大学，2005.

[7] 庄震. 股份制铁路定价方法与定价模型研究[D]. 北京：北京交通大学，2007.

[8] 李志清. 铁路运输企业运营支出预算指标体系研究[D]. 南昌：华东交通大学，2009.

第八章 铁路公益性补偿机制问答[①]

1. 问：为什么铁路公益性补偿机制是全面深化铁路改革的关键问题之一？

答：铁路在我国综合交通运输体系中扮演着重要的角色，在运输距离、运输能力、网络辐射范围等方面具有综合优势。同时，铁路具有一个普遍的特性，即所提供的运输服务一般具有公益性。通常，铁路公益性对铁路运输企业经营产生负面影响，加上我国铁路规模庞大、路网覆盖面积广等因素，使得铁路公益性问题也随之不断放大。

目前，我国铁路的公益性可以从两方面来理解：一类是公益性运输，另一类是公益性线路。其中，公益性运输主要是指抢险和救灾物资运输、支农物资运输、军用物资运输、军用客运运输、伤残军人和学生运输、市郊旅客运输、特定物资运输等，按照现行规定，铁路运输企业承担上述公益性运输，必须以低于正常运价或完全免费的形式给予客户优惠；公益性线路主要是指出于政治、经济、军事、国防以及国土开发、消除地区差距等目的而兴修的铁路，这些线路的收益难以弥补建设成本或运输成本，即使亏损也必须维持运营。在我国铁路网中，有很多这种出于国土开发、巩固边疆、加强国防等目的而建设的线路，这些线路虽然从整体上而言社会效益大，对沿线地区的经济

[①] 本章由"铁路改革研究丛书"第 8 本《铁路公益性补偿机制研究》主要观点构成。有关铁路公益性补偿机制的详细分析，建议参阅《铁路公益性补偿机制研究》一书。

发展起到了极大的拉动作用，但在经营方面经济效益较差，亏损严重，最典型的就是已投入运行多年的南疆铁路和青藏铁路。

我国铁路企业本身负债规模大、盈利能力弱，加上承担了大量的公益性任务，债务负担更加沉重。一方面，"十一五"以来，铁路固定资产投资规模快速攀升，财政投入占比不断下降，债务性资金比重持续增加，到 2016 年年底，中国铁路总公司有息负债已达 4 万亿元。若仍沿用现行筹资渠道，到 2020 年完成"十三五"规划建设任务后，中国铁路总公司有息负债将达到 5.46 万亿元。另一方面，由于运价和公益性亏损等问题，铁路整体盈利能力较弱。据了解，2016 年铁路承担的公益性任务亏损达到 1 626.23 亿元。这给全面深化铁路改革带来了很大困难。

尽管近年来铁路因公益性造成的损失越来越大，但大部分损失采用在铁路内部消化的处理方式解决，铁路企业进行交叉补贴以实现自身内部运输收入的再分配，由此平衡铁路内部因公益性程度不同而导致的收入差别。

在市场经济体制下，铁路运输企业仍实行"交叉补贴，内部消化公益性亏损"的方式承担社会职责，铁路运输服务的质量、稳定性以及依赖性均会因此受到影响，不利于铁路运输企业的长期发展，不利于铁路运输服务质量的改善和资源的有效配置，也有悖于市场经济的基本原则。

我国铁路公益性由于存在以上问题，导致我国铁路公益性补偿情况不容乐观，在一定程度上使社会资本不敢贸然进入铁路行业，降低了铁路公益性服务的质量，并且影响到铁路债务等一系列问题，阻碍了铁路的市场化改革。中央政府早已关注铁路公益性补偿问题，在中国铁路总公司成立之时就以 47 号文件明确要求"建立铁路公益性运输补贴机制。对于铁路承担的学生、伤残军人、涉农物资等公益性运输任务，以及青藏线、南疆线等有关公益性铁路的经营亏损，财政部研究建立铁路公益性运输补贴机制，研究采取财政补贴等方式，对铁路公益性运输亏损给予适当补偿"。由此可知，财政部应承担铁路公益性补偿的职责，尽快制定相关补偿方案，但是由于铁路公益性涉及的问题比较复杂，以至于至今没有出台相关方案。因此，铁路公益性补偿是全面深化铁路改革的关键问题之一。

2. 问：如何从多个角度看待铁路公益性？

答：铁路交通运输线路作为我国重要的基础建设，具有较强的公益性特征，可以从公益概念、公共产品理论、外部性理论三个角度对铁路的公益性进行论证。

（1）从公益概念看待铁路公益性

公益性是指一个团体的行为（服务或产品）使公共整体获得利益而个体没有获得相应补偿。公益具有非盈利性和利他性，公益主体不以营利为目的，公益主体的运营使公共集体受益时无法通过市场补偿其运营成本和前期投资。

交通运输企业不仅要体现经济效益，而且要注重社会效益。其所提供的产品和服务具有公用性和公益性，为整个社会或某一区域的所有成员共同使用，因而通常被赋予一些公益特性，承担了一定的社会公益义务，具有长期的社会利益。从社会效应方面考虑，铁路运输产品和服务为整个社会或某一区域的所有成员共同使用，提高了城市或区域建设的效率，降低了实体与非实体产业的运输成本，以较低的成本给人们的基本生活提供了便利。在特殊时间内，运输产业能够为危急时刻下的救济项目提供快速的转移渠道，为社会带来稳定。

铁路运输作为交通运输产业中重要的组成部分，其提供的社会效益对国土覆盖跨度大的国家尤为显著。因此，从概念上看，铁路在一定程度上具有公益性。

（2）从公共产品理论看待铁路公益性

纯粹的公共产品很稀少，大部分是准公共产品，其在一定程度上，具有公共产品的属性。一部分准公共产品是自然垄断性公共产品，如基础设施、供水、供电等公共事业；另一部分是有效产品，如义务教育、预防保健等。

从铁路路网的通过能力来看，其排他性和竞争性由于地域的不同而不同。在经济发达地区，存在替代性运输方式（如发达的公路运输），铁路运量相对饱和，发生路网拥挤的概率大；在经济不发达地区，其他运输方式也可能不发达，铁路运能有可能过剩，发生路网拥挤的概率很小，铁路路网具有较弱的竞争性。因此，该类欠发达地区铁路具有较强的公共性（公益性），具有较弱的私人性。

同时，作为国家的基础行业，铁路运输企业一方面应满足社会工业和经济的发展需求，另一方面还应满足国家国防安全、国土开发、社会稳定和民族团结的发展需求，这就导致铁路网络融入了公共利益特征的内容和含义。因此，具有满足国家国防安全、国土开发、社会稳定和民族团结发展需要的铁路就具有了准公共产品的特征，可以认为具有一定的公益性。

（3）从外部性理论看待铁路公益性

外部性可以分为正外部性和负外部性。正外部性就是当某个经济主体的一项经济活动对社会上其他成员产生好处，但自己不能从中得到补偿，该经济主体从其经济活动中所得到的私人利益就小于该经济活动所带来的社会利益。反之，当某个经济主体的一项经济活动对社会上其他成员带来损害，他又没有弥补别人所受的损害，则该经济主体为其经济活动所付出的私人成本就小于该经济活动所造成的社会成本，这种性质的外部影响被称为负外部性。

铁路与其他运输工具相比较，具有快捷、安全、大运量的特点，既节能又环保，负外部性极小，正外部性很大，即铁路具有远远超过负外部性的正外部性。第一，铁路能够降低其他行业的生产成本，提高生活水平，即铁路的低成本运输可以使相关产业的要素价格降低。第二，铁路能够拉动经济增长，优化产业结构。第三，铁路通过国土开发拓宽了社会交往和文化交流。第四，铁路一直是政治与军事的主要服务者，是国防等公共产品的重要组成部分，良好的铁路系统使国家能够更有效地保卫国土，也可以提高国家和民族的凝聚力。第五，铁路是基础产业，是现代国家和地方经济社会运转不可缺少的重要组成部分，是血液和命脉，具有很大的社会效益。铁路所表现的这些正外部性，使其不可排他地被共同使用，铁路系统的行为使其他人和厂商得到好处，而铁路系统没有获得相应报酬，体现了铁路的公益性。

无论从公益性的概念出发，还是按照公共产品理论和外部性理论分析，这些都表明铁路在一定条件或一定范围内具有公益性特征，这种特征会在相当长的时间内存在，对铁路运输企业经营产生负面影响。因此，在明确铁路具有公益性的基础上，应尽快建立铁路公益性补偿机制。

3. 问：国外是如何对铁路公益性进行补偿的？

答：国外考虑到公益性对铁路企业产生负面影响，通过多种方式有效地解决了铁路公益性补偿问题，为我国铁路公益性补偿提供了一定的参考。以下是美国、瑞典和加拿大在铁路公益性补偿问题上的做法。

（1）美国铁路公益性补偿

美国主要是以法律的形式规定政府对铁路公益性应承担的责任，其中最有代表性的是《铁路客运服务法》。美国的铁路公益性运输主要表现在客运业务，《铁路客运服务法》的颁布实施对解决美国铁路公益性问题起到了关键性作用，主要表现在三个方面：

① 成立美国国家铁路客运公司（Amtrak）。1970 年，美国国会通过了《铁路客运服务法》，联邦政府按照该法将各铁路公司面临崩溃的客运业务收归一起，成立了美国国家铁路客运公司，该公司是个半私人半国有的企业。

② 联邦政府补贴 Amtrak。1979 年，美国国会通过法令规定了 Amtrak 的亏损标准，由政府承担其成本的 50%。联邦政府提供给 Amtrak 的营运、投资、开发等资金由美国铁路行业监管机构——联邦铁路管理局（FRA）具体执行。Amtrak 平均每年接受约 10 亿美元的

联邦政府补贴，而它每年大约有 12 亿美元的亏损。

③ 地方州政府补贴 Amtrak 公司。某些城市之间的客运线路上座率很低，但当地城市要求维持该线路运营，客票收入不能平衡运营支出部分产生的亏损，法令规定，Amtrak 自身承担 30%，当地城市的政府承担 70%。

（2）瑞典铁路公益性补偿

在欧洲，瑞典最早进行了铁路产业的改革，在铁路公益性补偿方面也有其特点。瑞典国有铁路管理机构面对市场的激烈竞争，为了使企业在经营思路等方面实现从国家商务管理机构到营利性企业的转变，需要更加注重经营战略。

瑞典对铁路的公益性处理主要表现在以下两个方面：

① 公益性服务。对具有公益性的支线客运开展铁路业务特许权经营，由政府进行运营补贴。

② 公益性线路。对公益性线路也实施特许权经营，较好地解决了铁路公益性服务与企业性经营之间的固有矛盾，让企业无须进行交叉补偿，减少了企业的管理成本。瑞典铁路支线客运经营权采用地方政府招标方式，允许 SJ（瑞典国有铁路管理机构）与其他经营者以最小成本原则投标。中标经营者获得经营合同收入，而支线客运的票价收入交地方政府，线路投资和运营补贴由中央政府列入专门的"地方运输设施"预算，直接与地方政府协调，而不涉及与 BV（瑞典国家铁路管理局）、SJ（瑞典国有铁路管理机构）的财政关系。

这一补贴机制的改变，既体现了地方政府对公益性服务应承担的责任，又维护了运输公司市场化经营的要求，使线路经营者能够在竞争性的市场环境下提供社会满意的公益性服务，避免了经营者为提高利润而减少服务成本，进而降低服务质量的情况。

（3）加拿大铁路公益性补偿

加拿大与美国的处理方式相似，是通过立法明确了铁路应承担公益性运输并且政府给予公益性运输损失适当补贴。同时，加拿大政府还通过向国营客运公司投资的方式减轻企业的负担。

加拿大对铁路公益性的处理方式主要表现在以下两个方面：

① 立法保障。1967 年，加拿大议会通过了《国家运输法》（NTA，1967），这是加拿大第一部对运输业市场进行规制的法案，该法案规定，政府必须对铁路客运服务的亏损承担 80% 的补贴。1987 年，加拿大议会对《国家运输法》进行了修订（即现在的 NTA，1987），法案对公益性运输进行财政补贴的内容为"每种运输方式或者每个承运人都要承担一定合理比例的设施、资源和服务等公益性费用，当其必须为公共事业服务时，它将得到政府公平合理的补贴"。

② 投资支持。2007 年，加拿大政府颁布一项五年投资计划，向 VIA 公司投资 5.16 亿加元。2009 年，又向 VIA 公司追加了 4.07 亿加元投资。2012 年，VIA 公司获得运输部对偏远地区服务的 4.94 亿加元的政府补助。2014 年，VIA 公司又获得了 4 亿加元的政府资金，包括全国性通勤的 5 500 万加元的联邦补贴。

由此可见，别国在补偿铁路公益性时，通常都是依据某个法案，由法案、条例、实施细则等一系列规章制度来补偿，而我国在铁路公益性补偿中缺乏类似的制度性安排，缺少相关的保障机制，以至于我国的铁路公益性问题面临巨大的挑战。因此，我国应参考和借鉴其他国家铁路公益性补偿机制，建立和完善适合我国的铁路公益性补偿机制。

4. 问：我国铁路公益性补偿形式有哪些？

答：目前，我国铁路的公益性主要表现在公益性运输和公益性线路方面，大致上可以分别归属于公益性服务和固定公益设施两类。针对我国铁路公益性运输与公益性线路，我国现行的公益性补偿方式主要是"转移支付"，除了交叉补贴外，还包括税收减免、铁路建设基金以及铁路债券。

（1）交叉补贴

2013 年原铁道部政企分离后，为匹配我国经济全面快速发展，铁路的规划建设以及各类运输的运量需求越来越大，然而，中国铁路总公司现行铁路财务制度仍然沿袭原铁道部"收支两条线"的财务管理模式。除部分国铁控股合资铁路，铁路部门实行客、货运输一本账，铁路将运输收入统一集中进行内部清算，然后根据各地区实际生产情况，确保维持正常生产和经营活动所需，确定收入调整系数，进行统一分配。

铁路系统实施"收支两条线"的财务集中管理模式，其目的之一是为了弥补公益性运输所造成的损失，同时也为了平衡铁路各线路、各路局单位之间因为公益性程度不同等原因造成的收益差距，这种收入再分配的流程也属于交叉补贴。交叉补贴不能准确反映铁路运输产品的价格与价值，造成铁路运输企业无法获得真实的收入和盈利水平，同时还可能造成以下三个方面的影响。

第一，公益性运输与铁路内部的交叉补贴密切相关，在铁路公益性和经营性运输没有界定清楚的情况下，铁路需要用盈利的业务来补贴亏损的业务，特别是要用经营性业务的盈利，来填补公益性运输的亏损。受此影响，铁路企业得不到有效的生产经营激励，导致经营效率欠佳。

第二，在交叉补贴的机制下，铁路企业出现的亏损即使是自身经营问题造成的，但也可能出现亏损由公益性运输导致而向政府提出补贴要求的情况。在公益性与经营性运输界定不清的情况下，政府很难对铁路企业进行有效的监督和激励。

第三，铁路企业内部交叉补贴制度降低了铁路企业的总收益率，难以对其他经营主体和外部资金形成足够的吸引力。

因此，在市场经济条件下，让铁路运输企业完全承担公益性运输服务亏损显然是不合理的，政府应在一定程度上承担起对公益性运输服务进行适当补贴的责任。

（2）税收减免

税收减免是指根据国家一定时期的政治、经济、社会政策要求，对生产经营活动中的某些特殊情况给予减轻或免除税收负担。其中，对应征税款依法减少征收为减税，对应征税款全部免除纳税义务为免税。

我国铁路作为重要的公共基础设施，关系到人们的正常交通出行和各类生产资料的运输，与人们的基本生活息息相关，具有明显的外部性。考虑到铁路运输企业经营规模、企业公益性和经营性双重属性及税收政策等，国家通过对铁路企业生产获得的收益，减少或者免掉其中部分税收换取铁路对公益性的支持。

随着原铁道部的撤销，国家铁路、地方铁路、专用铁路和铁路专用线的分类已不再适应当前铁路行业的发展，以这种分类为基础确定税收优惠政策的处理方式需要进行相关的修订和完善。否则，某些承担公益性运输的铁路可能无法享受到相关的优惠政策，造成铁路税负不公平等问题，导致铁路对社会资金的吸引力下降，不利于铁路的市场化改革。

（3）铁路建设基金

铁路建设基金主要面向铁路货运货主这一特定对象征收。铁路货运是铁路收益的重要支撑点，政府为了实现铁路建设和弥补运输损失，按比例从货物运费中提取铁路建设基金。

铁路建设基金作为专项基金，自征收以来，在促进铁路建设方面起到了重要的作用。铁路的运输价格体系造成行业收益率低，使其难以从资本市场直接融资，同时也受经济体系承受能力所限而难以大幅度提高运价。在这种情况下，铁路建设基金作为一种有效的替代手段应运而生，为铁路公益性补偿做出了贡献。

铁路建设基金是铁路建设重要的资金来源，也是铁路融资担保的重要手段和还贷付息的重要资金渠道。随着国家《中长期铁路网规划》的实施，建设资金需求量越来越大。自 1991 年国家正式设立铁路建设基金以来，截至 2003 年累计收取用于铁路建设的基金近 4 000 亿元，占同期铁路基建投资总额的 42%。

（4）铁路债券

铁路债券是指以中国铁路总公司为发行和偿还主体的债券，包括中国铁路建设债券、中期票据、短期融资券等债务融资工具。铁路建设债券是一支主要用于支持铁路建设项目和车辆购置的债券，债券规模庞大。按照国家发改委在 2017 年审批的信息显示，2017—2018 年铁路债券规模达到 3 000 亿，其中 2017 年发行 1 400 亿元。

2013 年 3 月 14 日，根据十二届全国人大一次会议审议通过的国务院机构改革和职能转变方案，不再保留铁道部，而是组建中国铁路总公司。2013 年 3 月 15 日，中国铁路总公司公告："中国铁路总公司自组建之日起，承继原铁道部负债。中国铁路总公司承担和履行原铁道部发行的中国铁路建设债券、非金融企业债务融资工具及其他有关合同、协议项下的权利、义务，以及相应的债权债务关系和法律责任。"

2016 年 3 月，财政部下发文件《关于铁路债券利息收入所得税政策问题的通知》，文件表示，"对持有 2016—2018 年发行的铁路债券个人投资者，其取得的利息收入，按 50% 计入应纳税所得额计算征收个人所得税。税款则由兑付机构在向个人投资者兑付利息时代扣代缴"。由此可知，铁路建设债券为政府支持债券，财政部对铁路债券利息收入的税费减免可以看作是政府对铁路公益性的一种补偿方式。

由此可见，以上四种补偿方式确实已经为我国铁路以及地方区域建设起到了一定的推动作用，减轻了铁路企业的经营和投资压力，具有一定的科学性和合理性，但在具体实施过程中仍然存在一些不足。正确认识这些不足，对建立合理的铁路公益性补偿机制，具有重要的意义。

5. 问：我国铁路公益性补偿存在哪些不足？

答：现行公益性补偿方式是铁路政企合一时期解决铁路公益性问题实施的内部消化处理方法，现有的补贴机制存在以下五个方面的问题。

第一，补偿主体和补偿对象不明确。铁路企业一直未明确公益性补偿主体和补偿对象，不利于制定铁路公益性补偿机制。在现有的处理方式下，没有明确的补偿主体与补偿对象，一方面加大了相关优惠、补偿政策的制定难度；另一方面可能因难以发现公益性亏损来源，继而难以发挥当前补偿政策的最大效用。

第二，补偿标准和方法缺乏科学基础。我国正处于一个各方面均迅速发展的环境，企业的部分管理方式与当前我国各行各业经济的快速发展步调不一致，尤其是 2013 年铁路行业实现政企分离并组建中国铁路总公司后，过去的补偿管理方式将不再具有完全的适应性。

第三，监督机制缺乏及补偿效果不明显。从企业内部的管理机制上看，现行的铁路公益性补偿方式是铁路内部转移支付，实际支付情况和支付能力没有评估和监督机制，转移支付后产生的运输效益也不能准确体现。通过铁路内部转移支付的方式弥补公益性线路或运输服务所造成的损失，没有详细的亏损记录，在相关财政上缺少详细的记录就不能对工作情况进行科学地评价，进而不能准确判断铁路亏损的原因，即究竟是开展了公益性运输还是企业部门管理运营中存在的问题而导致企业的亏损。

第四，补偿评价体系未建立。建立铁路公益性评价体系，一方面是对铁路公益性服务或产品本身进行评价，这关系到铁路公益性服务的质量；另一方面是对铁路公益性补偿形式进行评价，这关系到铁路公益性行为的生命力。

第五，我国铁路公益性补偿缺乏制度性安排。其他国家在补偿铁路公益性时，通常都是依据某个法案，由法案、条例、实施细则等一系列规章制度来补偿，而我国在铁路公益性补偿中缺乏类似的制度，缺少相关的保障机制，以至于我国的铁路公益性问题面临巨大的挑战。作者建议，应对《铁路法》作出修订，从法律上明确规定铁路公益性补偿标准、范围、方式以及程序，妥善解决铁路公益性补偿问题。

综上所述，尽管相关部门对我国铁路公益性问题采取了一定的措施，但在处理铁路公益性问题上还没有形成完整的体系，缺少相关的保障机制。从长远上来看，政府应制定多样化的支持政策，以灵活的方式引导或扶持公益性铁路的建设与后期运营，从制度性安排上解决铁路公益性的问题。

6. 问：铁路公益性补偿标准应考虑哪些因素？

答：铁路公益性补偿标准的确定应考虑如下四方面因素：铁路公益性运输所导致的直接经济损失，因公益性运输放弃的经营性运输的机会成本，公益性铁路建设、运营以及维护投入，公益性运输带来的社会效益。

（1）核算铁路公益性运输所导致的直接经济损失

铁路因公益性所导致的亏损是多方面的，要确定铁路补偿标准，首先应该对铁路公益性运输服务亏损进行界定及原因分析。铁路运输企业因承担公益性运输而造成企业自身营运收入减少与成本支出增加，由此导致的企业亏损称为铁路公益性运输亏损。其主要由两部分构成：公益性减收和公益性增支。前者是指因外部政策性因素造成的铁路运输企业营运收入减少的量，后者是指因外部政策性因素造成的铁路运输企业因开展公益性运输以及维护公益性线路带来的成本支出增加的量。

（2）核算因公益性运输放弃的经营性运输的机会成本

机会成本通常在经营性线路承担公益性运输项目时产生。一些经营性较好、能够盈利的线路，由于承担了大量公益性运输，如学生、伤残军人运输，抢险、救灾物资运输等，失去了本可以以市场价格承运其他运输需求的机会，造成了间接经济损失，影响铁路企业效益。

不同于可直接计算成本，在明确界定公益性运输和商业性运输后，商业性运输成本通过铁路运输总成本减去公益性运输成本计算可得；商业性运输收益通过铁路运输总收益减去公益性运输收益计算可得。铁路的机会成本可看作一种间接产生的成本，虽然没有直接带来经济财产上的损失，也无法直接计算因公益性运输所导致的效益下降，但事实是公益性运输项目的开展的确为企业效益造成了负面影响，这部分损失也应该由国家按照市场价格给予适当补偿。

（3）核算公益性铁路建设、运营、维护投入

由于我国铁路公益性和经营性界定模糊，没有考虑公益性线路和经营性线路、公益性产品和经营性产品的区别，因而根据现行的成本投入核算体系无法得到公益性业务与经营性业务具体的投入状况。现行的成本核算方法能够通过成本归集得到客运、货运、行包、基础设施和其他运输服务的总体成本状况及单位成本水平，但不能直接获得各类别下所属的不同运输产品的成本，即成本核算时不能做到区分运输产品类别。比如客运中的学生、伤残军人公益性运输，成本的计算可通过计算特定时间、地区的学生、伤残军人的旅客周转量占比分摊该线路的运营成本，即作为该部分公益性运输服务的成本，但是实际上由于铁路企业实行区域管理，并以联劳协作的方式组织生产，因而在成本计算过程中要涉及多个企业间的数据交换，从而造成学生运输的成本计算做不到准确、真实。因此，目前的核算方法不能准确核算运输成本，铁路企业应引入先进的核算管理办法对运输成本进行更准确地核算。

（4）核算公益性铁路带来的社会效益

社会效益的衡量方式是通过企业经济活动给社会带来的收入和该活动带来的损耗（社会成本）两者之差，通常也被称为企业所提供的社会贡献净额。铁路所带来的"效益"包含了企业自身得到的收益以及直接消费者从中受益的部分，但更包含对客观环境带来的外部效应。铁路运输项目对地区环境的影响差异，包括交通事故、噪声、气体排放以及文化遗产、地形地质环境、动植物影响等。

铁路的社会效益分析是判断铁路公益性的重要依据，通过分析铁路的社会效益也能为铁路改革提供实际的指引。在保证铁路社会效益持续增长的前提下，防止对铁路运量、质量的恶性影响，同时也应通过铁路社会效益的界定对铁路公益性进行补偿，帮助铁路企业健康发展。

7. 问：处理我国铁路公益性问题的总体框架是什么？

答：铁路公益性作为影响企业经营效益的重要原因之一，需要对其进行科学制定。因此，在公益性理论及现状的基础上，我们对公益性补偿提出了一个较科学合理的框架，有如下六点。

（1）明确公益性补偿基本原则

第一，补贴必要性原则。铁路承担了大量公益性运输并建设了多条公益性线路。铁路的公益性为国家带来了巨大的社会效益而无法直接为企业带来财务效益，给铁路运输企业经营带来负面的影响，不利于社会资本进入铁路行业。据了解，2016 年铁路承担的公益性亏损达到 1 626.23 亿元。因此，亟需对铁路公益性进行必要的补偿，从而实现铁路健康、可持续发展的目标。

第二，明确分类补偿原则。《关于深化国有企业改革的指导意见》明确了要对国有企业进行分类改革。《国务院关于组建中国铁路总公司有关问题的批复》明确了要对铁路公益性实行分类补偿。"分类"对解决铁路公益性的问题至关重要，对铁路公益性进行分类，可以使公益性线路和公益性运输分开，分类核算线路和运输的成本以及亏损，准确核算补偿标准，有效地监督公益性补偿资金的使用情况。

第三，运输供给方受益原则。目前铁路系统实施交叉补贴的核算方式，不利于企业进入市场后的长期发展。运输供给方不能从公益性运输中得到适当补偿，就会严重影响铁路运输服务的功能和质量，增加铁路运输成本，导致铁路经营和建设陷入恶性循环。因此，必须要遵循"谁提供，谁受益"的原则。

第四，运输需求方补偿原则。为消除交叉补贴带来的价格扭曲，培育公平竞争的市场环境，应直接对公益性运输进行补偿，按照"谁需求，谁补贴"的原则，对铁路企业承担公益性运输所造成的经济损失进行补偿。

第五，政府主导、社会参与原则。由于铁路在国家安全、经济发展中具有重要作用，国家是铁路公益性最大的直接受益者，个人是间接受益者。国家有责任建立铁路公益性补偿制度，同时企业和个人也应当积极参与铁路公益性发展。

第六，权利与责任对等原则。铁路的建设要按照公益性和经营性来具体区分，对于公益性铁路，要切实做到"据实补偿"，同时建立合法的监督机制和评价机制，促进铁路公益性服务质量与水平的提升，将补偿责任和义务统一，政府和企业双方共同促进铁路公益性事业的可持续发展。

（2）科学合理界定公益性铁路和运输产品

公益性铁路是指产生的社会效益大于经济效益的线路，主要服务于国家稳定、国土开发、民族团结等。以偏远地区、山区的铁路为典型，这类公益性铁路建设项目投资大，运营成本高，资本沉淀周期长，建成后的经济效益低，后期收益通常无法得到保障，因此其建设应当由国家投资为主。公益性运输服务通常无法通过商业化运营利润来弥补实际的运营成本，但关系到人们基本生活，出于社会整体因素考虑，公益性运输不可缺少。

在处理公益性问题时，应该将铁路公益性进行划分，对不同类型的运输或线路，应给出对应的补偿标准。这样不仅能推动铁路公益性职能的发挥，同时能够使政府对铁路公益性补偿有针对性措施，使各个类型的运输和线路都能得到补偿，使补偿对象能够规范使用补偿资金，防止资金使用不当和出现混乱的财务管理状况。

（3）建立铁路公益性运输数据库

在未区分公益性与经营性问题的情况下，政府很难对铁路部门进行有效激励，也无法对公益性铁路运营的亏损状况进行较好监督，不利于相关优惠政策的制定，同时铁路内部转移支付维持公益性铁路运营的处理方式无法得到长期保障。因此，建立铁路公益性运输数据库对处理铁路公益性问题尤为重要。

（4）明确铁路公益性补偿主体和对象

公益性问题既是一个社会民生问题，也是一个经济问题。明确主体和对象一方面就是要确定双方在社会中扮演的角色，规范双方应承担的社会责任与义务；另一方面就是要明确双方的经济关系，通过博弈的方法将经济效益与实际问题处理效率最大化。在整个过程中，秉持"谁受益，谁补偿"和"谁提供，谁被补"原则。

（5）建立合理的铁路公益性补偿标准核算方法

目前，铁路系统实施的仍是原铁道部时期所采用的以交叉补贴为代表的内部转移性支付管理方法。虽然这能够保证各条铁路线路的正常运行，但难以核算企业内部具体的财政情况，不利于公益性相关数据的获取，同时也是引导社会资本进入铁路领域不得不面对的一大障碍。因此，建立科学合理的公益性补偿标准对解决公益性问题具有重要意义。

（6）建立铁路公益性补偿监督和评价制度

政府作为公益性补偿的主体，是补偿政策的主要制定者，无论采用何种补偿方式，我们都应将补贴与效率激励和对铁路的监督相结合，争取让铁路企业提供低成本、高质量的公益性运输服务。相应的监督与评价机制，不仅仅是政府及其下属管理机构应履行的职责，同时也为公益性补偿管理到位提供了具体保障，确保补偿方案能够实实在在地发挥作用。

因此，我国可以通过明确补偿原则、明确补偿主体和对象、建立合理的补偿标准核算方法以及监督和评价制度，制定出铁路公益性补偿的总体框架，以促进铁路公益性补偿机制尽快建立。

8. 问：如何建立铁路公益性补偿的保障机制？

答：建立保障机制是铁路公益性问题以及铁路改革进程中不可缺

少的组成部分，是保障企业健康、稳健发展的重要手段。我国可以从以下五个方面建立铁路公益性补偿保障机制。

（1）顶层设计

借鉴国外铁路以及国内国有企业顶层设计进行公益性补偿的经验，根据我国铁路公益性补偿的现状，建立铁路公益性补偿机制，应当设立一个超越部门和地区利益的、能够统揽全局的机构。

由于铁路公益性问题对铁路运输企业经营产生负面影响，且该问题本身极其复杂，涉及面十分广泛，因此一般的机构已不能承担研究该问题的职责，应当在国家铁路改革咨询委员会[①]下设立铁路公益性补偿专门委员会，承担研究铁路公益性问题并提出相关建议的职能。

铁路公益性补偿机制专门委员会的主要任务，一是贯彻中央改革精神和部署，按照中央全面深化改革委员会改革总体规划的要求，研究制订铁路公益性补偿的总体方案和具体实施计划；二是负责对铁路公益性补偿工作进行指导、检查和督促。

（2）法律保障

铁路企业改革的发展趋势不可逆转，在依法治国的大环境下，加强铁路公益性问题的相关立法，为建立铁路公益性补偿机制提供法律依据迫在眉睫。十八届四中全会《决定》指出，"立法要适应改革的需要，要坚持立法先行，实现立法和改革决策相衔接，做到重大改革于法有据、立法主动适应改革和经济社会发展需要，发挥立法的引领和推动作用"。

我国应该在《铁路法》中明确运营公司是公益性运输的责任主体，政府承担对公益性运输进行合理补偿的责任，通过政策措施保障公益性运输的供给，从而构建公益性运输的法律保障机制，并在《铁路法》中明确铁路公益性补偿的基本内容和补偿标准，对相关政治性线路、

---

① 我们建议由财政部、国家发改委、交通运输部、国家铁路局、中国铁路总公司等部门或企业以及著名专家学者组成国家铁路改革咨询委员会。

军事性线路等典型的公益性线路，在核算建设成本以及铁路经营亏损年限和额度后，国家应对前期建设和后期维护运营提供一定的补偿。

具体来讲，实践证明行之有效的，要及时上升为法律层面；实践条件还不成熟的，需要先行先试的，要按照法律程序做出授权；对不适应改革要求的法律，要及时修改和废除。法律是建立和完善铁路公益性补偿机制的重要保证，只有确立完善的法律法规，才能在一定程度上保证铁路公益性补偿资金到位，提高铁路公益性补偿效果。

（3）政策保障

2017 年 7 月 20 日，中国铁路总公司陆东福总经理参加全国国有企业改革经验交流会时提出"扎实做好建立铁路公益性补贴机制的基础和配套工作。主动做好分线成本、收入核算和学生、伤残军人、普通客运、涉农物资、军特专运、灾害紧急救援等公益性运输基础数据分析，建立公益性运输数据库，为国家制定铁路相关公益性补贴政策提供依据，并向国家有关部门提出建立公益性、政策性运输补贴制度的建议方案"。

由国外的铁路公益性运输政策可知，他们大都是通过鼓励社会资本投资铁路运输企业、政府对铁路公益性运输进行补偿以及减免铁路公益性运输税收的政策，促使铁路企业健康发展，我国可以借鉴国外的经验，尽快制定我国铁路公益运输政策，以保障我国铁路企业的健康稳定发展。

（4）舆论保障

在当前的舆论环境下，对于铁路公益性这个客观存在的事实，社会对其还缺乏一个较为深刻的理解和认知。如果社会无法从思想认识上提升对铁路公益性的了解，铁路公益性问题不仅得不到重视，甚至可能被忽视。问题被拖欠得越久，其造成的损失就越大，这显然是不可行的。

在建立铁路公益性补偿机制过程中，要深入开展宣传思想工作，积极解释疑惑，引导干部职工理解此项工作，确保队伍稳定，为建立铁路公益性补偿机制提供有力保障。为配合铁路公益性补偿机制的建立，提供舆论支持，铁路企业各级党委和宣传、新闻部门应加大改革宣传的力度，充分调动广大干部和工人的积极性，参与铁路公益性补偿机制的建立。

（5）资金保障

我国铁路在改革过程中可借鉴发达国家的经验，对公益性运输实行政府公开补贴或者公开招标引入特许权竞争机制，鼓励运输企业积极主动提供公益性服务和运输产品；实行特许经营权制度，将铁路的部分产权赋予经营者。在公益性铁路建设项目中，可采取"所有权性的特许权经营"和"经营权性的特许权经营"两种方式。

第一种方式可能适用于由政府部门部分出资的公益性铁路建设项目，可通过公有竞标者或私人竞标者对项目的投资和运营，实现"公—公"或"公—私"合作伙伴关系，从而达到吸引社会资金、降低铁路建设和经营成本的目的。

第二种方式则可在由政府全额出资的项目中采用，可降低造价、提高工程质量。在公益性铁路运营业务中，可采取"经营权性的特许权经营"，通过招标选定补贴额要求最小者。这种方式可在铁路亏损支线中率先采用，若实际补偿效果明显，则进一步向亏损干线推广。

我国铁路公益性补偿应从以上几个方面建立相关保障机制，尽快建立铁路公益性补偿相关制度性安排，保障补偿资金落实到位，确保政策执行效率。

参考文献

[1]　孙敏,张秋生. 解决中国铁路公益性问题的对策[J]. 综合运输，2009（10）：30-34.

[2]　孙敏，王玲，张迪. 关于铁路公益性理论的研究[J]. 铁道运输与经济，2015（1）：1-4，65.

[3]　左大鹏，左大杰. 北美立法例对解决我国铁路公益性问题的启示[J]. 法制与社会，2014（16）：168-169.

[4]　刘拥成. 加拿大和美国铁路的公益性运输[J]. 中国铁路，2006（12）：25-28，86.

[5]　宫建辉. 试析铁路行业的税收优惠政策[J]. 税务研究，2015（6）：104-106.

[6]　财政部. 铁路建设基金管理办法[J]. 中国财政，1997（5）：29.

第九章　铁路企业运行机制问答①

1. 问：为什么铁路企业运行机制的研究是全面深化铁路改革的关键问题之一？

改革开放以来，国企改革不断取得重大进展，成为我国国有企业发展的重要推动力。总览我国国企改革 40 多年的发展历程，根据国企改革涉及深度的不同，国企改革可划分为四个层次：国家所有权政策层次、国有资产管理体制层次、企业治理结构层次、企业运行机制层次。

企业在高级管理人员的组织下进行企业的生产经营活动，就是企业运行机制层次。国企改革的最初几十年主要是在企业运行机制层次上下功夫，例如扩大经营自主权与利润留成（1980）、经济责任制（1981）、利改税（1983）等举措。

然而，实践证明，仅在企业运行机制层次上做文章并不能彻底解决国有企业的低效率问题。虽然国企改革 40 多年，在企业运行机制层次上的改革效果最为突出，但与国际著名企业相比，我国国有企业的经营管理水平还存在着一定差距。这体现在，我国国企虽然在企业资产规模和销售规模上与国际一流企业的差距在缩小甚至超出，但在盈利能力、技术创新、品牌建设等方面还有较大差距。

我们认为，只有从国家所有权政策、国有资产管理体制、企业治理结构、企业运行机制四个层次协同发力，才能解决企业深层次的弊

① 本章由"铁路改革研究丛书"第 9 本《铁路企业运行机制研究》主要观点构成。有关铁路企业运行机制的详细分析，建议参阅《铁路企业运行机制研究》一书。

病，从体制机制上破除企业发展障碍，实现企业效益的突破；仅从企业运行机制层面着手改革，缺乏前三个层次的有效支撑，改革往往难以深入，改革成效具有很大的局限性。

这些带有一定共性的问题同样存在于国家铁路企业改革发展之中。

过去相当长的时间里，国家铁路企业改革主要侧重于机构如何整合、站段是否应该合并、是否开发某一类产品等运行机制层次的问题，而对铁路在国家所有权政策层次、国有资产管理体制层次、企业治理结构层次的改革研究较少，特别是在上述三个层次的改革取得一定成效之后，国家铁路企业运行机制还存在哪些新情况、新问题等方面，缺乏必要的理论准备与应对措施。

因此，我们应首先从铁路国家所有权政策研究出发，提出打破铁路体制性障碍的铁路网运关系调整方案（即"统分结合的网运分离"），接着深入研究铁路现代企业制度等问题，并分别阐述铁路混合所有制、投融资体制、债务处置、运输定价机制、公益性补偿机制等问题，然后才是研究铁路企业运行机制问题。

铁路改革在突破了上层体制障碍之后，最终毫无悬念地会落实到企业运行机制这个最直接体现改革效益的层次。对铁路企业运行机制的研究，是对全面深化铁路改革的进一步丰富和完善，旨在从企业运行层面进一步提升我国铁路企业的经营管理水平。因此，铁路企业运行机制的研究是全面深化铁路改革的关键问题之一。

2. 问：在您的改革方案中，中国铁路总公司是如何实现"瘦体健身"的？

答：在现阶段，中国铁路总公司由三大领域组成：以 18 个铁路局为基础的路网领域（还包括运营）；以 3 大专业运输公司为代表的运营领域；以中国铁投为基础的资本领域。

中国铁路总公司"瘦体健身"示意图如图 1 所示。在第三步，网运分离之后，中国铁路总公司变由两大领域组成：以 18 个铁路局为基础的路网领域（不包括运营）；以中国铁投（不是中铁国投）为基础的资本领域。在第五步，以中国铁投为基础成立中铁国投并划归财政部（或国资委）之后，中国铁路总公司（或在第四步整合为中铁路网）只剩下一块业务：即以 18 个铁路局为基础的路网领域（不包括运营），此时中国铁路总公司只剩下路网业务，已经完成了从"中国铁路总公司"到"路网公司"的瘦身健体。

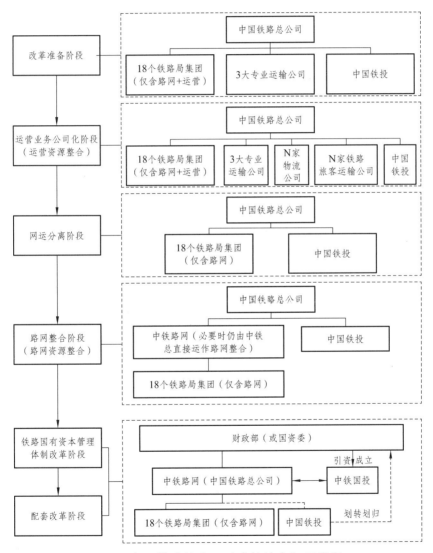

图 1　中国铁路总公司"瘦体健身"示意图

3. 问：中国铁路总公司"瘦体健身"成路网公司后，其职能有什么变化？

答：中国铁路总公司"瘦体健身"成路网公司后，主要有以下三大职能：

（1）国家铁路基础设施的建设维护者

目前，我国铁路路网规划在国家层面上由交通运输部管理，在企业层面上由中国铁路总公司具体建设实施。

中国铁路总公司"瘦身"为路网公司后，将继续承担路网建设的职责。路网公司作为一家铁路基础设施综合服务企业，拥有对线路、桥梁、隧道、信号、供电设备和车站等资产的依法管理权。路网公司负责利用企业收入、国家投资、银行贷款、资本市场融资等多种资金，根据国家铁路发展规划，建设和完善铁路路网；根据客货运企业要求，加强对既有铁路的养护及技术改造，保证线路的使用安全，提高运输服务质量。

（2）国家铁路基础服务的提供者

国家铁路基础服务的提供者职能的内容及限制如下。

① 运输产品的生产与销售。

路网公司的产品主要就是列车运行图和列车运行线，其主要职责就是列车运行图的编制以及列车运行线的销售。所有铁路运营公司（含3个专业运输公司和一大批中小型运营公司）与路网公司是平等的关系：各个运营公司要向路网公司购买"列车运行线"；路网公司要根据各个运营公司的要求编制"列车运行图"，并以适当的价格向铁路运营公司销售列车运行线。

② 列车运行的调度与指挥。

全路网日常行车调度指挥也是路网公司的职能之一。全国一张网、统一调度指挥是保障运输安全、提高运输效率的有效途径。路网公司在列车运行线销售完成后，要保证列车实际运行的高效与安全，组织路网列车有序运行。

路网公司的调度以列车为基本对象，不以货流、客流为对象，更不以一批货物、一部分旅客为对象。以列车为调度指挥对象将极大降低调度工作的难度和复杂度，对保障安全和提高效率具有重要意义。

③ 职能限制。

在"统分结合的网运分离"条件下，路网公司具有统一而庞大的铁路基础设施资源，而且拥有实力雄厚的国有资本背景，因而在市场中必然处于强势地位。如果允许路网公司参与运营，那么路网公司既是路网拥有者，掌控统一的运输调度指挥权，又是运输经营者，参与铁路客货运输竞争，好似运动场上的"裁判员"和"运动员"，这对于没有路网所有权的其他运营企业而言非常不利。这种不公平的竞争将阻碍行业发展，极大降低我国铁路运营市场的竞争力，且容易滋生贿赂、腐败等不良风气。

因此，我们建议，路网公司的经营性只能由出售列车运行线的收入来体现，路网公司不能以任何形式（包括控股或参股运营公司）直接从事客、货运业务，即路网公司的客户只能是各类铁路运营公司，而不能直接是旅客或货主。只有在这种条件下，路网公司才能注重提升运输组织效率，更加专心地为所有运营公司创造公平合理的竞争环境。

（3）与其他各产业融合发展的主导者

① 路网公司融合各产业发展的构想。

路网公司在承担铁路建设施工和维保运营工作的同时，也可参与除客货运输外（为保证市场竞争公平）的其他业务，如机车车辆、通信信号等装备制造。从资本运作的角度，可从以下四个方面通过资本融合促进路网公司自身发展。

a. 加快推进路网公司与铁路工程、装备类公司交叉持股工作，从出资人角度以资本联合形式促进铁路产业融合。在基础设施建设投资方面，中国中铁、中国铁建、中国通号、中国中车等具备雄厚资本的国有企业及地方政府均可出资作为中铁路网公司的股东。为了促进铁路行业共同良好发展，路网公司也可以出资持有上述企业的股份，形成交叉持股的局面，以促进行业协同。在确保国有资本对铁路的控制的条件下，还可以转让相当一部分股权，通过募集社会资金来建设铁路路网。

b. 加快推进路网公司与水运（港口）、道路、民航领域的国有物流、客运类公司的交叉持股工作，从出资人的角度以资本联合形式加强多式联运，促进"大交通"产业融合。

c. 加快推进路网公司与其他领域国有大中型企业交叉持股工作，如生产轨道交通电源系统的技术企业、生产钢轨的钢铁企业等，以促进铁路与产业链上下游的全产业融合。

d. 加强路网公司与地方铁路国有资本（主要是地方铁投公司，例如四川省铁路产业投资集团有限责任公司、江苏省铁路集团有限公司）的融合，提高地方国有资本铁路建设的参与程度，拓宽铁路投融资渠道，缓解铁路建设的资金压力。

② 中国铁路"走出去"的系统集成供应商。

考虑到路网公司自身的平台和资源优势，以及和铁路其他各领域的资本融合发展，国家应赋予路网公司中国铁路"走出去"系统集成供应商的职责，这一点应在铁路国家所有权政策里予以明确。路网领域同其他领域的关系如图 2 所示。

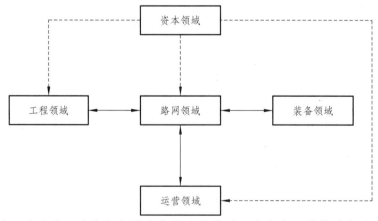

注：虚线表示出资人与被出资企业的关系，实线表示具体业务联系。

图 2　路网领域同其他领域的关系图

由图 2 可以看出，路网公司是连接我国铁路各个领域的枢纽，拥有良好的资源和平台优势，可以很好地整合我国铁路行业的各种力量，打造优质的"中国品牌"。路网公司在今后的发展中，应当继续承担起带领中国铁路走出去的"领头羊"的作用，充分整合铁路行业力量，积极拓宽海外市场。

4. 问：中国铁路总公司旗下非运输类企业在改革过程中该何去何从？

答：中国铁路总公司的"瘦体健身"除了体现在统分结合的网运分离上，还应体现在其他非运输类企业的资源整合上。

中国铁路总公司下属非运输类企业共有 17 家，具体包括中国铁路建设投资公司、中国铁路发展基金股份有限公司、中国铁路财产自保有限公司、中国铁道科学研究院、中国铁路经济规划研究院、中国铁路总公司服务中心、中国铁路信息技术中心、中国铁道出版社、人民铁道报社、中国铁路专运中心、中国铁路文工团、中国火车头体育工作队、铁道第三勘察设计院集团有限公司（中国铁路设计集团有限公司）、中铁银通支付有限公司、中国铁路国际有限公司、中国铁路财务有限责任公司、中国铁路网络有限公司。我们将以中国铁路总公司旗下几个典型非运输类企业为例，分析非运输类企业的资源整合模式。

（1）中铁国投的股权多元化

在中国铁路总公司 17 家非运输类企业中，中国铁路建设投资公司、中国铁路发展基金股份有限公司以及中国铁路财产自保有限公司已重组整合改制，于 2018 年 3 月正式成立中国铁路投资有限公司（简称中国铁投）。

在笔者的设想中，未来应当成立一个中国铁路国有资本投资运营公司（简称中铁国投），初期可由中国铁路总公司下属的中国铁路投资有限公司承担其职责，后期若条件具备，可引入以下三类资金进入：

① 中国神华、宝武集团、招商局集团等央企的资金；② 中国中车、中国通号、中国中铁、中国铁建等铁路行业央企的资金；③ 地方国企（特别是地方铁投）的资金，从而将"中国铁投"重组为"中铁国投"。"中铁国投"可由财政部（或者国资委）直接管理。

（2）中国铁设的逐步公众化

中国铁路设计集团有限公司（简称中国铁设）更名前为铁道第三勘察设计院集团有限公司。中国铁设是唯一一个原铁道部、今中国铁路总公司所属（控股），中国中铁参股的设计院。

中国铁路设计集团有限公司目前由中国铁路总公司绝对控股，未来中铁国投开始运作后，可将目前中国铁路总公司所持中国铁设股权逐步划转至中铁国投。按照目前良好的发展势头，中国铁路设计集团有限公司未来还可谋求上市，在保持中铁国投控股的前提下，适当降低中铁国投的持股比例。

（3）铁科院的混合所有制与逐步公众化

中国铁道科学研究院（简称铁科院）始建于 1950 年，是我国铁路唯一的多学科、多专业的轨道交通综合性研究机构；按照国家科技体制改革的总体部署，2000 年开始由事业单位转制为企业单位；目前已发展成为集科技创新、技术服务、成果转化、咨询监理、检测认证、人才培养等业务为一体的大型科技型企业。

铁科院作为资产优良的非运输类企业，可先引入其他投资者，实现股权多元化，然后在适当的时机谋求上市，实现公众化。

（4）中铁传媒的整合与逐步公众化

人民铁道报社与中国铁道出版社、18 个铁路局集团的铁道报社可整合为中国铁路传媒股份有限公司（简称中铁传媒），从中国铁路总公司全资转变为中国铁路总公司控股，条件成熟时可谋求成为上市公司。将所有铁路传媒进行整合并逐步公众化，一来可以实现中国铁路总公司的"瘦体健身"、提质增效，二来可以提高中铁传媒的运作效率与市场化，符合我国深化国企改革的发展趋势。

各铁路传媒中，人民铁道报社原属铁道部，因此，除了可以将其整合进入中国铁道传媒股份有限公司以外，还可以将其划给国家铁路局，继续作为行业主管部门的报刊。

除了上述中铁国投、中国铁设、铁科院等公司之外，其余的非运输类企业也可视中国铁路总公司需要，进行整合改制，采用控股、参股等形式进行进一步改革，将中国铁路总公司对旗下非运输类企业的管理逐步转变为"管资本"为主的模式，精简企业机构，做到瘦体健身、提质增效。

5. 问：中铁快运应当如何利用铁路优势在发展迅猛的物流运输行业争得一席？

答：中铁快运成立于 2003 年，注册资本 26.08 亿元，是中国铁路总公司旗下三大专业运输公司之一（另外两家是中铁集装箱运输有限责任公司和中铁特货运输有限责任公司）。

中铁快运与其他同类企业相比，竞争力稍显不足，2018 年快递企业第一季度财务报表如表 1 所示。究其原因，最为显著的一点是中铁快运网点覆盖少和服务能力欠缺，尤其"门到门"服务能力薄弱。到 2018 年，中铁快运 8 成以上都是客户上门送货和到店自取，"门到门"业务不足 20%。

对于中铁快运而言，如果想通过完善"最后一千米"的接取送达能力以期挽回市场份额，长路漫漫，且面临巨大的竞争压力。近年来，我国物流运输行业发展迅猛，在企业方面，小型、零散的公路运输正在聚合发展，势态良好，大型的物流企业如顺丰、邮政、京东、"四通一达"等在管理技术和服务体系上日趋成熟；在市场方面，快递行业竞争激烈，且进入了增速换挡期，各大快递巨头的战场已从国内延伸到国外，从快递服务延伸到重货、综合物流服务，从物流服务延伸到金融、电商服务。

表 1　2018 年快递企业第一季度财务报表

企业名称	营业收入/亿元	同比增长率
顺丰	205.70	32.96%
圆通	53.41	52.88%
申通	29.06	33.48%
中通	35.44	35.5%
韵达	26.57	40.44%
德邦	47.02	11.60%
中铁快运	17.59	−7%

在我们看来，扭转中铁快运的亏损局面，破局之策不在于完善"最后一千米"，重新明确中铁快运的企业定位才是根本。

相较于 18 个铁路局集团，中铁快运拥有服务网络化需求的供给侧能力。各个铁路局集团要开展全国路网范围的运输产品服务较为困难，但中铁快运作为独立于各路局的运输公司，其在开展全网运输服务方面独具优势。因此，中铁快运的产品服务定位应当是：基于 18 个铁路局集团提供的路网资源，打造面向物流企业的网络化干线运输能力。即中铁快运的业务应当是 2B（to business），而非 2C（to customer）。

这样，中铁快运可不必直接面向客户组织货源，且同顺丰、"四通一达"等的竞争关系也会转变为合作关系，可充分发挥自身优势为快递品牌提供铁路运输服务，而快递企业充足的货源也便于铁路"化零为整"，优化铁路零担运输的货运组织，提高干线运输效率。

6. 问：如何看待铁路工程领域企业涉足铁路车辆装备制造？

答：中国中铁、中国铁建作为铁路工程领域的主力企业，在设备生产领域，与铁路装备领域的中国中车等相比，具有领域与性质的不同。工程领域的装备生产主要涉及施工建造过程中需使用的设备与零部件，如养路机械、隧道施工设备、道岔等，而铁路装备领域涉及的设备，主要是指铁路车辆、机车、动车组、通信信号等设备。二者看似重叠，实则独立。鉴于装备领域和工程领域的企业都具有相当的实力，为避免在设备生产方面因不当的竞争产生资源浪费，因此，建议在今后各自的发展过程中应当集中力量发展主力产品，避免产品业务上的重叠。

近年来，铁路工程企业在探索市场的同时也在扩大自己的经营业务范围，这一举措有利也有弊。如中国中铁旗下子公司中铁工业，于2017年年初完成了资产置换、重组更名和配套募集资金发行，为中国中铁原工业板块的道岔、桥梁钢结构、隧道施工设备、工程施工机械等优势资产打造了独立的上市平台。

与此同时，铁路工程领域有向装备领域融合发展的趋势。例如，中铁工业与常州天晟新材料股份有限公司在南京合资设立中铁轨道交通装备有限公司，这意味着中铁工业将把经营业务扩展到研发制造跨座式单轨、磁悬浮、悬挂式轨道交通、有轨电车、智能虚轨等新制式轨道交通车辆上。

目前，我国最大的轨道交通车辆制造商是中国中车。按照惯例，之前大多数情况下是由中国中铁或中国铁建承担轨道交通施工任务，由中国中车提供车辆，这就意味着中铁工业的轨道车辆下线后，将会和中国中车展开正面竞争，但这并非良性竞争。笔者认为，中国中铁等铁路工程领域企业应当将主要业务板块放在基础设施建设而非新制式轨道交通车辆的制造上，应积极优化资源配置，加快结构调整，完成内部资源整合，发挥企业产品优势，加快现有产品"走出去"的步伐，实现专业化和规模化经营；而中国中车等铁路装备企业需要大力提高轨道交通装备的技术水平和新产品开发能力，成为国际一流的综合型重工装备和配套服务提供商，实现中国产品向中国品牌的跨越。

我们认为，铁路各领域之间的融合发展应当采取资本融合的方式，而非直接参与业务竞争。铁路工程领域如果想向铁路装备领域延伸，应当采取投融资合作的模式，这样有利于各领域专注发展自身业务，同时可以加强铁路各领域之间的联系，促进整个行业的良性发展，避免不必要竞争带来的资源浪费。

7. 问：如何看待铁路装备领域企业从事房地产开发业务？

答：2010 年 3 月 18 日，针对央企在房地产市场上频频成为"地王"和"标王"，以及我国房地产市场出现的乱象，国资委召开新闻发布会，公布了央企地产业务的具体情况。同时，明确表示，除 16 家以房地产为主业的央企外，其余约 78 家不以房地产为主业的央企要加快进行调整和重组，在完成企业自有土地开发和已实施项目等阶段性工作后，要逐步退出房地产业务。

然而，2018 年 6 月 20 日，审计署发布的《中国中车集团有限公司 2016 年度财务收支等情况审计结果》（下称《审计结果》）显示，截至 2016 年年底，中国中车集团有限公司未按规定退出房地产业务，机车、货车等产业整合不够到位，应收账款和存货压控、亏损企业数量和亏损额逐年双下降等工作均未完成。《审计结果》还披露，2010 年 10 月，中车集团所属齐齐哈尔东湖房地产开发有限责任公司未经集团批准，向外部企业收购其尚未取得产权的土地及房产，至审计时，对方仍未取得产权且已注销，1 350 万元收购款面临损失风险。

对于审计结果，中国中车股份有限公司在 2018 年 6 月 20 日发布的公告中表示，"对于本次审计涉及本公司的有关问题，本公司高度重视，针对审计发现的各类问题进行专题研究，制订了整改计划，明确了整改任务、进度表、责任部门或者责任人。通过纠正发现的问题、建立健全制度、强化内部控制以及追究相关人员的责任等方式，审计指出的问题已全部落实到整改措施。"

截止到 2019 年 5 月，据国家企业信用信息公示系统显示，中车科技园发展有限公司是中国中车集团有限公司法人独资的子公司，注册资本 50 亿元，营业期限自 2010 年 2 月 4 日至 2060 年 2 月 3 日，经营范围包括园区管理服务、投资与资产管理、房地产开发、房地产经济、物业管理、企业管理、建设工程项目管理、规划管理、工程勘察设计、城市园林绿化服务、土地整治服务等。

我们对中国中车直接从事房地产生产经营的行为持反对意见。中国中车应当集中资源发展主营业务，积极优化内部资源配置，大力提高轨道交通装备的技术水平和新产品开发能力，成为国际一流的综合型重工装备和配套服务提供商，实现中国产品向中国品牌的跨越。对于中国中车向其他领域的延伸发展，未来可通过中国铁路国有资本投资运营公司①，以资本融合的方式参与其中。

8. 问：作为各自领域的垄断巨头，中国铁路总公司和中国中车应当如何协同发展？

答：铁路装备企业在国内市场的发展，与中国铁路总公司息息相关。由于双方的垄断性质，作为甲方的中国铁路总公司并不完全具备优势，其装备需求也要依赖中国中车。中国中车与中国铁路总公司之间，可以说是一个垄断巨头与另一个垄断巨头之间的博弈。

自 2014 年 12 月中国南车和中国北车合并为中国中车后，中国中车和中国铁路总公司之间就开始了将近三年的价格博弈。三年间，中国铁路总公司和中国中车有过不少"纠葛"。例如，2017 年 8 月，中国铁路总公司采购 104 列"复兴"号，提出降价 20%的要求，由于降价幅度太大，中国中车难以接受，其供应商也表示不满，该价格之争持续半年有余，最终以中国铁路总公司让步，降价幅度 5%结束。

除了价格之争，双方在维修领域也存在分歧。对于中国铁路总公司来讲，除了连年增加的负债，每年的车辆采购和维护也是一大笔支出，因此除了在采购价上下功夫，中国铁路总公司也开始通过车辆自主维修来减少开支，甚至进入高级修领域。

为了解决双方前述矛盾，2017 年 8 月 21 日，中国铁路总公司与中国中车在京签署《中国铁路总公司与中国中车集团公司战略合作协议》（下称《协议》）。《协议》针对中国中车与中国铁路总公司之间关于价格、质量及知识产权等方面的纷争提出了相应的解决措施。

而在铁路装备高级修合作方面，双方约定以修程修制为基础，结合装备维修布局规划开展合作，共同研究高级修产能布局，中国中车

---

① 详见"铁路改革研究丛书"第 9 本《铁路企业运行机制研究》第 8 章。

将积极参与中国铁路总公司所属企业高级修产能的扩建，逐步压缩修时，以降低维修成本。

我们认为，为了化解中国铁路总公司同中国中车之间的利益纷争，可在双方有争端的领域，采用资本融合的方式合作，在优化资源配置的同时可以兼顾双方利益，减少利益摩擦，同时促进整个铁路行业的融合发展。例如，可由双方为主要股东，并积极吸引地方国有资本和民营资本，发起成立中国铁路移动设备股份有限公司（简称中铁移动），将《中国铁路总公司与中国中车集团公司战略合作协议》达成的共识全部由中铁移动这样一个实体来具体实施。我们建议，我国国家铁路所有机务段、车辆段、动车段（所）的存量部分，要分批划转"中铁移动"管理，增量部分应由"中铁移动"统一规划、建设、运营。

我们多次呼吁，铁路移动装备领域资产、业务、人员边界十分清晰，而且主要业务又属于国家战略性新兴产业，对地方各类资本具有极强的吸引力，便于整个领域实施股份制改造，因此，应尽早贯彻中央精神实施股份制改造。

9. 问：成立中国铁路国有资本投资运营公司（中铁国投）的初衷是什么？

答：2013 年十八届三中全会《关于全面深化改革若干重大问题的决定》指出，"完善国有资产管理体制，以"管资本"为主加强国有资产监管，改革国有资本授权经营体制，组建若干国有资本运营公司，支持有条件的国有企业改组为国有资本投资公司。"

我们认为，为推进铁路领域国有资产管理向"管资本"为主转变，当条件具备时，应当以中国铁路总公司旗下中国铁路投资有限公司（简称中国铁投）为基础成立中国铁路国有资本投资运营公司（简称中铁国投），并划归财政部（或国资委）管理，同时将中铁路网、中国中车、中国通号、中国中铁、中国铁建等铁路行业央企的股权由国家授权给中铁国投管理。

中铁国投就是铁路领域的"淡马锡"。

淡马锡成立于 1974 年,其全称是淡马锡控股(私人)有限公司(以下简称"淡马锡"或"淡马锡公司"),英文名是 Temasek Holdings (Private) Limited。淡马锡公司名称虽有"私人"字样,但它却是新加坡财政部 100%控股的国有资本投资公司。

成立之初,淡马锡负责管理新加坡政府设立的国有企业,政府希望淡马锡通过商业化资本运作培育有独立经济能力的本土企业。

根据《淡马锡年度报告 2018》,截至 2018 年 3 月 31 日,淡马锡的投资组合净值为 3 080 亿新元(约 2 274 亿美元),一年期股东回报率为 12%,10 年期股东回报率为 5%。"淡马锡模式"植根于新加坡独特的政治法律环境,完全推广复制"淡马锡模式"存在诸多局限,但"淡马锡模式"在国有资本管理体制上为我国国企提供了很好的借鉴。

淡马锡的职责定位是履行"商业公司的所有者责任",也就是说,淡马锡是依据授权对其所属公司行使出资人职权的商业化主体,其天生的职责是实现"政企分开",授权行使出资人职责,其本身就是出资人。

政府对淡马锡的影响主要表现在两个方面:一方面派出股东董事,通过参与董事会的方式知晓企业的运作情况并参加董事会决策和方针制定;另一方面,淡马锡和财政部之间也建立了协约机制,让政府能够及时了解公司绩效,淡马锡也会及时通告政府买卖资产的计划。

在铁路领域成立一家"铁路淡马锡"——"中铁国投",其目的是优化铁路国有资本管理体制,进一步推动铁路政企分离,推进铁路企业运营的市场化。

中铁国投成立或组建后,承担着双重使命:

一是推动铁路路网、运营、装备、工程等领域国企结构布局调整。具体说来,中铁国投主要承担优化铁路国有资本布局结构、提升铁路产业集中度、提高铁路国有资本运营效率等重大使命,重点支持铁路各国有企业产业布局优化、转型升级、专业化整合、实现国际化经营,是服务于国家供给侧结构性改革、推动国有企业转型升级和结构调整的市场化运作的专业投资平台。

二是通过市场化投资获取回报,实现铁路国有资本的保值增值。

同其他领域已成立试点的国有资本投资运营公司一样，中铁国投成立的另一使命是实现铁路国有资本的保值增值。中铁国投将采取市场化的改革措施和管理手段，以铁路产业资本投资和股权运营为主，着力提高铁路领域企业的竞争力，改善铁路国有资本的分布结构和质量效益，在增强铁路国有资本的活力、控制力和影响力的同时，实现铁路国有资本的保值增值。

中铁国投的双重使命决定了未来中铁国投将在全面深化铁路改革过程中扮演极其重要的角色。作为市场化运作的专业投资平台，中铁国投将探索铁路国有资本投资运营的有效模式，引领带动以"管资本"为主的铁路国企国资改革。

10. 问：中铁国投如何实现资本在铁路各领域间的流动？

答：中铁国投在全面深化铁路改革中起着关键作用，作为铁路路网、运营、工程、装备等领域企业的共同出资人，中铁国投除了支持和鼓励企业在其各自领域内发展壮大外，还应肩负起积极引导和鼓励各领域企业融合发展的重任。

除了以交叉持股的方式实现铁路国有资本在各领域之间的流动外，还可在中铁国投的支持下采用重组整合的方式实现铁路企业跨领域发展。铁路企业跨领域发展，可由中铁国投与有意向且有条件跨领域发展的企业共同出资，通过比较与考察等市场化的方式，筛选出几个适合的公司，将其重组整合为一个集多方资源综合发展，且具备一定竞争力的新公司。新公司完全按照市场化方式运作，其股权由中铁国投及原重组整合的几个公司共同持有，持股比例需结合新公司的发展定位及各公司出资份额确定，并根据出资份额行使股东权利。

若在铁路改革过程中由于时机不成熟或其他原因暂未及时成立中铁国投，但又存在有条件且欲跨领域发展的铁路企业，则此时只能由各公司自行重组整合，如此一来，可能导致重组整合后的铁路国企大而全，且易出现主业不突出、核心竞争力不强、资源配置效率低等问题。

由此可见，成立中铁国投，并由中铁国投统筹铁路各领域企业以实现其跨领域联合发展的重要性和必要性；同时，由中铁国投来统筹协调国家铁路相关发展事宜，也可进一步优化铁路产业布局结构，更加合理配置铁路资源，有效避免重复建设、恶性竞争、资源浪费等问题。

参考文献

[1]　简维. 铁路运输企业改革重组方案研究[D]. 成都：西南交通大学，2012.

[2]　路炳阳. 中铁快运营收大降　盼与顺丰京东加强合作"救场"[N/OL]. 中国经营报，2018-04-24（1）.

[3]　贺伟跃，于广亮. 国资委定位的理论思考——以国资委要求部分央企退出房地产市场这一事件为视角[J]. 上海市经济管理干部学院党报，2011，9（3）：26-31.

第十章 铁路监管体制问答①

1. 问：为什么铁路监管体制研究是全面深化铁路改革亟需解决的 12 个关键问题之一？

答：铁路监管既是对铁路建设运营过程中各种行为的一种约束，也是确保铁路行业健康发展的一种保障。铁路作为国民经济基础性、战略性和先导性产业，关乎国家政治、经济、社会、文化的发展，具有非常重要的战略地位。若铁路行业缺乏监管或监管体制建设不合理、不健全，势必会阻碍国家和社会的整体发展进步。因此，为保障铁路行业正常运行、维持国家和社会稳定，亟需加强铁路监管体制研究。

除此之外，当前客观存在的铁路监管体制问题也阻碍着铁路行业的发展。2013 年，铁路实现了政企分开，原铁道部被撤销，组建了国家铁路局和中国铁路总公司（简称铁路总公司）。此次铁路管理体制改革使得监管主体比较明确，权力分配相对清晰，各监管机构职能规定较为具体，但是我国铁路监管体制仍然存在一些深层次问题和结构性矛盾，这与当前铁路改革发展要求不相适应，所以亟需推进铁路监管体制改革，以促进铁路行业的可持续健康发展。当前，我国铁路监管体制改革存在的主要问题有以下六个方面。

---

① 本章由"铁路改革研究丛书"第 10 本《铁路监管体制研究》主要观点构成。有关铁路监管体制的详细分析，建议参阅《铁路监管体制研究》一书。

（1）铁路监管体制改革缺乏顶层设计

目前，铁路监管体制改革进程不明显，各监管部门有效协调不足，导致这些问题的重要原因是缺少一个统筹全局的组织机构。

首先，铁路监管体制改革是一个复杂和渐进的过程，现有铁路监管机构涉及交通运输部、财政部、国家发展和改革委员会（简称国家发改委）、国有资产监督管理委员会（简称国资委）等多个部门，但铁路监管体制改革很多事项的决策已经超出了这些部门的决策范围，需要组建一个能对铁路监管体制改革的重要事项进行统筹协调的组织机构，对铁路监管体制改革作出顶层设计。

其次，我国现有的铁路监管组织架构为：交通运输部负责制定铁路发展规划并对整个铁路行业进行政策性行政管理、立法指导与监督。在交通运输部之内，设置国家铁路局，由其全面负责我国铁路的安全、运输、工程和设备质量等方面的监督管理，完善监督管理制度和技术标准体系，监督铁路企业落实安全生产主体责任、承担国家规定的公益性运输任务情况。除此之外，财政部、国家发改委、国资委等承担一定的铁路社会综合监管职能。由此看出，我国铁路行业监管职能分散在多个监管部门，但在实际操作中，由于缺少一个统筹全局的组织机构、监管机构繁多且多方协调不力，很容易出现信息交流不畅通、问题反馈不及时、政策执行不到位等问题，同时对于涉及系统性、全局性的问题也很难做到有效协调和监管，监管效率有待提高。

（2）法律保障较为滞后

我国铁路监管改革始于 20 世纪 80 年代，但当时的改革主要是为了解决铁路行业面临的窘迫的财务问题，并未触动最根本的管理体制问题，改革主要是采取"摸着石头过河"的策略，奉行"先改革后立法"的方式，缺少有效指导铁路监管体制改革的法律保障和制度设计。21 世纪以来，我国铁路监管体制基本没有再出现重大改革，现有的《铁路法》与《价格法》也已经不能很好地适应社会主义市场经济背景下铁路改革的发展要求，已不能有效指导我国铁路监管实践。

（3）专业监管机构的监管职能不足

专业监管机构的监管职能不足主要体现在以下两个方面。

一是专业监管机构缺乏关键职能。

要实现独立、专业的监管，监管者必须拥有核心监管职能，但目前国家铁路局作为铁路行业的专业监管机构，没有投资准入和经济监管等关键职能，监管职能较弱。而投资准入和经济监管等职能直接影响铁路吸引社会资本进入的能力，事关铁路长期发展，因此有必要赋予国家铁路局经济监管职能。可参考归交通运输部管理的中国民用航空局，作为民航监督管理机构，其具有拟订民航行业价格、收费政策并监督实施，提出民航行业财税等政策建议的职能，充分发挥出了市场在资源配置中的决定性作用。

二是专业监管机构现有监管职能难以有效发挥。目前，中国铁路总公司其实仍然承担着重要的政府职能，控制着全国绝大部分的铁路线路、客货运输，在铁路运输市场中处于事实上的垄断地位，而国家铁路局的职权比较虚化，常在履行监管职能过程中受阻，监管效果并不理想。

（4）监管的独立性较难保证

监管机构保持相对独立可以避免监管侵占，降低被利益集团俘获的可能性，并减少监管失灵现象的发生。铁路监管机构的独立性应体现在两个方面：一是监管机构独立于所监管企业，独立于其他政府机关（或者名义上隶属于某个部门，实际也是相对独立的）；二是统筹铁路行业发展规划等的行政管理职能与负责铁路安全、运输、工程和设备监管等专业监管职能相分离。

当前，监管的独立性较难保证，主要表现在以下两个方面。

一是专业监管机构一定程度上依赖于所监管的企业。

目前，国家铁路局缺乏履行监管职能所需要的技术和人员储备，全面接手监督管理事项难度较大，许多细致工作仍需中国铁路总公司提供技术、人员等支持，导致国家铁路局的监管独立性相对较弱，其对中国铁路总公司的监管处于长期弱化甚至虚化的状态。

二是监管机构的行政管理职能与监管职能融于一体。

国家铁路局承担着原铁道部的一些其他行政职能，如参与研究铁路发展规划、政策和体制改革工作，这样又造成其将行政管理职能与监管职能集于一体，使得国家铁路局监管职能的履行容易受到政治和政策变化的影响，不满足监管机构独立性的要求。

（5）缺乏监管评估、问责等保障机制

监管是对市场主体经济社会活动的微观干预，科学高效的监管需要合理有效的监管规则、先进规范的评估方法、开放透明的程序、专业负责的监管人员以及有效的监管权力制衡机制。而目前我国铁路监管缺乏监管评估、问责等保障机制，具体情况如下。

① 缺乏监管评估与监督机制。我国铁路行业的政府管理以行业管理为主，铁路监管法律与监管方法相对滞后，监管过程不透明，缺少专业化的监管人员和科学的监管评估与监督机制。例如，运价监管中，就没有充分考虑市场需求、竞争替代、商业性和公益性区分等因素。

② 缺乏对监管机构的问责机制。在现行铁路行业的政府监管体制中，也缺乏对监管机构的问责监督体制。在无监督和责任追究的前提下，客观上很容易造成两个方面的风险：一是监管机构权力滥用，政策执行低效率，进而出现监管失效；二是监管机构监管权力受限，不能充分发挥监管作用，导致监管效率难以保证。

（6）分类监管体系尚未确立

铁路涵盖工程、装备、路网、运营、资本等不同领域，这些领域的行业特征不同，功能定位也不同，有些具有较强的公益性，有些具有较强的商业性，有些同时具备公共服务、功能性等多种属性，因此监管目的、监管重点和监管方式等应当有所差别，才能体现监管的针对性。

但是，目前我国铁路行业的公益性和商业性未被严格区分，各领域的竞争性和垄断性被捆绑在一起，对铁路采取"一刀切"的监管方式，导致铁路监管缺乏有效性和合理性。因此，应明确铁路行业工程、装备、路网、运营、资本五大领域的监管重点，制定分类监管方法，实现差异化监管。

可见，铁路监管对保障我国铁路建设运营工作的正常运行、铁路改革事项的平稳推进具有重要意义，上述存在的问题也亟需得到解决，因此铁路监管体制研究是全面深化铁路改革亟需解决的 12 个关键问题之一。

2. 问：目前我国与铁路监管有关的国家部委有哪些？分别承担什么监管职责？

答：目前，我国与铁路监管有关的国家部委包括交通运输部（国家铁路局）、财政部、国家发改委、国资委等。交通运输部负责制定铁路发展规划和对整个铁路行业进行政策性行政管理、立法指导与监督。在交通运输部内，设置专业监管机构——国家铁路局，全面负责我国铁路的安全、运输、工程和设备质量等方面的监督管理。此外，财政部、国家发改委、国资委等作为综合监管机构发挥辅助监管作用。

（1）国家铁路局的监管职责

国家铁路局作为我国铁路行业的专业监管机构，主要负责铁路安全监察、运输监管、工程质量和设备质量等方面的监督管理，完善监督管理制度和技术标准体系，监督铁路企业落实安全生产主体责任。

在安全监察方面，国家铁路局下设安全监察司，从宏观层面负责修订安全技术标准，监督全国的铁路运输安全，并设行车安全处，全面监督铁路行业的安全事宜。此外，国家铁路局设有 7 个地方监督管理局和北京督察室，负责辖区内铁路运输企业的安全监察事宜。

在运输监管方面，国家铁路局的运输监督管理司设有运输监管处、客运监管处、货运监管处，负责组织监督铁路运输安全、铁路运输服务质量、铁路企业承担国家规定的公益性运输任务情况，严格按照法律法规规定的条件和程序办理与铁路运输有关的行政许可并承担相应责任，组织拟订规范铁路运输市场秩序政策措施并监督实施。

在工程质量监管方面，国家铁路局设有工程监督管理司，参与制定中国铁路总公司关于工程质量监管的制度，负责制定铁路工程质量监督机构的工作制度，负责中国铁路总公司工程质量的监督检查工作，组织开展铁路工程质量的监管工作，组织并参与工程质量事故及其相关举报投诉的调查处理工作。

在设备质量监管方面，国家铁路局下设设备监督管理司，负责组织监督铁路设备产品质量安全，严格按照法律法规规定的条件和程序办理铁路机车车辆设计生产维修进口许可、铁路运输安全设备生产企业认定等行政许可并承担相应责任。

（2）财政部的监管职责

在铁路监管方面，财政部的主要职责包括：① 财政部代表国务院对中国铁路总公司履行出资人职责，即意味着财政部依法享有对中国铁路总公司资本受益、重大决策和选聘经营管理者等权利；② 财政部制定科学、合理的公益性补偿机制，并针对铁路公益性运输服务亏损补贴资金实行监督检查，从而保证补贴资金的合理使用，充分发挥铁路公益性运输服务财政补贴的效率和效益；③ 保持国家原有的相关支持政策不变，在中央政府统筹协调下，财政部会同国家有关部门研究提出具体债务处置方式，以妥善解决原铁道部及下属企业的负债问题。

（3）国家发改委的监管职责

国家发改委对铁路行业的监管主要包括：① 研判铁路行业发展趋势，统筹铁路发展规划，提出铁路重大基础设施布局建议并协调实施，如制定铁路网的中长期规划；② 综合分析铁路行业运行情况，协调有关重大问题，提出有关政策建议等，如制定并监管铁路运输价格、批复中国铁路总公司发行中国铁路建设债券等。

（4）国资委的监管职责

在铁路领域，国资委目前只对工程企业[如中国铁建股份有限公司（简称铁建）、中国铁路工程集团有限公司（简称中铁）]、装备企业（中国中车集团有限公司（简称中车）、中国铁路通信信号股份有限公司[简称通号）]等有监管权限，而对中国铁路总公司没有监管权限。国资委的监管职能包括分类监管工程、装备两大领域的国有资产，监督国有资本的分割重组与保值增值。

3. 问：国外铁路监管实践对我国铁路监管体制改革有何启示？

答：国外铁路行业监管改革都取得了一定成效，我国铁路监管应借鉴国外经验并遵循本国铁路行业发展规律，逐步完善我国铁路监管体制。国外铁路监管实践的主要启示有如下五个方面。

（1）立法先行

国外在铁路行业监管改革过程中，都出台了相关的法律为铁路监管改革提供法律基础和执行依据。美国、英国、德国等国家的铁路监管注重立法先行，确立了一套较为完善的依法对铁路进行行业监管的制度体系。

《美国法典》（US Code）是美国联邦权限内法律的汇编，主要涉及铁路事务的部分为第 45 篇（铁路篇）和第 49 篇（运输篇），其中就明确规定了联邦铁路管理局、地面运输委员会和全国运输安全委员会等主要铁路监管机构的组织、责任和权力等内容。

在早期工业化时期，英国议会发布《1840 年西摩尔条例》和《1852 年格莱斯顿补充条例》，其中规定了铁路的监督机构及监督权力。在 1947 年运输法案颁布后，英国成立了国有的英国铁路公司。至 20 世纪 80 年代，英国铁路开始私有化浪潮，到 1993 年《英国铁路法》获得通过，英国铁路国有化被打破，私有化成为铁路产业的发展方向。

2000 年,《运输法》规定成立新的铁路监管机构。2005 年,英国通过新《铁路法》,成立运输部铁路署,并对铁路监管职能进行了规定。

德国铁路改革是在国会和政府通过了一系列有关铁路改革的法律法规的基础上进行的,包括修订《基本法》和制定《铁路新秩序法》。这些颁布实施的法律法规,不仅为德国铁路改革规定了目标、任务和实施步骤,也对铁路监管机构权限等一系列问题做出了明确规定。

现代监管的本质是一个法治问题,监管机构必须通过法律授权,依法行使监管职能,才能有效进行监管。同样,在铁路行业监管体制中,立法是基础,具有极其重要的作用。

(2)增强监管机构独立性

监管机构的独立性是现代监管机构的一个根本特征,其目的是保持监管执法的公正性。除美国外,世界多国铁路均采取了独立监管的原则。监管机构的独立性有两层含义:一是指铁路监管机构的监管执行职能与统筹铁路行业发展规划职能的分离,即监管机构专注铁路行业监管,不受其他行政管理部门干预和控制,以有效化解铁路监管和发展之间的矛盾;二是指监管机构与其监管对象——铁路企业的独立,可以减少铁路企业的干扰,从而减少监管越位的现象。具体来说,要通过立法保障监管机构在组织体系上的独立性,也要保障铁路监管机构人员的人事任免、工作待遇上的独立性。

(3)实行灵活有效的经济监管

起初,为了保护公共利益,国外各国政府往往对铁路运价实行严格管制。随着铁路运输的不断发展,运输市场的供需变化、运输技术及运输组织结构的变化引起公共利益的变化,铁路监管需求也随之改变,政府对运价的监管也做出相应调整,最终实行灵活有效的经济监管政策。

各国采取的运价监管方式各有不同。美国地面运输委员会控制最高运价（天花板价）不超过合理范围；日本铁路运价实行运输大臣认可制，只要运价满足其构成为合理的成本加一定的利润、不对特定的旅客和货主给予歧视性待遇、不使铁路运输需求者负担困难、不与其他铁路企业发生恶性竞争等条件即可获得认可；欧洲铁路运价的定价主要依据市场规律，辅以政府部门监督，兼顾企业盈利性与铁路公益性。

我国现行的体制是中国铁路总公司统领国家铁路路网和运输业务，铁路实行全国统一定价机制，这就导致铁路运输定价实际偏离运输价值，从而产生以下两个问题：一是运输价格偏低，如既有线普速铁路客运价格偏低；二是运输价格偏高，如高铁客运专线票价率和实际客运票价偏高。这一定价机制不能反映铁路运输供求关系、不能反映区域经济发展水平差异、不适应市场竞争的变化，因此实行灵活有效的经济监管非常必要。

（4）改革要立足实际国情

国外各国铁路改革立足于本国国情，设计出了不同的改革方案。

20 世纪 70 年代，美国众多铁路公司面临倒闭的处境。在此背景下，美国政府采取了"货运与路网统一，客运与路网分离"的运营模式，公益性的运输亏损由政府给予补贴，并采用平行线路竞争等模式对铁路运输企业进行了改革。

从 20 世纪 60 年代开始，日本国铁在运输市场上竞争力不断下降，铁路系统内部矛盾凸显，日本政府于 1987 年开始对铁路进行了"分割、民营化"改革。日本国铁按地域拆分成为 6 家客运公司和 1 家货运公司（该货运公司向 6 家客运公司租借线路并在全国范围内开展业务），实现"客运与路网合一、货运与路网分离、路网按区域分割"的"分割、民营化"运营模式。

欧洲铁路改革较日本与美国更加彻底，网运分离程度更高。瑞典、德国、英国先后于 1988 年、1993 年、1994 年开始了铁路改革重组，其改革均采取彻底的"网运分离"模式，即成立一家路网公司与多家客运公司及货运公司，实现政企分开、网运分离。

　　我国铁路内部结构复杂，存在众多平行线路和路局分界口，内部利益冲突较外部竞争更加突出。针对我国国情及路情，笔者提出"统分结合的网运分离"①经营模式的改革思路。在基于"统分结合的网运分离"的改革背景下，相应地，监管体制也需要结合实际情况做出同步调整，以充分激发铁路运输市场的活力，推动全面深化铁路改革工作的进程。在铁路行业实行"统分结合的网运分离"的前提下，可将铁路按照功能划分为工程、装备、路网、运营和资本五大领域，综合考虑各领域的功能定位，最终推行分类监管。

（5）实行分类监管

　　分类监管是强化监管、防范套利、维护公平竞争和防范市场风险的重要监管措施。通过建立科学的分类监管体制，既有利于靶向监管、提高监管效率，又有利于维护市场公平竞争。

　　美国铁路监管以监督管理的内容为划分标准，由不同监管机构负责监管不同的内容。我国可立足于中共中央、国务院在《关于深化国有企业改革的指导意见》中提出的"分类改革、分类发展、分类监管、分类定责、分类考核"的要求，对铁路行业的工程、装备、路网、运营、资本五个不同领域实行分类监管，实现差异化监管。其中，工程领域企业应重点监管铁路安全生产、工程质量等；装备领域企业应重点监管铁路装备产品质量安全、装备现代化水平等；路网领域企业应重点监管技术标准、路网服务质量及路网价格等；运营领域企业应当加强市场准入和退出监管，制约不公平竞争行为；资本领域企业应重点监管国有资本的配置。但应注意的是，处理好铁路路网与运营的关系，实现铁路网运分离是铁路行业分类监管的重要前提。

4. 问：您对我国铁路监管体制改革的基本思路有何建议？

　　答：对我国铁路监管体制改革的基本思路的建议有以下五个方面。

---

　　① 详细内容建议参阅"铁路改革研究丛书"第 2 本《铁路网运关系调整研究》。

（1）借鉴国外铁路监管立法先行的经验

纵观国外铁路行业的监管改革历史可以发现，不论铁路监管处于何种阶段，铁路改革总有法律作为执行依据。英国在颁布《铁路法》之后，才有了双重政府监管体制的建立；美国的《斯塔格斯铁路法》，为美国地面运输委员会的成立奠定了基础；德国的《铁路新秩序法》，助力后续铁路改革顺利进行等。

因此，我们建议我国将《铁路法》修改纳入国家立法计划，建立完善以《铁路法》为主体的铁路行业法律法规体系，以立法手段对铁路市场监管制度体系进行总体设计和全面部署。同时，将铁路市场监管机构的主要职责，以及铁路建设和运输市场准入与退出规则、铁路运价制定规则、铁路运输市场竞争规则、铁路企业兼并与收购规则等内容，以法律条文或部门规章的形式做出明确规定，形成一整套实施铁路市场监管的纲领性文件，为监管机构真正做到科学监管、依法监管、有效监管提供制度保障。

（2）合理处理政策主管部门与行业监管之间的关系

独立性是铁路监管机构履行职责的核心要求。根据监管独立性原则，实现政监分开、政企分开，使监管机构的决定不受政府机构的影响。监管机构独立性应包括以下三点要求：① 铁路监管机构设置独立，这种独立性不仅仅体现在它与任何运营企业没有任何关系，更主要的是它独立于其他政府机关（或者名义上隶属于某个部门，实际也是相对独立的），即监管机构不享有制定铁路行业发展规划等职能，也不受一般行政管理部门干预和控制；② 法律地位独立，是指由法律明确规定监管机构的独立地位，并赋予职权和职责；③ 独立和充足的经费来源，它是保障铁路监管机构能够独立运行的经济基础。

监管机构应专注铁路行业监管，可将经济性等关键监管职能主要集中于专业性监管机构，把社会性的监管职能交由综合监管机构承担，以提高监管效率。专业性监管机构国家铁路局主要负责监督铁路安全、客货运输、服务质量、运输市场准入等方面的内容。财政部、国家发改委、国资委等综合监管机构主要承担社会监管职能，建议其监管分工如下：财政部主要负责监督铁路国有资本投资运营公司、制定公益性补偿机制以及铁路债务处置方案等；国家发改委主要负责统筹铁路发展规划、监管铁路运输价格等；国资委主要负责监督所监管铁路企业的国有资产、国有资本的安全。

（3）制定灵活有效的经济监管政策

美国 1976 年颁布实施的《铁路复兴和规章改革法》和 1980 年颁布实施的《斯塔格斯铁路法》，对铁路管制逐渐放松，主要体现在：① 放松了对铁路行业准入与退出的规制。为增强行业内竞争，鼓励新的铁路运输企业进入铁路行业；允许经营不善的铁路运输企业按照法定程序退出市场，并且通过股权转让等手段允许新的铁路运输企业进入市场。② 放松了价格规制。根据法律规定，铁路运输公司可以根据市场状况在法定范围内自由确定价格，在此基础上，货运公司还可以单独与货主自由协商确定单次运输价格。对铁路运输公司定价的行为由规制机构监督，如果有违反公平竞争的定价行为，则由规制机构给予最高限价的规制。

英国国会通过的《英国铁路法》，为英国铁路行业引入竞争提供法律依据。以《英国铁路法》为核心的铁路行业规制制度，对路网和运输业区别规制：对路网基础设施进行严格规制，而对客运和货运则放松准入规制，逐步引入竞争。

日本铁路行业进入放松规制时期后，颁布《国有铁道改革法》取代严格规制时期制定的法律，以对重组后的铁路行业进行规制，主要是放松准入与价格规制。按照新的行业规制法，新的铁路运输公司有独立的经营权和明晰的责任，铁路运输企业的经营投资和融资均按照市场经济运行规律自主决定，跟其他市场经营主体受同样的准入规制。在放松价格规制方面，日本采用的是运价上限认可制，铁路运输企业在运价上限认可的范围内，享有一定的定价自由权。

我国铁路不同领域的企业具有不同的产业性质和技术经济特征，不能笼统地对各铁路企业实行放松管制或强化管制，必须根据它们不同的技术经济特征和产业性质，实施分类管制，采取灵活有效的经济监管。总结上述国外铁路监管体制改革的实践可以发现：针对铁路运输企业，为适应市场需求、扩大竞争，应当适度放松经济监管；针对路网企业，为保证运输安全、确保公平竞争，应当实行严格管制。因此，我国在实施"统分结合的网运分离"后，应对路网和运营企业区别规制：对路网进行严格规制，进行统一规划建设、调度指挥，而对客运和货运，则放松准入与退出规制，放松价格规制，逐步引入竞争。

（4）立足现状，采取渐进式改革方式，逐步过渡到理想监管模式

根据我国铁路监管现状，按照循序渐进的改革思路，我国铁路监管体制改革可分以下两个步骤进行。

第一步，在交通运输部内下设专业监管机构（即国家铁路局），此外另设财政部、国家发改委、国资委等其他综合监管机构，这是我国铁路监管的现有模式，但应进一步考虑做实做强专业监管机构——国家铁路局的监管职能，创建单独问责机制。在此阶段，可不设置新的监管机构，交通运输部继续承担政策性监管的工作，财政部、国家发改委、国资委等综合监管机构履行社会性监管的职能，而进一步加强国家铁路局的安全监察、运输监管、工程质量及设备监管等职能。但这种模式是过渡性的，在铁路行业发展壮大和铁路市场化达到一定程度后，铁路监管机构应当朝着独立化的方向发展。

第二步，在交通运输部之外，构建独立专业的监管机构，保证机构设置独立、法律地位独立及经费来源独立。此阶段，有必要组建一个统筹协调各监管机构的组织机构，确保各监管机构依据法律法规分类独立监管铁路各项内容，可将经济性监管职能主要集中于专业性监管机构，将社会性的监管职能交给社会综合监管机构进行承担，以提高监管效率，如财政部主要代表国务院对中国铁路总公司履行出资人职责、提出公益性补偿机制和处理铁路债务的方案，国资委负责对所监管铁路企业（工程、装备领域企业）的国有资产进行监督管理。其中，负责统筹协调的组织机构应具有承担长远且全面地制定铁路发展规划，起草相关法律法规草案、政策和标准，监管协调各监管机构的职责。

（5）根据国有企业不同功能定位，构建分类监管体系

中共中央、国务院印发的《关于深化国有企业改革的指导意见》明确指出，应将国有企业分为商业类和公益类，实行分类改革、分类发展、分类监管、分类定责、分类考核，以推动国有企业同市场经济的深入融合。

当前我国对铁路实行的是"一刀切"的监管方式，将铁路工程、装备、路网、运营和资本领域的竞争性和垄断性捆绑在一起，而实际上铁路企业不同领域的性质不同，需要区别可竞争环节与具有自然垄断性质的环节，实行分类监管，才能增强监管的有效性和合理性。以铁路路网和运营为例，铁路路网主要具有自然垄断性，而铁路运营主要具有竞争性，两者的监管侧重点和监管方式应有区别。对于路网，应重点监管其互联互通、路网服务质量等，加大信息公开力度；对于运营，应重点加强市场准入和退出监管，制约不公平竞争行为。

因此，我们建议：首先，应明确铁路各领域的功能定位和发展目标；其次，应根据功能定位对不同领域企业采取绝对控股、相对控股、参股等控制方式；最后，以此为基础明确各领域的监管重点，对不同领域企业制定相应的监管政策、监管模式和考核机制，提升监管的针对性和有效性，进一步激发铁路各领域企业的活力。

5. 问：针对我国铁路监管的宏观改革方向，您有何建议？

答：铁路监管改革的目的是调整政府、市场和企业的边界，着力解决监管中存在的一系列问题。对于中国铁路监管而言，应充分考虑市场发展特征、经济社会发展阶段、制度和文化禀赋等因素，从实际出发，坚持系统化框架设计与渐进化推进的原则，加强铁路监管改革模式的顶层设计，循序渐进，稳步推进铁路监管体制改革。

（1）加强铁路监管改革的顶层设计

监管体制本身就是一个系统工程，它由监管主体、监管客体、监管对象等子系统构成。这个庞大的系统中，又涉及监管政策的设定、

监管方式的选择、监管体系与政策的评估调整等多个环节。由此看出，铁路监管体制改革必然是一个复杂和渐进的过程；加之，体制变革必然涉及利益格局调整与再分配，推动与制约改革的力量并存。在此客观背景下，启动铁路监管体制改革首先需要加强顶层设计，设立一个对铁路监管体制改革重要事项进行综合协调的组织机构，为铁路监管体制改革指明方向。

基于铁路监管体制改革意义重大、政策性强、难度不小等实际情况，笔者建议组建国家铁路改革咨询委员会，下设铁路监管体制专门委员会，承担统筹协调铁路监管体制改革的各项工作，具体职能作用有如下五个方面。

① 建立有效的监管体系，其基础是依据当前的经济社会发展水平、制度禀赋、运输及铁路行业技术经济特征、竞争环境等因素，结合预期的铁路监管绩效水平，明确界定铁路行业监管改革的目标；

② 明确改革次序，改革次序应有先后之分，改革步骤和进程必须做到有效衔接，因此，我国应逐步改变以前"先改革后立法"的模式，加强铁路监管改革框架的顶层设计，做到有章可循、有章可依；

③ 统筹协调各监管机构，明确职责分工，落实目标责任，充分发挥各监管机构的监督管理职能作用；

④ 督促铁路和地方部门按中央部署进行铁路监管体制改革，及时反馈监管体制改革动向和意见；

⑤ 根据铁路工程、装备、路网、运营、资本五大领域的功能定位，对质量、安全等环节分类制定专门的监管制度，采取不一样的监管措施，以实现精细化监管，增强监管的有效性。

（2）建立有效的现代铁路监管体制机制

适应市场化改革方向，重构铁路监管组织构架。根据适应市场发挥资源配置决定性作用的需要，按照更具灵活性、更注重监管绩效的原则，重建我国铁路监管结构，建立符合市场化改革方向的监管组织架构。

因此，我们建议应适应铁路监管体系现代化的要求，及时调整监管内容和范围，创新监管方式，主要包括四个方面：① 根据铁路市场环境的变化，强化企业预算硬约束，提高监管机构对技术进步、市场变革的响应能力，激励监管机构创新监管方式，降低监管成本。② 不断强化监管机构安全监管等监管职能，逐步将经济监管职能集中于专业监管机构，并根据铁路不同领域企业的技术经济特征和产业性质，实施分类管制，实行灵活有效的经济监管。③ 顺应监管独立性和专业性要求，采取特殊的人事管理和经费保障，强化对铁路监管机构的监督管理。监管机构需要对公众负责，必须确保监管机构能够依据监管法律独立地执行监管职能，不受利益相关方的干扰和监管收买。④ 加强监管绩效评估，提高监管的透明度和公众参与度，从而确保铁路监管机构切实履行监管职能。

6. 问：国家铁路局监管职能应包括哪些方面？

答：国家铁路局作为我国铁路专业监管机构，应进一步做实做强其铁路监督管理职能，尤其加强对安全监察、运输监管、工程质量及设备监管等方面的监管。同时，为增强铁路吸引社会资本进入的能力，发挥市场在资源配置中的决定性作用，可参考中国民用航空总局（民航监管机构）承担拟订民航行业价格、收费政策并监督实施，提出民航行业财税等政策建议职能的做法，将经济性监管职能集中于国家铁路局。其监管职能应包括以下四个方面。

（1）安全监管方面

国家铁路局应进一步做实做强安全监管职能，包括研究分析铁路安全形势、存在问题并提出完善制度的建议；组织拟订铁路安全监督管理办法并监督实施，组织或参与铁路生产安全事故调查处理工作，指导、监督铁路行政执法工作；定期或不定期地对铁路建设、运输、设备制造维修等单位是否严格执行铁路生产安全和产品质量安全的国家标准、行业标准进行安全检查，对安全管理人员定期地进行安全教育培训，并严格监督保证安全生产所必须的资金投入。但当前国家铁路局的安全监管职能还比较薄弱，为进一步增强其职能作用，一方面需要建立健全相关法律，强化监管机构的执法权，用以制约监管对象；

另一方面应当加大对国家铁路局的专业技术、人员及资金投入，使其有足够的能力开展监管工作。

（2）运输监管方面

国家铁路局应进一步做实做强运输监管职能，包括组织监督铁路运输安全、铁路运输服务质量、铁路企业承担国家规定的公益性运输任务情况；严格按照法律法规规定的条件和程序办理与铁路运输有关的行政许可并承担相应责任；组织拟订规范铁路运输市场秩序政策措施并监督实施。

（3）工程监管方面

国家铁路局应进一步做实做强工程监管职能，包括组织拟订规范铁路工程建设市场秩序政策措施并监督实施，组织监督铁路工程质量安全和工程建设招标投标工作；针对我国当前铁路工程质量问题，应通过制定相应的法律法规赋予国家铁路局作为铁路专业监管机构对铁路工程质量的监管职能，加强铁路建设工程招标投标监督检查，改进铁路建设工程招标投标监督方式，严格把控铁路建设工程质量，强化铁路建设企业动态监管，提高铁路工程监管成效，确保铁路工程质量和安全。

（4）设备监管方面

国家铁路局应进一步做实做强设备监管职能，包括组织监督铁路设备产品质量安全，严格按照法律法规规定的条件和程序办理铁路机车车辆设计生产维修进口许可、铁路运输安全设备生产企业认定等行政许可并承担相应责任。

7. 问：财政部监管职能应包括哪些方面？

答：财政部对铁路行业的监管主要包括代表国务院对中国铁路总公司履行出资人职责，提出公益性补偿机制和处理铁路债务的方案，具体如下。

（1）对中国铁路总公司履行出资人职责

财政部代表国务院对中国铁路总公司履行出资人职责，其依法享有对中国铁路总公司资本受益、重大决策和选聘经营管理者等权利。主要包括：① 财政部应加强对中国铁路总公司国有资本经营预算管理，并严格监督预算的实施，定期对中国铁路总公司预算执行情况进行专项审计，并同时兼顾预算执行的数量与质量；② 财政部应重点监管资金相对较大的铁路项目，以提高其对铁路的监管效率，确保财政资金的运用合理而高效。

（2）制定铁路公益性补偿机制

制定铁路公益性补偿机制主要包括四个方面。① 财政部应制定科学、合理的公益性补偿机制，并对铁路公益性运输服务亏损补贴资金实行监督检查，以保证补贴资金的合理使用，从而充分发挥铁路公益性运输服务财政补贴的效率和效益；② 应建立起完善的铁路运输财政补贴效果考评制度，一方面对受补贴的铁路运输服务企业内部的财务制度、财政补贴资金的使用情况等进行考核，另一方面对财政补贴资金的使用效率和效益进行评价，在具体的考评过程中，财政部可以采用定性和定量相结合的方式开展考评活动，以定量考评为主，通过建立一系列的补贴资金使用效率和效益的评价指标，来反映财政补贴的实际效果；③ 应从政府和铁路运输服务使用者的角度设定一系列的考核评价指标，形成多方参与的铁路运输服务考评机制；④ 可以将当期考评结果与下期财政补贴相挂钩，以激励铁路运输企业提高补贴资金使用效率。

（3）提出铁路债务处置方案

铁路债务处置方案主要包括三个方面。① 财政部应首先明确铁路债务主体，理顺铁路的产权关系并进行产权重组；② 应根据铁路体制改革步骤分阶段稳步处理铁路债务，其中涉及四种处置铁路债务的方法，包括债务免除、转增资本金、债转股以及产权（股权）流转；③ 应按照公益性和经营性的不同，制定具有可持续性的债务处置方案，加强金融创新，吸引社会资本投资铁路，并对铁路债务处置过程进行有效监督。

根据国务院〔2013〕47 号函，制定铁路公益性补偿机制和债务处置方案的职责应归于财政部，尽管上述文件已经发布 6 年有余，但是由于铁路债务问题本身错综复杂，财政部在这两个问题上尚未对外公布正式方案。我们建议，财政部应制订研究铁路公益性补偿机制和债务处置方案的工作计划，广泛调动并组织协调铁路内部人员、部委科研机构、高等院校、企业和专家学者等力量，切实开展制定铁路公益性补偿机制和债务处置方案的研究工作。

8. 问：国家发改委监管职能应包括哪些方面？

答：国家发改委对铁路行业的监管主要包括研判铁路行业发展趋势，统筹铁路发展规划，提出铁路重大基础设施布局建议并协调实施，综合分析铁路行业运行情况，协调有关重大问题，提出有关政策建议等，例如制定铁路网的中长期规划、对铁路运输价格的制定与监管、批复中国铁路总公司发行中国铁路建设债券等，具体如下。

（1）统筹铁路发展规划职能

国家发改委的主要职责之一是统筹铁路发展规划。铁路建设是一个逐步推进的过程，需要经过长期的规划、论证、前期的准备工作，设置合理的工期，来进行统筹安排。因此，铁路建设需要国家发改委统筹需求与可能，兼顾经济效益与社会效益，合理、适度、有序地推进铁路发展。

（2）对铁路运输价格的制定与监管

长期以来，铁路客运和货运票价都是由国家发改委制定的，原铁道部和铁路运输企业并没有价格定价权。目前，铁路运输定价缺乏弹性，已经严重影响了价格的市场调节功能。因此，国家发改委作为铁路的综合监管机构，应该适度放松对铁路运输价格的管制，并实行分类定价，让竞争性业务充分竞争，严格控制和监管铁路运输成本的核算，建立科学的定价体系。

（3）批复中国铁路总公司发行中国铁路建设债券

国家发改委承担规划铁路重大建设项目和生产力布局的责任，衔接平衡需要安排中央政府投资和涉及铁路重大建设项目的专项规划，承担安排中央财政性建设资金，按国务院规定权限审批、核准铁路重大建设项目和大额用汇投资项目。例如，国家发改委可对中国铁路总公司发行中国铁路建设债券进行核准。

为更好履行国家发改委的管理职能，可以采取以下四项措施：① 规范审批、核准备案，公布权力清单，而且要简化手续、优化程序、在线办理、限时办结，把审批变成一种服务；② 国家发改委和相关部门要建成纵横联动协管的机制；③ 加强规范的约束力；④ 加强信息化建设，要通过在线办理、相互联网，争取在网上审批、在网上监管。

9. 问：国资委监管职能应包括哪些方面？

答：国资委应完善和落实国有资产保值增值的考核监督工作，按照铁路企业各自的特点，制定所监管铁路企业（工程、装备领域）的经营责任制形式和考核指标体系。此外，还应完善对所监管铁路企业国有资产的日常监督，加大国有资本监管的宣传力度，提高国有资本的监管意识，切实加强所属国有资本的监管。其监管职能主要包括以下三个方面。

（1）切实做好国有资本监管的基础工作

国有资本监管的基础工作主要包括两个方面。① 负责督促检查所监管铁路企业贯彻落实国家安全生产方针政策及有关的法律法规、标准等工作；② 对国有资本进行定期检查，以发现所监管铁路企业在国有资本运营过程中存在的突出问题，掌握国有资本监管工作的薄弱环节，督促企业日常的经营活动符合法律、法规的要求。

（2）承担监督所监管铁路企业国有资产保值增值的责任

监督所监管铁路企业国有资产保值增值的责任主要包括两个方面。① 建立和完善国有资产保值增值指标体系，制定考核标准，通过统计、稽核对所监管铁路企业国有资产的保值增值情况进行监管；② 负责所监管铁路企业工资分配管理工作，制定所监管企业负责人收入分配政策并组织实施。

（3）建立和完善对所监管铁路企业财产损失的处置机制

铁路企业在处置不良资产和损失时，应坚持以下五个原则。① 要查清责任，其中涉及违法、违纪行为的损失，对负有直接责任的主管人员和其他有关人员进行经济处罚和行政处罚，涉嫌犯罪的移交司法部门进行处理；② 要根据国家、中国铁路总公司有关规定和各铁路局集团有限公司内部财务管理办法的规定制定合适的确认报批程序和审批权限；③ 对某些已没有市场、扭亏无望的铁路，应果断地停产、转产或者宣布破产，以防止国有资产的更大流失；④ 主动适应市场，更新对不良资产的处置观念；⑤ 在铁路内部培育产权交易市场，鼓励优势企业参与不良资产的交易。

参考文献

［1］ 王磊. 我国铁路监管改革现状、存在的问题及完善思路[J]. 中国物价，2015（5）：28-31.

［2］ 林雪梅. 铁路行业的政府监管体制研究[D]. 成都：西南交通大学，2013.

［3］ 王镠莹，方奕. 国外铁路市场监管及对我国的借鉴[J]. 中

国铁路，2014（9）：6-10.

[4]　赵翔. 浅析美国铁路监管机构[J]. 商，2015（30）：245，232.

[5]　王俊豪. 中国电信管制机构改革的若干思考——以美国联邦通信委员会为鉴[J]. 经济管理，2003（8）：81-85.

[6]　白金亚. 国有企业分类监管体制改革研究——基于国企功能定位的法治思考[J]. 上海市经济管理干部学院学报，2017，15（6）：23-31.

[7]　左大杰，陈瑶，陆柳洋，等. 我国铁路债务处置的基本思路[J]. 综合运输，2018，40（8）：22-30.

第十一章　铁路改革保障机制问答[①]

1. 问：为什么铁路改革保障机制是全面深化铁路改革亟需解决的关键问题之一？

答：改革开放以来，中国铁路改革作为改革的一部分也多次启动。但是，由于铁路对国民经济的极端重要性以及系统自身的复杂性，铁路改革容易受到内外部因素的干扰而停滞，多次贻误铁路改革时机，导致铁路改革与其他国有企业改革进程存在显著差距，因此常被称为"计划经济的最后堡垒"。目前，铁路发展问题日积月累，已经到了非改不可的程度。我们认为，以往铁路改革多次意外终止的主要原因之一，在于缺乏改革保障机制，使铁路改革进程一受到内外部因素干扰时就主动或被动地搁置下来。

以党的十八届三中全会为标志，全面深化铁路改革已经站在新的历史起点上。全面深化铁路改革涉及经济社会等各方面的利益，仅依靠行政命令等形式推进并不可取。只有在党的领导、顶层设计、国家政策、法律法规、社会舆论、人力资源以及技术支撑等保障层面形成合力，完善铁路改革工作保障机制，才能推进铁路改革各阶段工作的有序进行。

第一，铁路改革必须在党的领导下展开，需要建立一个超越部门

[①] 本章由"铁路改革研究丛书"第 11 本《铁路改革保障机制研究》主要观点构成。有关铁路改革保障机制的详细分析，建议参阅《铁路改革保障机制研究》一书。

和地区利益之上的、能够统揽铁路改革全局的组织机构，形成铁路改革的顶层设计；第二，根据铁路改革顶层设计，讨论通过改革的基本原则、总体目标与主要措施等，形成政策保障；第三，重大改革必须于法有据，需要把以上政策细化，进而上升为国家意志，形成法律保障；第四，深入开展宣传思想工作，引导干部职工理解改革、支持改革，并加强外部宣传，形成宣传保障；第五，针对铁路改革的人才需求和技术要求，加强人才建设和技术创新工作，形成人才保障和技术保障。

目前，铁路改革在上述多个方面尚未形成合力，个别方面还十分薄弱，难以跟上铁路改革发展的实际要求。因此，完善铁路改革保障机制是全面深化铁路改革亟需解决的关键问题之一。

2. 问：为什么要加强党对铁路改革的领导？

答：改革开放以来的实践证明，国有企业改革取得的重大进展都离不开党的领导。铁路改革作为国企改革的重点领域，在关系国家安全和国民经济命脉的主要行业和关键领域占据支配地位，理应加强党对铁路改革的领导。

中央全面深化改革委员会（以下简称中央深改委，2018 年 3 月 21日以前为中央全面深化改革领导小组，简称中央深改组），是中国共产党中央委员会关于党和国家各领域改革的最高领导机构。中央深改委（深改组）下设 6 个专项小组，分别是：① 经济体制和生态文明体制改革小组；② 民主法制领域改革小组；③ 文化体制改革小组；④ 社会体制改革小组；⑤ 党的建设制度改革小组；⑥ 纪律检查体制改革小组。6 个专项小组的设置，覆盖了当前深化改革的重点领域，同时强调对权力的制约。

中央深改委（深改组）的主要职责有四个方面。① 研究确定经济体制、政治体制、文化体制、社会体制、生态文明体制和党的建设制度等方面改革的重大原则、方针政策、总体方案；② 统一部署全国性重大改革；③ 统筹协调处理全局性、长远性、跨地区、跨部门的重大改革问题；④ 指导、推动、督促中央有关重大改革政策措施的组织落实。

全面深化改革，就是要统筹推进各领域改革，实现改革总目标，即完善和发展中国特色社会主义制度，推进国家治理体系和治理能力现代化。中央深改委（深改组）成立以来，截至 2019 年 3 月共召开会议 47 次，审议文件高达 392 个，破题诸多领域改革，包括经济、生态、法制、党建、国企、财税、金融、司法、民生、文化等领域。中央深改委（深改组）亲自谋划、协调、督促各项改革进程，取得了一系列改革佳绩。

中央深改委（深改组）高度重视国资国企改革发展的重大问题，高度肯定国有企业的地位和作用，同时也对加强国资国企改革发展提出了明确要求。中央深改委（深改组）审议通过了一系列国资国企改革文件，例如《关于在深化国有企业改革中坚持党的领导加强党的建设的若干意见》《关于加强和改进企业国有资产监督防止国有资产流失的意见》《关于国有企业功能界定与分类的指导意见》和《关于深化国有企业和国有资本审计监督的若干意见》等。

铁路改革作为国企改革的重点领域，是全国性重大改革，属于全局性、长远性、跨地区、跨部门的重大改革问题，其改革能否迈开步子、趟出路子，直接影响着全面深化改革的成效。因此，铁路改革应引起中央深改委（深改组）的高度重视。换言之，铁路改革应成为中央深改委（深改组）研究决策的重要事项之一。

3. 问：如何加强党对铁路改革的领导？

答：当前铁路改革正站在一个新的历史起点上，党中央、国务院对铁路改革工作十分重视，要求铁路企业在改革方面迈出实质性步伐。铁路企业积极贯彻习近平新时代中国特色社会主义思想，中国铁路总公司党组书记、总经理陆东福在中国铁路总公司工作会议、中国铁路总公司领导干部会议以及中国铁路总公司党建等会议中多次强调，深化铁路改革中要坚持党的领导，加强党的建设，真正把铁路企业建设成为党和人民最信赖的依靠力量。我们认为，应从以下四个方面认识党对铁路改革的领导。

（1）坚持党对铁路改革的领导

要切实加强党对铁路企业改革的政治领导、思想领导、组织领导，强化领导干部的政治意识、大局意识、核心意识、看齐意识，在思想上、政治上、行动上与以习近平同志为核心的党中央保持高度一致，坚决贯彻执行党和国家的重大方针政策和决策部署，确保铁路企业改革发展的正确方向。明确党组织在决策、执行、监督各环节的权责和工作方式，使党组织发挥作用组织化、制度化、具体化。坚持重大改革决策由党组织集体研究决定，重大事项必须向党组织会议报告，切实发挥党的领导核心作用。把党委（党组）会议研究讨论作为铁路改革决策重大问题的前置条件，全面落实党组织在公司治理中的法定地位，确保党的领导核心和政治核心作用有效发挥。

（2）坚持服务生产经营

紧紧围绕推动铁路企业改革发展来思考和谋划党建工作，把改革发展中的热点、难点、重点问题作为党建工作的着力点，做到党建工作与中心工作一起部署、一起推进、一起考评，推动党建工作与生产经营深度融合，牢固树立"党建也是生产力"的意识。坚定理想信念强根基，健全组织机制聚合力，弘扬优良作风促发展，将党的先进性体现到企业改革各项具体工作中，把党建工作成效转化为促进铁路企业改革、创新发展的优势，转化为激励职工团结奋进、顽强拼搏的强大动能。

（3）坚持党管干部

把"对党忠诚、勇于创新、治企有方、兴企有为、清正廉洁"二十字新要求细化为铁路领导干部选拔任用的标准，有序推进铁路企业领导人员选任制度改革。加强和规范党内政治生活，着力增强党内政治生活的政治性、时代性、原则性、战斗性，提高各级领导班子发现和解决自身问题的能力。要严格管理、严格监督铁路企业领导人员，完善"三重一大"决策的监督机制，整合监督力量，形成监督合力。

（4）发挥铁路职工群众的主体作用

坚持全心全意依靠工人阶级的方针，尊重铁路职工主人翁地位，完善和落实以职工代表大会为基本形式的铁路企业民主管理制度，依法保障铁路职工知情权、参与权、表达权、监督权，充分调动职工的积极性、主动性、创造性。尊重铁路职工群众的首创精神，在铁路重大改革发展决策中，通过多种形式广泛听取铁路职工群众的意见建议，集中铁路职工群众的聪明智慧。坚持促进铁路企业改革发展和维护职工合法权益，努力保障铁路职工的根本利益和现实利益，改善铁路职工的生产生活条件，让铁路职工有更多的获得感。

企业强则国家强。坚持党对铁路改革的领导，加强党的建设，强"根"固"魂"，为铁路改革发展固本培元，真正把党的政治优势转化为铁路企业改革发展的优势。

4. 问：如何加强铁路改革的政策保障？

答：政府对铁路的混合所有制改革、投融资、公益性补偿和运价等政策，共同构成了铁路改革的政策环境，是影响铁路改革发展的关键因素。因此，应从以下四方面完善铁路改革的政策保障。

（1）铁路混合所有制改革政策

党的十八届三中全会提出了"积极发展混合所有制经济"的重要论断。《国务院关于国有企业发展混合所有制经济的意见》（下称《意见》）对国有企业混合所有制改革作出重要部署：通过深化国有企业混合所有制改革，推动完善现代企业制度，健全企业法人治理结构；提高国有资本配置和运行效率，优化国有经济布局，增强国有经济活力、控制力、影响力和抗风险能力，主动适应和引领经济发展新常态；促进国有企业转换经营机制，放大国有资本功能，实现国有资产保值增值，实现各种所有制资本取长补短、相互促进、共同发展，夯实社会主义基本经济制度的微观基础。

当前，全面深化铁路改革要切实贯彻落实《意见》的相关要求，着力发展铁路混合所有制。铁路实行产权多元化改革后，有利于铁路国有企业集聚社会资本、合理配置资源，促进和引导民间投资，从放宽投资领域、拓展融资渠道、实现投资主体多元化等方面，鼓励和引导社会投资以独资、合作、联营、参股、特许经营等方式，参与到铁路项目建设与运营，这对缓解铁路当前债务风险、填补铁路建设资金缺口、促进铁路现代企业制度的建立等均具有重要意义。

（2）铁路投融资体制改革政策

一是稳中求进地实施网运关系调整。虽然铁路投融资体制改革非常迫切，但不宜在铁路改革初期就进行，而应在网运关系调整过程中或调整到位之后进行。其原因在于，尽管国家鼓励社会资本进入铁路的力度很大，但社会资本投资铁路的推进项目却极少，这与铁路产业特性有关。要想打破由于铁路产业特性等因素而形成的阻碍社会资本投资铁路的"玻璃门"，改革铁路投融资体制，迫切需要调整网运关系。

二是路网垄断性与运营竞争性分类管理。铁路网运关系调整后，具有自然垄断性的铁路路网基础设施与具有市场竞争性的铁路客货运服务完全分离，对组建的路网公司和若干客运公司、货运公司实施铁路投融资的分类管理。① 路网领域：由于路网公司自然垄断属性明显，可由国家作为主要投资人，并引入规模相对较大的民间资本投资铁路，路网公司承担路网完善、运力分配以及账务清算等职能，其收益主要来自客、货运公司缴纳的列车运行线使用费用。② 运营领域：铁路客货运公司不承担路网建设任务，有利于公司摆脱负担，强化竞争，提升经济效益。同时，也为铁路企业引入民间资本、多元化产权结构创造了条件。因此，在运营领域，国家应制定相应的投融资政策，大力鼓励社会资本甚至是个人资本参与铁路运营。

（3）铁路公益性补偿政策

一是科学合理界定公益性铁路和公益性运输。公益性铁路主要是指出于政治、经济、军事、国防以及国土开发、消除地区差距等目的而兴修的铁路项目，这些线路的收益难以弥补建设成本或运输成本，即使亏损也必须维持运营。在我国铁路网中，有很多这种出于国土开发、巩固边疆、加强国防等目的而建设的线路，虽然从整体上看社会效益大，对沿线地区的经济发展起到了极大的拉动作用，但这些线路在经营方面经济效益却比较差，亏损严重，最典型的案例是已投入运行多年的南疆铁路和青藏铁路。公益性运输主要是指抢险和救灾物资运输、支农物资运输、军用物资运输、军用客运运输、伤残军人和学生运输、市郊旅客运输、特定物资运输等。按照现行规定，铁路运输企业承担上述公益性运输，必须以低于正常运价或完全免费的形式给予公益性运输请求方优惠。

二是建立铁路公益性运输数据库。通过收集各类公益性运输的数据，建立铁路公益性运输数据库，可以进行详细的亏损核算，可以科学评价相关财政情况，并且基于公益性运输数据库可以制定相应的补偿标准，为国家制定铁路相关公益性补贴政策提供依据。

三是明确铁路公益性补偿主体和对象。铁路公益性补偿政策的制定与实施中存在补偿对象和补偿主体不明确的问题，依据相关的资料明确公益性补偿主体和补偿对象十分重要。秉持"谁受益，谁补偿"和"谁提供，谁被补"的原则，明确哪些才属于补偿对象，分析补偿对象的社会效益与经济效益，科学确定各类补偿对象的补偿方法以及补偿程度应达到的水准。

四是建立合理的铁路公益性补偿经济标准核算方法。究竟公益性业务是什么，具体范围如何衡量，铁路公益性运输与商业性运输收益核算模糊的问题如何解决，在公益性企业中又如何对公益性业务进行成本、投入以及损失的核算？这些问题的解决无论是在理论上，还是在实践应用上，都具有非常重要的研究意义。在过去的管理运营模式下，公益线路的财政状况核算方法复杂，成本高，核算结果不准确，甚至还可能出现财政欺骗等状况，相当不利于补偿机制的制定。因此，设计出一套适应当下经营管理模式和经济格局的核算方法刻不容缓。

五是建立铁路公益性补偿监督和评价制度。明确我国铁路的公益性性质，依据科学有效的铁路运输企业公益性经济标准核算方法，建立起与公益性补偿机制相匹配的监督、评价制度。监督与评价机制，不仅仅是政府及其下属管理机构应履行的职责，同时也为公益性补偿管理到位提供了具体保障，确保补偿方案能够实实在在发挥作用。

（4）铁路运价政策

一是基于运价形成机制角度，改变单一的以成本导向为主的定价方式，采用引入市场影响因素、考虑市场供需的综合定价方式。对于不同竞争程度（如市场中现有和潜在的竞争者数量）、不同货物或旅客特性、不同地区（如不同经济发展程度的地区）、不同时期（如运输淡旺季）、不同运输服务要求下的运输产品采用不同侧重点和不同形式的定价方式，增强铁路货运价格的灵活性、敏感性，增强铁路运输企业对市场的适应性，建立发展灵活多样的运价体系和运价形式。

二是基于运价构成体系角度。应归并部分杂费项目，调整运价结构；简化运费计费规则，包括杂费与附加费计算方法；应调整铁路现行投融资管理体制，改变资产所有制结构。

三是基于运价管理体制角度，在市场化经济充分发展的环境下应实现市场主导管理模式，铁路运输企业运价制定应主要受运输市场中供需和竞争关系的影响：企业自主调整运价适应市场、市场供需变化影响运价调节，国家政府部门根据市场信息的反馈仅采取宏观的调控手段而不占有定价权职。

基于铁路的性质、地位及其在国家经济发展中的重要作用，铁路改革的政策保障亟需从上述四方面予以完善。

5. 问：如何加强铁路改革的法律保障？

答：习近平总书记指出："凡属重大改革都要于法有据。在整个改革过程中，都要高度重视运用法治思维和法治方式，发挥法治的引领和推动作用，加强对相关立法工作的协调，确保在法治轨道上推进改革。"铁路改革亦不能例外，政企分开是铁路改革的第一步，接下来的改革任务更加艰巨复杂，必须立法先行。我们认为，应从以下三个方面加强铁路改革的法律保障。

（1）提高铁路改革制度设计层级

综合以往铁路改革方案的设计和出台来看，主要是由原铁道部、国家发改委主导，更多代表的是部门利益，没有上升到国家层面。在我国，法律草案的起草，是由国务院某部门负责的。但是，因为《铁路法》的修订涉及国有资产管理体制改革、网运关系调整等重大事项，可能超出交通运输部（国家铁路局）工作职责，因此应由国家铁路改革咨询委员会牵头制定完成《铁路法（修正案）》草案，然后提交全国人大（或其常委会）表决通过，正式成为法律。

（2）加强铁路相关法律建设

我国现行铁路法律法规体系存在诸多不足之处，主要表现为立法内容相对滞后、可操作性较弱、权责规范不到位、效力层级低、配套法规规章不足等。尽快修改完善《铁路法》为核心的铁路法律体系，主要包含以下四个方面的内容。

一是明确政企分开。将目前改革已经取得的最重要的成果——政企分开，以法律的形式巩固下来，在此基础上明确政府职能和企业权利界限，并进一步明确铁路企业产权，确立企业法人财产制度，明确铁路企业独立法人的权利与义务等。

二是明确铁路改革相关事宜应由法律来规定。为了依法、有序推进铁路改革，铁路改革相关事宜应当由法律来规定。可以参照日本铁路改革做法，制定我国的《铁路改革条例》（或其他名称），将铁路改革的目标、步骤、实施规划等基本内容写进条例，使铁路改革有法可依、目标明确。为适应铁路企业股份制改制的需要，可以依据《公司法》制定《铁路股份制企业管理办法》，使铁路企业股份制改制有关法律问题做到有法可依。

三是明确铁路运价管理职责。铁路货物运价由政府定价改为政府指导价，未来货运价格市场化进程值得期待。长期以来我国铁路运价由政府严格管制，尤其是货运不分地域实行的统一运价已不能适应各地经济发展水平不一的市场需要。

四是完善铁路投融资法律建设。通过法律修订，将国有铁路、合资铁路、地方铁路统一纳入法律的调整范围之中，使所有铁路运输企业平等地享有路网的使用权和通路权，获得公平竞争的机会。对不适应政企分开大背景的铁路政策法规及时清理，形成统一协调的法律法规体系，以创造公平竞争的市场环境，破除限制资本自由进入的"玻璃门"。

（3）按《公司法》对铁路运输企业进行改制

《公司法》与目前调整国有铁路企业的《全民所有制工业企业法》《铁路法》在产权结构、企业治理机构等诸多方面存在重大区别，铁路企业改革有必要纳入《公司法》的调整轨道。

一是在立法上，清理现行的铁路法律、法规和规章，废止与现代企业制度不相符部分，并结合铁路企业的特点，制定与《公司法》相配套的法律、法规和规章。

二是在法律实施上，将铁路运输企业从主要依靠政策和行政命令调整政府部门附属物，改制为自觉接受《公司法》《劳动法》《社会保障法》等法律法规调整的市场竞争主体和经营主体，建立起规范的法人治理结构。

我们认为，当前我国应制定（但不局限于）"铁路改革法""铁路公司法""铁路行政管理法"以及《铁路法》修正案等，以保证铁路改革工作有法可依。《铁路法》修正案主要内容应包括：确认企业的市场主体地位、放松对铁路运输市场的经济管制、修订运价机制、制定公益性补偿机制、确立政府对铁路的社会管制和必要的调控责任、扩大铁路的对外开放和引入竞争机制等。

需要说明的是，前三点提出的三个法案（"铁路改革法""铁路公司法""铁路行政管理法"），既有单独存在的可能，也有全部纳入《铁路法》的可能，需要根据保障机制体系设计的需要酌情考虑。

6. 问：如何加强铁路改革的宣传保障？

答：良好的舆论环境、正确的舆论导向，关系铁路改革发展的大局。在全面深化改革的新形势下，只有构建大宣传格局，调动各方力量，组织优势资源，进一步强化宣传舆论工作，才能为铁路的改革发展提供有力的思想保证、精神动力和舆论支持。我们认为，应从以下三方面加强铁路改革的宣传保障。

（1）铁路改革内部宣传

《中国铁路总公司关于全面推进铁路局公司制改革的指导意见》（铁路总公司改革与法律〔2017〕223 号）指出，各铁路在推进公司制改革过程中，应深入开展宣传思想工作，积极解释疑惑，引导干部职工理解改革、支持改革，确保队伍稳定，高效开展铁路运输、铁路建设和经营开发，为改革的顺利推进提供有力保障。可以看出，铁路改革应极为重视舆论宣传工作。因此，为配合全面深化铁路改革，提供舆论支持，铁路企业应加大改革宣传的力度，充分调动广大铁路干部和工人拥护改革、参与改革的积极性。

一是拓宽铁路改革宣传阵地，壮大宣传力量。为强化铁路改革宣传，铁路企业除充分运用广播、电视、网络、内部刊物等新闻媒体外，还应加强企业内部人员学习铁路改革的相关知识，学习铁路改革内部刊物，为深化铁路改革呐喊。为壮大铁路改革舆论宣传，国家铁路系统可以在内部举办相应的新闻培训班，拟定铁路改革的宣传报道要点，加深企业内媒体工作人员对铁路改革的理解与认识。

二是增强铁路改革宣传的针对性，正确把握宣传导向。国家铁路系统的广播、电视、报刊、网站等部门，在全面深化铁路改革新举措出台前，就应广泛宣传铁路的改革形势和现阶段改革的任务，并且还应宣传我国国有企业深化改革的成功案例和经验，使广大铁路干部、工人深刻认识到，铁路行业不改革就没有出路，在现阶段国有企业深化改革的浪潮下，更应该抓住机遇，努力探索出一条铁路改革之路。

三是纠正模糊认识，为铁路改革提供思想保证。引导铁路干部职工深刻理解全面铁路改革的重大意义、重点任务和具体措施，把中国铁路总公司、铁路局集团公司和车务段关于铁路改革的决策部署变成铁路干部职工的思想共识，正确对待铁路改革，积极投身铁路改革，确保铁路各项改革的顺利实施。通过大力宣传引导，帮助铁路干部职工纠正模糊认识，进行思想大解放、观念大转变，进一步统一思想和步调，凝聚智慧和力量，营造一个人人关心、个个支持铁路改革的良好氛围。

（2）铁路改革外部宣传

在全面深化铁路改革过程中，除了加强国家铁路系统内部宣传以稳定人心外，铁路改革的外部宣传也尤为重要。铁路改革外部宣传要做好在全媒体、自媒体时代下的铁路新闻宣传工作。为实现铁路改革对外宣传的良好效果，可以采取以下五方面的措施。

一是拓展铁路改革宣传渠道。抓好各种有利时机，充分利用国内外传统媒体、互联网新媒体等多种媒体，扩大铁路改革宣传效果，传递铁路改革价值。加强与国际主流媒体的交流与合作，做好与铁路改革目标市场媒体、智库、非政府组织等各方的对接、沟通，有效宣传我国铁路改革优势，使民众客观认识我国铁路企业的改革背景，正确看待铁路改革的相关部署。

二是树立正确的铁路改革宣传导向。与铁路改革发展高层人员进行沟通、对铁路改革开展宣传时应斟酌遣词用句，慎用"私有化""票价提高"等可能让社会产生不良联想的字眼，避免民众因此产生忧虑、戒备甚至抵触心理。同时，还应积极强化铁路改革对社会发展的促进度和现实国情适应性的宣传，提高社会接纳度。

三是加强铁路改革公关危机管理。在铁路企业内部根植公关危机意识，做好日常预防性公关。对铁路改革舆情进行跟踪监控，依托长期而持续的危机诊断，开展相应的铁路改革危机预警与识别，把握好事态演化趋势，及时判定公关对象，以便铁路改革公关危机萌芽前能够尽早采取适当的行动。同时也要做好反应性公关，构建迅速从正常情况转换到紧急情况的公关危机应对能力，在铁路改革突发事件面前第一时间对危机进行判断与定性，迅速确立对策，确保以可控的成本渡过危机。

四是针对性开展铁路改革跟踪报道。积极配合国家实施"一带一路"倡议关于政治、外交、经贸等领域的动向，敏锐观察、及时研究判断铁路改革的相关节点和契机，努力将铁路改革与国家发展紧密结合，有计划、有针对性地展开宣传工作，以便机会出现时快速响应，对铁路改革宣传工作要有的放矢。

五是创新对外宣传策略。创新铁路改革宣传模式，针对性地借鉴先进的宣传和传播方法，增强铁路改革宣传的及时性、有效性，形成与铁路改革相一致的多元化传播渠道。在进行全面深化铁路改革宣传时，既要了解现阶段我国铁路改革的实际情况，又要了解铁路改革的法律法规等特点，促成符合现阶段我国民众接受的铁路改革宣传体系。

（3）铁路改革的舆情应对

2017 年 9 月 17 日，中国铁路总公司陆东福总经理在党建暨公司制改革工作会议上强调，要加强正面宣传和舆情引导工作，做好职工思想政治工作，凝聚起推进铁路改革发展的强大合力。作为铁路舆情的爆发点，铁路企业对舆情的处理起着至关重要的作用。

一是准确把握铁路改革舆情的处置时机。铁路改革突发事件舆情处置时机往往稍纵即逝，一旦不能及时正确把握，轻则会使舆情应对陷入被动，重则会产生不良社会反应，影响铁路企业形象。铁路改革突发事件对外信息发布必须要在坚持"赶快说、说真话"原则的基础上，善于捕捉铁路改革突发事件不同阶段信息的发布时机。

二是加强铁路改革网络舆情的正面宣传。铁路改革突发事件发生后，加强网上舆论宣传，对铁路企业来说是一个全新而紧迫的课题。

加强网上舆论监督，首先要坚持早发现、早处置。要组织力量进行网上 24 小时全程监控，及时发现铁路改革不良信息。其次要建立一支以铁路专家、学者为主要力量的网评队伍。与铁路学者、专家保持密切联系，针对不同改革时期铁路改革重大事件、敏感话题、社会焦点，适时组织铁路专家、学者进行网上评论，从专业角度进行解读和分析，以理服人。最后要加强铁路改革网上正面宣传，主动发布信息。

三是有效整合处置力量。铁路改革在遭遇突发事件时，其对社会的影响是连锁、多层次的。应对铁路改革突发事件需要最大限度调集新闻媒体等各种社会优势资源，整合处置力量，建立铁路改革内部新闻宣传联动机制，与媒体建立合作共赢的良好关系。媒体既是铁路改革宣传工具和喉舌，也是从事新闻信息传播的商业企业。铁路改革要在理解媒体、尊重新闻规律的基础上，主动与媒体交朋友，谋求与媒体建立长期、友好、共赢的合作关系。

由此可见，铁路改革宣传保障应从内、外部两方面入手，加强铁路改革宣传工作，为铁路改革发展提供强有力的舆论支持。同时铁路企业对舆情的处理起着至关重要的作用，要准确把握铁路改革舆情的处置时机，有效整合处置力量，加强铁路改革网络舆情的正面宣传。

7. 问：如何加强铁路改革的人才保障？

答：目前铁路改革人才资源处于比较匮乏的状态，随着铁路现代企业制度的建立，董事会、监事会、经理层等机构的设立，进一步加大了铁路改革人才缺口，需要进一步完善人才保障机制。我们认为，应从以下三个方面加强铁路改革的人才保障。

（1）高层管理人才体系

一是董事会。董事会作为公司的决策机构，接受股东大会的委托（若铁路公司为独资公司，则无股东大会），做出公司的重大决策；同时将执行权委托给经理层，由经理层执行董事会的有关决策。铁路独资公司不设股东会，由财政部（或国务院制定的其他出资人）授权公司董事会行使股东的部分职权，决定公司的重大事项。

在铁路公司建立现代企业制度的过程中，应注意以下几个方面：① 董事会的规模。铁路公司董事会成员一般不少于 7 人，不超过 13 人。② 董事会的构成。铁路公司董事会分为在公司同时担任高级管理人员的管理董事、职工董事以及外部董事（包括专职外部董事）。铁路公司应建立外部董事市场化聘任制度，通过市场化引入外部董事，不仅要引进铁路行业的资深专家和学者，还要积极引进电力、通信、石油、煤炭、物流、航空领域的资深企业家，更好地实现外部董事的监督管理作用。③ 设置常务委员会。其目的是为了应对因外部董事过多、召集全体会议不够及时的问题。因此，铁路企业董事会可以设立常务委员会，由董事长兼任召集人，行使董事会授予的部分职权。

针对外部董事的选聘人数，由于在实际中 18 个铁路局集团公司的局级领导都应进入董事会，而每个铁路局集团的局级领导估计一般都在八位左右，根据外部董事人数不少于内部董事人数的原则，每个铁路局集团的外部董事至少需要九位，18 个铁路局共需要约一百八十位外部董事，考虑到每个外部董事可以同时担任五个铁路公司的外部董事，也就是说董事会至少需要三十六位具备条件的人士担任外部董事。

二是监事会。① 担任监事的基本条件。担任监事的人员应当是有能力，并且能够保持独立。② 监事的任期。监事会成员通常应为具有完全行为能力的自然人。监事的任期每届为三年，监事任期届满时自然卸任，连选可以连任。③ 监事会的构成。铁路公司的监事会成员也不应少于 3 人，并且其中的职工代表不应少于监事会人数的 1/3。担任监事的职工代表必须要能够充分代表职工的利益，应当具有职工身份或与职工保持密切的利益关系，以便切实从职工角度出发，履行职工监事职责。担任监事的职工代表必须通过职工代表大会、职工大会或者通过其他形式的民主选举产生。监事可以是股东、公司职工，也可以是非公司专业人员，其专业组成类别应由《公司法》规定和公司章程具体规定。但公司的董事长、副董事长、董事、总经理、经理不得兼任监事会成员。另外，监事会还应设主任、副主任、委员等职。

（2）中层经营管理人才体系

铁路企业改革，最后破题是在"经理革命"，而"经理革命"的最终完成，关键在企业领导班子。没有一支高素质的经营管理者队伍，就不可能提高管理水平，就不可能促进生产力发展。在铁路改革中推行铁路经理人制度，建立一支优秀的铁路经理人队伍是改革的必由之路。

一是改革铁路企业领导的行政任命制，建立人才公平竞争机制。如果铁路企业领导人由上级行政任命的制度不改革，铁路企业将无法产生真正的职业经理人。只有通过建立公平竞争的人才市场，通过市场竞争，才能使高素质的职业经理人脱颖而出，形成自我约束、自我监督的市场激励机制。同时，激烈的市场竞争，促使他们更加专注企业的经营和管理，有利于企业的长远发展。

二是改革铁路企业领导的薪酬制度，建立完善的激励与约束机制。当改革了铁路领导的行政任命制后，铁路管理者进入了市场，就应该遵循市场经济原则，应当考虑其贡献和承担的风险，给予其有竞争力的薪酬，建立完善的激励机制与约束机制。

三是建立完善的公司治理制度。将市场机制引入对国企经营者的选聘，逐步在铁路企业中造就一支职业企业家队伍，这是完善的公司治理制度的应有之义。

（3）基层职工人才体系

全面深化铁路改革的新时期，城市轨道交通也进入了快速发展的新阶段，铁路网和城市轨道交通行业的迅猛发展形势，必然带来该行业人才的巨大需求。

一是铁路改革基层职工人才缺口。目前，铁路基层职工人才面临着很大的人才缺口，究其原因，主要是城市轨道交通发展迅速，引起铁路人才外流，同时铁路行业快速发展，需要大量新的人才。

二是铁路改革基层职工人才建设。随着铁路实现政企分开，中国铁路总公司发展战略的重大调整，对人才在数量和质量上都提出了全新的、更高的要求，必须完善基层职工人才培养体系，健全培养渠道，这也是为铁路改革提供人才储备的关键。铁路改革基层职工人才建设涉及四个方面。① 健全招聘通道。拓宽人才的招聘渠道是人才培养的基石，铁路改革针对应届以及非应届全日制学生的招聘是铁路基层职工的主要来源，如针对铁路局集团公司改革需求的人才储备，各大铁路局拟招聘 2018 届全日制普通高校本科及以上学历毕业生总共约两万人。② 强化基础工作。加强人才队伍建设，优化人才配置是一项系统工程，涉及工作分析、绩效考核和薪酬制度设计等诸多方面。人才保障应实现科学设置铁路改革技能人才岗位，合理确定岗位职责和岗位标准。③ 完善技能培训制度。人才培训应构建铁路职工教育培训新体系，加大对技能人才教育培训工作的投入力度，提高教育培训工作的针对性、实用性和有效性。④ 针对铁路改革所需的不同类型人才进行针对化培养。

全面深化铁路改革对人才提出新要求，需要从董事会和监事会等高层管理人才、中层经营管理人才以及基层职工三方面做好人才的建设工作，完善多层次、全面化的铁路改革人才保障机制是铁路改革成功的关键。

8. 问：如何加强铁路改革的技术保障？

答：一系列铁路软、硬科技的支撑，对全面深化铁路改革至关重要。铁路改革应以强化路网安全、提高路网效率和推进网运关系调整为主要着眼点，进一步完善技术保障。我们认为，应从以下四个方面加强铁路改革的技术保障。

（1）完善铁路技术标准工作

实行"统分结合的网运分离"方案，按照"路网宜统、运营宜分、统分结合、网运分离"的原则，实现全国路网整合后，加强完善铁路技术标准工作，确保整个路网互联互通，强化路网安全。

一是推进铁路技术标准体制改革工作。铁路网运关系调整过程中，应依据国家深化标准化工作改革方案，在"十三五"期间持续推进铁路技术标准工作改革，进一步推动铁道行业标准在标准项目和技术内容规定方面的整合和优化完善，加快培育发展团体标准，提高铁路标准国际化水平，实现路网互联互通等方面，都需要依据标准化改革方案的总体要求，进一步加大标准化工作力度，努力探索标准工作方法，不断提高标准化工作水平。

二是做好总公司（或国家铁路集团公司、路网公司）标准制修订工作。加强铁道行业标准、总公司标准、总公司标准性技术文件的统筹协调工作，在转化原铁道部时期制定的铁道行业标准及标准性技术文件过程中，要根据总公司和总公司技术标准的职能定位，结合应用实践优化关键技术指标，修改原标准或标准性技术文件中不适于铁路改革的内容，充分保障路网统一（全国一张网）、安全高效生产。

三是完善中国铁路技术标准体系。在铁路网运关系调整的改革进程中，应紧密结合关键技术装备自主化、基础理论与前瞻技术研究、运营管理维修技术、安全监测技术以及重大综合试验，加强相关技术在标准制定方面的规划与研究，优化完善中国铁路技术标准体系顶层设计，为路网整合提供技术支撑。

（2）优化铁路技术规章体系

路网整合是铁路改革过程中极为重要的一步，以统一的铁路技术规章体系促进铁路互联互通、进一步保障安全，是铁路改革的技术保障之一。优化铁路技术规章体系有以下三方面的措施。

一是强化铁路技术规章体系的顶层设计。铁路改革需要建立一套完整的技术规章体系理论框架，优化现有的技术规章体系，应该坚持分类、分层、分级的理念，做到框架合理、层次清晰、分类科学，使铁路技术规章体系成为完整的有机体，完善铁路改革技术规章体系的顶层设计。

二是加强技术规章规范化、标准化编制。铁路改革迫切需要推进技术规章体系规范化、标准化建设，针对各层级、各类规章制定统一的编制规则，以《铁路技术管理规程》为例，在铁路改革中，总公司各部门、各单位制定的技术管理文件都必须符合全国统一的《铁路技术管理规程》的规定，这既是全国一张网的必然要求，也是确保铁路安全的有效措施。

三是建设统一的技术规章管理信息系统。构建技术规章体系的重要方面之一是为技术规章管理提供信息化支撑，包括技术规章信息化和管理信息化。在全国一张网的条件下，建议总公司对既有技术规章管理信息系统进行优化整合，开发功能完善、界面统一、信息共享的技术规章管理信息系统，清除信息孤岛。实现技术规章全流程在线管理，从立项到签发、评估、优化等都能进行在线闭环管理；建立规章文本、业务流程、信息系统之间的联动机制，在关键流程上设置待办任务提醒，实现规章制修订留痕，全程可查询、可追踪等功能；实现技术规章数字化，一是为铁路改革中各级管理人员和广大职工通过网络检索、下载、学习规章和反馈意见等创造条件，二是避免在铁路改革制定规章时出现内容重复、交叉、矛盾和遗漏，提高技术规章管理的科学化水平。

（3）加强信息化、智能化建设

我国铁路路网虽然规模庞大、线网复杂，但却具有密度小、承载能力低、布局不平衡的特点，实现路网整合，有利于提高路网的网络经济性。然而，路网效率的提升在很大程度上依赖于铁路信息化、智能化的建设。大力推进铁路信息化、智能化，已成为铁路全面深化改革、推动铁路现代化建设、转变传统经营方式和管理方式、保障运输安全的迫切要求，也是提高运输生产效率、服务水平和管理水平的主要方法。

在铁路改革进程中，应正确处理信息化与智能化的关系，以信息化为手段，以智能化为载体，大力发展信息化、智能化铁路，全面提高铁路信息化水平，为提高路网效率提供重要的技术支撑和保障。

（3）完善列车运行线定价机制

当铁路路网公司向铁路运营公司出售铁路线路使用权限时，铁路运输价格可实行政府指导价。其定价的对象为"列车运行线"，定价的关键在于确定列车运行线成本及路网公司的利润加成率。基于成本导向的铁路运输定价，是路网公司或者路网部门采用的定价方法，主要思路是将成本加上预期利润作为运输产品的价格。其基础首先是铁路运输产品（列车运行线）成本的计算，其次是利润加成率的确定。在当前我国部分铁路运输市场，尤其大部分铁路运输市场不够成熟的情况下，采用基于成本导向的定价方法制定铁路运输指导价有利于发挥价格杠杆作用，引导客货分流，缓解运能压力，调节消费需求。

全面深化铁路改革应完善技术标准与技术规章工作，强化路网安全；加强信息化、智能化建设，推进网运关系调整；完善列车运行线定价机制，提高路网效率。

参考文献

[1] 郭继承. 坚持党的领导不动摇 为铁路企业改革发展固本培元[J]. 理论学习与探索，2017（1）：26-28.

[2] 陈博. 政企分开后铁路改革相关法律问题研究[D]. 北京：中国社会科学院研究生院，2014.

[3] 谭飞燕. 企业危机公关管理探究[J]. 企业导报，2011(17)：62-23.

[4] 汪可. 大数据路径下铁路突发事件舆情研究[D]. 武汉：华中师范大学，2015.

[5] 管翊汝. 完善董事会建设 构建运营高效、决策科学的铁路独资公司治理结构[J]. 现代经济信息，2013（8）：58.

[6] 刘传勇. 职业经理人制度及其在中国的实现研究[D]. 武汉：武汉理工大学，2002.

[7] 王勇. 关于加强铁路技能人才队伍建设的几点思考[J]. 铁路采购与物流，2017（11）：61-62.

[8] 钱征宇. 适应铁路改革发展形势 扎实推进技术标准工作——在2016年度铁路总公司技术标准工作会上的讲话[J]. 铁道技术监督，2016（7）：1-5.

[9] 匡敏，韩富强. 我国铁路技术规章体系优化研究[J]. 铁道运输与经济，2018（9）：121-126.

第十二章　铁路改革目标与路径问答[①]

1. 问：为什么明确铁路改革的目标与路径是全面深化铁路改革的关键问题之一？

答：一直以来，我国铁路改革的目标与路径尚未确定，但铁路改革要落到实处，需要有明确的改革目标与实施路径作为指导，从而统筹兼顾地推进铁路改革。以往铁路改革探索性质的内容多，大多属于摸着石头过河，遇到困难容易停下来，贻误了很多改革时机。目前，电力、通信等领域的改革都取得了重大突破，深化铁路改革也被提上了议程。2018 年 12 月，中央经济工作会议明确提出要加快推动中国铁路总公司股份制改造；2013 年 10 月，十八届三中全会通过的《关于全面深化改革的决定》提出"根据不同行业特点实行网运分开、放开竞争性业务，推进公共资源配置市场化"；2019 年 3 月，政府工作报告进一步指出"深化电力、油气、铁路等领域改革，自然垄断行业要根据不同行业特点实行网运分开，将竞争性业务全面推向市场"。可见，全面深化铁路改革已确立了总体方向（即主要包括"股份制改造"和"网运分开"两个方面），但其具体目标和可供操作的改革路径还未明确，这将严重延缓铁路改革进程。因此，全面深化铁路改革的具体目标与路径亟需明确。

---

① 本章由"铁路改革研究丛书"第 12 本《铁路改革目标与路径研究》主要观点构成。有关铁路改革目标与路径研究的详细分析，建议参阅《铁路改革目标与路径研究》一书。

同时，铁路改革方案在社会上引起了很大的关注，铁路究竟采取何种方案深化改革，不仅牵动着广大铁路干部职工的心，也引起了社会各界的广泛讨论。铁路改革的顶层设计尚未形成或公布，个别非官方的改革方案对我国国情与铁路的实际情况缺乏全面考虑，这对铁路广大干部职工造成了较大的困扰，对铁路改革发展的实际工作产生了极其不利的影响，尽早形成全面深化铁路改革的顶层设计，有利于为铁路改革创造稳定的改革发展环境。

除此之外，明确全面深化铁路改革目标与路径，并以指导意见的形式发布，可以为铁路改革发展坚持立法先行创造有利条件。从日本和德国的铁路改革经验来看，在铁路改革发展的每一历史阶段中，法律法规都发挥了非常重要的规范、引导和保障作用。我国铁路改革也应坚持立法先行，明确的铁路改革目标与路径是我国铁路改革立法先行的基础。

2. 问：我国垄断性行业改革目标路径有哪些可以借鉴的经验或教训？

答：通过梳理我国具有垄断性质的电力行业、电信行业、石油行业的改革目标与路径，我们总结出如下四点启示。

（1）正确认识和处理垄断与竞争之间的关系

打破垄断、引入竞争是垄断行业改革的主要方向和思路。但垄断行业中某些领域具备自然垄断性，属于行业的客观技术经济特征，存在规模经济和范围经济，具有经济合理性，既没有必要也难以打破这种垄断。

因此，打破垄断具有双重含义：一是通过实行政企分开等改革彻底消除行政垄断；二是从构建符合国情和行业特点的市场模式出发，对传统一体化垄断企业进行分拆重组，并通过加强监管等手段有效抑制自然垄断破坏力，尽可能地发挥市场竞争机制作用。从这个意义上说，垄断行业改革不能以市场化程度的高低论成败，重点是在自然垄断效益与竞争效率之间做出合理的权衡。在实际操作中，关键要对重组模式和拆分程度做出正确的抉择。关于这一点，由于国情的差别较大，即便是同一个行业也没有国际通用的标准模式。以铁路为例，在对原有的纵向一体化国铁垄断企业的分拆重组时，欧盟国家实行"网运分离"的纵向分拆，而日本等国家则实行"区域公司"模式的横向分拆，而且分拆的细化程度也因国别不同而有很大差异。

（2）好的改革总体框架设计至关重要

垄断行业改革涉及政府、企业和社会公众等多方面主体，包括产业组织和市场结构的重构、政府监管体系的建设及产权制度、企业微观治理机制、企业运营方式等多项内容，另外还需要充分考虑约束条件和相关的配套保障情况，各项内容以及改革进展与约束条件之间互相联系、互为制约。因此，垄断行业改革在时间上是个长期的过程，需要循序渐进；在空间上是个系统工程，既要抓住主线、重点突破，又要重视配套、协同推进。

（3）垄断行业市场化改革不意味着政府职能的弱化或退出

市场经济下，垄断行业特性决定了政府应扮演重要的角色和发挥重要的作用。垄断行业市场化改革，并不意味着市场机制可以替代政府监管机制，反而是增加了对监管的需求。国外垄断行业改革的实践也表明，"放松监管"不意味着政府退出，而是监管重点从严格的直接控制准入数量转向更加注重价格、安全、服务质量等的监管。垄断行业市场化改革打破了一体化的管理体制和经营机制，利益主体趋于多元化，传统行政干预和内部命令协调机制也难以适用，更需要加强政府在规划、监管、社会普遍服务等方面的职责履行。政企分开是在市场经济条件下政府正确发挥作用的基本前提，目的是正确处理政府与市场的关系，摆正政府行业管理部门的位置，转变政府的职能和管理方式，而不是政府职能的弱化或退出。

（4）网运分离模式是网络型垄断行业的必然选择

电力行业改革中采用"厂网分开"，将国家电力公司管理的资产按照发电和电网两类业务划分，并分别进行资产重组；电信行业在改革中经历纵向切分、横向切分等改革阶段，最终选择将基站等基础设施建设与运营分离，放开竞争性业务，推进公共资源配置市场化。电力与电信行业虽然采用了不同的改革路径，但最终都走到了网运分离模式。铁路同样具有网络型垄断特征，采用网运分离模式，将有利于发挥铁路网络作为国家基础设施的公共性，以及基于铁路网络各种运营服务的竞争性。根据电力、电信行业的实践经验，网运分离模式是网络型垄断行业的必然选择。

3. 问：国外铁路改革的目标路径有哪些方面值得我们借鉴？

答：国外铁路改革的目标路径有以下五方面内容值得我们借鉴。

（1）铁路改革应加强顶层设计，明确改革目标与路径

日本国铁 1987 年正式实施的改革，是在经过了较长时间的酝酿和准备，成功进行方案设计和具体法律制定的基础上，分层次渐近推进，并成立"临时行政调查会"和"国铁再建监理委员会"为改革领导机构，全面组织协调铁路改革。

美国铁路改革和日本铁路改革不同，并没有在一开始就有一个总的方案，而是逐步摸索实践，因此每一项改革目标的实现时间跨度很长，中间步骤很多。

从日本和美国铁路改革的经验来看，为避免改革持续时间过长，我国铁路改革应加强顶层设计，首先明确铁路改革的目标与路径，全面统筹安排改革各项事宜。

此外，我国铁路改革在改革路径的设计上，应该稳步推进，有序进行。改革应先解决当务之急，再处理长期问题。从改革的迫切程度

来看，日本的国铁改革首先是阻止大量财政收入的流失；其次是解决铁路存在的其他问题，如富余劳动力、巨额债务、不协调的劳资关系等；最后才是进行股份制改革。我国的铁路改革由于历史等原因，其艰巨性和复杂性将远远大于当年日本国铁改革时的情况，因此改革实施前一定要进行系统的设计和制定明确的法律法规，并在改革推进过程中循序渐进，不能操之过急。

（2）政企分开是铁路改革成功的关键

我国铁路改革目标中，政企分开是最为关键的。日本铁路在改革前，国铁的双重领导导致经营责任不清。改革后，作为企业的 JR 集团各公司的经营责任与国家的行政职能明确分离，铁路企业与政府的关系依据《铁道事业法》得以明确，而且建立了政府不得随意干预企业的自主决策的制度。

正确界定、划分和行使政府及企业在铁路基础设施规划、建设、融资、管理、运营及公共服务等方面的职能、责任和权力，合理调整各级政府和企业之间的分工，使铁路运输企业成为具有独立经营能力、按商业化原则运作的经济实体，是世界各国铁路改革的普遍做法，也是我国铁路改革的基本前提条件。

（3）改革模式必须符合国情

铁路改革目标与路径的确定必须紧密结合我国的国情。从日本铁路改革实践来看，日本铁路改革没有像欧洲铁路那样完全采取"网运分离"的模式，而是采取了"区域公司为主，网运分离为辅"的混合模式，这是与日本的国情和地理条件相符的。

目前，我国铁路单位线路所承担的总重吨千米为英国的七倍，比日本高出两倍多，而且，主干线每天每千米通过列车数比英国铁路高出 75%，与日本的新干线几乎持平。与日本和西欧铁路相比，我国铁路基础设施和铁路运营之间存在着更为紧密的联系和更多的维修工作。因此，在设计我国铁路改革模式时必须充分考虑这一特性。

（4）改革应坚持立法先行

为保障铁路改革路径的实施与改革目标的实现，应坚持立法先行。德国铁路改革中，由国会和政府通过了一系列有关铁路改革的法律法规，包括修订《基本法》和制定《铁路新秩序法》。这些法律法规的颁布实施，不仅为德国铁路改革规定了目标、任务和实施步骤，而且为铁路重组、建设投资财政保证、线路维修财政来源、旧债务处理、铁路管理机构、政府管制以及铁路公司的权限等一系列问题做出明确规定。

在日本铁路改革发展的每一历史阶段中，法律法规都发挥了非常重要的规范、引导和保障作用。1986年，日本国会颁布的《日本国有铁道改革法》就是日本铁路民营化改革的基本规范。

我国铁路改革也应坚持立法先行，需在改革路径明确之后建立完善的铁路运输企业法律体系。

（5）充分发挥资本市场的作用，完善铁路建设融资机制

在铁路改革目标与路径的设计中，应考虑充分发挥资本市场的作用，不断完善铁路建设融资机制。美国铁路行业从19世纪30年代起步，在发展过程中，资本市场都发挥了重要作用。美国铁路最早由私营企业建设和运营，铁路建设方充分利用了资本市场的融资功能，通过股份公司发行铁路股票、债券，快速有效地汇聚了大量社会资金，满足了铁路建设的巨大资金需求。随后，在美国铁路行业整合并购期，资本中介通过发行股票、债券等方式为收购方提供了巨额资金支持，为美国大型铁路公司的形成打下基础。此外，作为参股方的资本中介还推动铁路公司进行了一系列改革，有效提升了美国铁路公司的运营效率和盈利能力，也使其财务制度更加健全。

我国铁路建设融资渠道狭窄，高度依赖于财政投入和银行信贷，铁路行业债务性融资占比高的状况短期内难以扭转，拓宽铁路建设债券发行渠道、降低增量债务融资成本是现实有效的选择。对于铁路建设部门来说，在银行不良贷款上升和自身较难获得更

多财政注资的情况下，通过资本市场筹集更多的权益性资金无疑是较好的选择。

此外，后续改革中我们应该选择权属清晰、收益稳定，具有较强盈利能力的部分铁路公司发行上市，并支持和鼓励已上市公司通过并购重组、股权置换等方式盘活其他铁路资产，优化存量资产结构，同时尽量拓宽资本运作所需资金来源的渠道，使并购重组成为发展混合所有制经济的重要抓手，为民间资本进入铁路建设行业提供规范透明的平台，从而逐步完善铁路建设投融资机制。

4. 问：我国铁路改革要实现的目标是什么？

答：我们对铁路错综复杂的问题进行了梳理，从全面统筹和整体规划的角度出发，认为全面深化铁路改革的主要目标应该包括如下 12 个方面。

（1）确定铁路的国家所有权政策

国家所有权政策是指有关国家出资和资本运作的公共政策，是国家作为国有资产所有者要实现的总体目标，以及国有企业为实现这些总体目标而制定的实施战略。目前，如何处理国家与铁路之间的关系，如何明确国有经济在铁路行业的功能定位与布局，是全面深化铁路改革在理论层面的首要问题。

（2）妥善处置铁路网运关系

铁路网运合一、高度融合的经营管理体制，是阻碍社会资本投资铁路的"玻璃门"，也是铁路混合所有制难以推进、公益性补偿机制难以形成制度性要求的根源，因而是深化铁路改革难以逾越的体制性障碍。铁路作为一种网络型、超大型自然垄断行业，究竟应该如何处理路网与运营之间的关系，已经成为全面深化铁路改革实践层面的首要关键问题。

（3）建立铁路现代企业制度

规范的现代企业制度是企业良性运作的支撑和保障。2013年铁道部撤销，实现铁路政企分开，但中国铁路总公司本级公司制改革仍然没有完成，18个铁路局集团虽然在2017年基本完成了公司制改革，但是铁路现代企业制度还亟需完善，还没有形成完善的公司法人治理结构，特别是规范董事会建设还没有实质性进展。因此，尽早实施中国铁路总公司本级公司制改革，加快完善铁路局集团公司治理结构（尤其是规范董事会建设），是铁路现代企业制度建设的两项突出任务。

（4）实现铁路混合所有制

发展铁路混合所有制不仅可以提高铁路国有企业的控制力和影响力，还能够提高企业竞争力。当前我国铁路运输主业仅有太原铁路局集团公司、广铁集团以及中铁集装箱运输有限责任公司三家企业分别依托大秦铁路、广深铁路、铁龙物流这三个上市公司为平台，具有混合所有制的特点，国有资本在其他的企业均保持较高比例，甚至达到100%。铁路行业企业亟需通过混合所有制改革扩大国有资本控制力，扩大社会资本投资铁路的比重，从而放大铁路国有资本功能，提高国有资本配置和运行效率，提升铁路企业的竞争力。

（5）改革铁路投融资体制

"铁路投资再靠国家单打独斗和行政方式推进走不动了，非改不可。投融资体制改革是铁路改革的关键，要依法探索如何吸引社会资本参与。"[1]虽然目前从国家、各部委到地方都出台了一系列鼓励社会资本投资铁路的政策，但是效果远不及预期，铁路基建资金来源比较单一的顽疾仍然存在。

---

[1] 李克强总理2014年8月22日在中国铁路总公司考察时说。

（6）有效处置铁路债务

中国铁路总公司在政企分开后承接了原铁道部的资产与债务，这些巨额债务长期阻碍着铁路的改革与发展。中国铁路总公司 2017 年负债约 49 878 亿元，还本付息支出达到 5 405 亿元[①]；随着《中长期铁路网规划（2016—2030）》（发改基础〔2016〕1536 号）的不断推进，如果铁路投融资体制改革不能取得实质性突破，铁路债务总体规模将加速扩大，铁路债务风险将逐步累积。

（7）制定铁路运输定价机制

目前，铁路运输定价、调价机制还比较僵化，适应市场的能力还比较欠缺，诸多问题导致铁路具有明显技术优势的中长途以及大宗货物运输需求逐渐向公路运输转移。建立科学合理、随着市场动态调整的铁路运价机制，对促进交通运输供给侧结构性改革、促进各种运输方式合理分工，具有重要意义。

（8）建立铁路公益性补偿机制

我国修建了一定数量的公益性铁路，中国铁路总公司承担着大量的公益性运输。铁路作为一个公益性行业，其现有的公益性补偿机制存在很多问题，包括缺乏系统的制度设计、补偿范围界定方法不够科学合理、公益性补偿对象不明确、补偿方式不完善、补偿标准和方法缺乏科学基础、监督机制缺乏以及补偿效果不明显等诸多方面。

（9）完善铁路企业运行机制

目前，国家铁路企业运行机制仍受制于中国铁路总公司、铁路局两级法

[①] 中国铁路总公司 2013 年负债约 32 258 亿元，还本付息约 2 157 亿元；2014 年负债约 36 755 亿元，还本付息约 3 302 亿元；2015 年负债约 40 951 亿元，还本付息约 3 385 亿元；2016 年负债约 47 153 亿元，还本付息约 6 203 亿元。

人管理体制，在前述问题没有有效解决之前，铁路企业运行的有效性和市场化不足。而且，中国铁路总公司和各铁路局目前缺乏现代企业制度下分工明确、有效制衡的企业治理结构，决策与执行的科学性有待进一步提高。

（10）健全铁路监管体制

铁路行业已于 2013 年 3 月实现了政企分开，但目前在市场准入、运输安全、服务质量、出资人制度、国有资产保值增值等方面的监管还比较薄弱，存在监管能力不足、监管职能分散等问题，适应政企分开新形势的铁路监管体制尚未形成。

（11）完善铁路改革保障机制

全面深化铁路改革涉及经济社会各方面的利益，仅依靠行政命令等形式推进并不可取。目前铁路改革的领导组织保障、法律法规保障、技术支撑保障、人力资源保障、社会舆论保障等方面还没有形成合力，个别方面还十分薄弱。

（12）明确铁路改革目标路径

十八届三中全会以来，电力、通信、油气等关键领域的改革都已取得重大突破，但关于铁路改革的顶层设计尚未形成或公布。个别非官方的改革方案对我国国情与铁路的实际情况缺乏全面考虑，并对铁路广大干部职工造成了较大困扰。"十三五"是全面深化铁路改革的关键时期，当前亟须结合我国铁路实际研讨并确定铁路改革的目标与路径。

5. 问：为实现上述 12 个目标，我国铁路改革具体应该如何推进？

答：为实现上述 12 个改革目标，全面深化铁路改革路径可分为六步，包括改革准备、运营业务公司化（运营资源整合）、网运分离、路网整合（路网资源整合）、铁路国有资产管理体制改革和配套改革，具体情况如下。

（1）第一步，改革准备阶段

中国铁路总公司（及其所属各单位）改制是全面深化铁路改革的破局之策，该阶段主要目标有五个方面。① 对铁路所有企事业单位进行资产清查及核对工作；② 对中国铁路总公司下属非运输主业单位以及 18 个铁路局进行改制；③ 在完成对 18 个铁路局的改制后，对中国铁路总公司本级进行改制；④ 推进非运输主业企业和三大专业运输公司的股份制改造；⑤ 继续深化货运改革、推进铁路客运改革。

（2）第二步，运营业务公司化阶段（运营资源整合）

该阶段的重点是推进以下四项工作：一是做实、做大、做强三大专业运输公司（中铁集装箱运输有限责任公司、中铁特货运输有限责任公司、中铁快运股份有限公司）；二是把 2013 年以来成立的一批货运营销中心的一部分职能划给货运部，另一部分划给货运受理服务中心①；三是对于货运受理服务中心的一部分，可根据铁路向现代物流转型发展的实际需要，以三大专业运输公司融资购买的形式，将其划转进入三大专业运输公司；四是对于货运受理服务中心的另一部分，则按照现代企业制度整合成若干个类似三大专业运输公司的货运运营公司。

以上三大专业运输公司与若干个新增的运营公司（简称为"3+N"）构成铁路运营领域的骨干。运营业务公司化（运营资源整合）阶段的实质是在中国铁路总公司的框架下实现初步的、事实上的网运分离。

---

① 货运受理服务中心的职责包括货运业务集中受理、大客户维护、装载监控、服务质量监督等。

（3）第三步，网运分离阶段

该阶段的主要目标是将运营（主要是"3+N"个运营公司）从路网（主要是"1+18"）中逐步分离出来。将第二阶段中国铁路总公司及18个铁路局集团孵化出的一大批运营公司推向市场，除部分需兜底公益性运输的客货运营公司外，其余全部流转为社会资本控股或参股的股份有限公司（若具备条件可上市），并允许各类社会资本举办铁路运营公司。铁路运营作为"竞争性业务"彻底面向市场开放，实现较为彻底的网运分离。此时，兜底公益性运输的运营公司应实现国资控股的混合所有制改革，并从中国铁路总公司控股划转为中国铁路投资有限公司控股[①]，18个铁路局集团不再继续参股。

（4）第四步，路网整合阶段（路网资源整合）

对剥离了运营业务的中国铁路总公司，实施全国路网整合，成立中国铁路路网集团（股份）有限公司（简称中铁路网），实现路网统一（即"路网资源整合"或"全国一张网"）。路网资源整合主要内容包括以下两项任务。

① 整合业务站段成立综合段。

将工务、电务、供电合并为工电供综合段，推进实施工务、电务、供电、通信多工种管理综合化、维修一体化和大修专业化，建立与铁路发展相适应的劳动组织和生产管理模式。

② 逐步将"1+18"整合为一个路网集团公司。

对全国路网进行整合，将中国铁路总公司以及剥离了客、货运公司的18个铁路局集团公司整合为一个统一的路网公司。现有各铁路局集团公司继续保留并成为中铁路网的子公司，现各铁路局集团的调度所可作为路网公司的数个区域调度中心（或派出机构），整合后的路网公司将减少或消除目前各铁路局集团之间基于自身利益的相互纠缠，有利于在保证安全的前提下，以提高效率为首要目标。

---

① 待"中铁国投"成立后，由"中铁国投"持有相关股份，详见"铁路改革研究丛书"之《铁路改革目标与路径研究》。

（5）第五步，铁路国有资产管理体制改革

在对路网进行整合，成立中国铁路路网股份有限责任公司之后，以中国铁路总公司旗下中国铁路投资有限责任公司（简称"中国铁投"）为基础成立中国铁路国有资本投资运营公司（简称"中铁国投"），并将其划归财政部（或国资委），将中铁路网、中国中车、中国通号、中国中铁、中国铁建等铁路行业央企的股权由国家授权给中铁国投管理，同时中铁国投可引入其他行业央企以及地方国资增资入股。

（6）第六步，配套改革阶段

在成立投资运营公司之后，继续进行一系列配套改革，通过推进铁路运价机制改革、健全多元化铁路投融资体制机制、完善铁路公益性补偿机制、完善铁路行业管理和监管体制等，全面激发铁路发展活力、增强行业竞争力和持续发展能力，使铁路企业真正成为市场主体，形成统一开放、公平公正、有效竞争的铁路运输市场。

6. 问：在您的"六步走"方案中，中国铁路总公司将发挥怎样的作用？

答：我们虽然对铁路改革充满了信心，但是也深知其艰难。任何能促进改革的积极因素都应该加以利用。中国铁路总公司体制作为现有体制，有其不足之处，但是其优势也是不言而喻的。具体有以下三方面优势。

一是体制优势。"中国铁路总公司（或原铁道部）+铁路局"体制存在了几十年，已经形成了相对固化的体制优势。"一支穿云箭，千军万马来相见"。在铁路领域，除了中国铁路总公司，还有哪个机构具有这样的体制优势？如果中国铁路总公司这样的体制优势不用来为全面深化铁路改革发挥作用，却在一开始就被撤销，实属可惜！

中国铁路总公司的体制优势有利于保持改革进程的连续性，有利

于改革尽早启动。在"六步走"方案中，前两步由中国铁路总公司与18个铁路局集团根据中国物流市场发展趋势与铁路货运实际，以交叉持股的形式迅速成立一大批运营类公司,这些运营类公司的控股股东、大股东甚至全部股东都是中国铁路总公司与18个铁路局集团,广大干部职工心理上更能接受。第三步"网运分离阶段"、后续阶段只需顺势而为即可，无须额外资源推动。

二是政治优势。中国铁路总公司及其210万干部职工这支队伍，默默奉献，刻苦钻研，奋力创新，在短短的十几年里取得了令人瞩目的成就，特别是中国高铁已经成为享誉世界的国家名片，多次受到党和国家领导人的高度肯定，如果没有中国铁路总公司（铁道部）体制的政治优势，几乎是不可能完成的。在其他行业不断改革的十几年里，铁路却在专注于技术，埋头发展多一些，思考改革少一些。一旦铁路改革顶层设计予以明确，只需一声令下，中国铁路总公司将充分发挥政治优势，在改革进程中发挥前所未有、不可替代的重要作用。

三是认同优势或者文化优势。"中国铁路总公司（原铁道部）+铁路局"体制存在了几十年，已经在广大铁路干部中形成了强烈的归属感与认同意识。如果在中国铁路总公司的框架下，由中国铁路总公司与18个铁路局交叉持股，迅速成立一大批运营类公司，这些运营类公司的控股股东、大股东甚至全部股东都是中国铁路总公司与18个铁路局，广大干部职工心理上更能接受。

鉴于中国铁路总公司具有体制优势、政治优势和文化优势，建议在铁路改革顶层设计中鼓励中国铁路总公司积极发挥作用。在我们提出的"六步走"方案中，前两步即"改革准备阶段"和"运营业务公司化阶段"（运营资源整合），完全可以都在中国铁路总公司及其所属18个铁路局集团的框架内实施，以充分发挥现有铁路体制的作用；而第三步"网运分离阶段"前半段也可以在中国铁路总公司及其所属18个铁路局集团的框架内实施，待时机成熟时出台相关法律法规，可以要求中国铁路总公司彻底退出运营类公司股份（此为可选项，应由高层决策），此时中国铁路总公司已经在事实上"瘦身"成为"中国铁路路网总公司"、各铁路局成为路网公司的"分公司"了；第四阶段即"路网整合"由名义上的"中国铁路总公司""铁路局"（事实上的"中国路网总公司"及其分公司）

来实施，目标是重组为"中国铁路路网（集团）股份有限公司"。

在上述过程中，中国铁路总公司一直发挥着积极作用，直至最后"瘦身"成为"中国铁路路网（集团）股份有限公司"。不管铁路改革进程如何设计，资本证券化如何推进，始终使"1 个中国铁路总公司＋18 个铁路局"在调度指挥业务上处于相对稳定的状态，铁路的其他各项改革始终处于顺势而为的状态，以铁路路网之不变、少变，应运营改革之万变，这对强化铁路改革安全基础、确保铁路改革顺利进行，具有极其重要的作用，这也是"安全为本"改革原则的具体体现。

参考文献

［1］ 左大杰，李斌，朱健梅. 全面深化铁路改革目标与路径研究[J]. 综合运输，2016.38（8）：19-24.

［2］ 张国宝. 电改十年的回顾与思辨③迈出一步总比不迈要强[J]. 中国经济周刊，2013（3）：44-48.

［3］ 赵坚，汤浒，崔莎娜. 我国铁路重组为三大区域铁路公司的设想[J]. 综合运输，2012（7）：28-32.

［4］ 汤浒，赵坚. 国外铁路重组的实践对中国铁路改革的启示[J]. 综合运输，2016，38（5）：15-20.

［5］ 铁道部办公厅. "网运分离"：中国铁路运输管理体制改革的基本思路[J]. 铁道经济研究，2000，3（2）：2-5.

［6］ 魏际刚. 新时期深化铁路体制改革思路研究[J]. 港口经济，2016（4）：16-20.

后　记

　　以党的十八届三中全会为标志，全面深化铁路改革已经站在新的历史起点上。经过较长时间的调研与思考，作者认为当前深化铁路改革必须解决如下 12 个关键问题：① 铁路国家所有权政策问题；② 铁路网运关系问题；③ 铁路现代企业制度问题；④ 铁路混合所有制问题；⑤ 铁路投融资体制问题；⑥ 铁路债务处置问题；⑦ 铁路运输定价机制问题；⑧ 铁路公益性补偿问题；⑨ 铁路企业运行机制问题；⑩ 铁路监管体制问题；⑪ 铁路改革保障机制问题；⑫ 铁路改革目标与路径问题。基于上述对铁路改革发展 12 个关键问题的认识，作者经过广泛调研并根据党和国家的有关政策，初步形成了一系列研究成果，定名为"铁路改革研究丛书"，主要包括 12 本专题和 3 本总论。

　　本书是"铁路改革研究丛书"的 3 本总论之一，由"铁路改革研究丛书"的 12 个专题研究提炼而成，体现了"铁路改革研究丛书"的主要观点和主要思路。

　　本书立足于全面深化铁路改革的宏观高度，对铁路改革发展现阶段存在的 12 个关键问题中的关注要点以一问一答的形式予以展现，对适应我国铁路长期可持续发展的经营管理体制进行深入研究和探讨。

　　本书主要内容有：① 以铁路国家所有权这一理论层面的首要关键问题为第一章，简要回答了包括铁路国家所有权理论地位及实践要点在内的相关问题；② 以铁路网运关系调整这一实践层面的首要关键问题为第二章，分析回答了包括铁路网运关系调整方案思路及其影响在内的相关问题；③ 参考借鉴国内外已有的各领域改革经验，进一步回答了铁路现代企业制度、铁路混合所有制、铁路投融资体制、铁路债务处置、铁路运输定价机制、铁路公益性补偿机制铁路企业运行机制、铁路监管体制、铁路改革保障机制等领域改革期间值得关注的重要问题；④ 总结宏观角度下铁路改革的目标与路径，并对比了已有多个改革方案间的优缺点等。

铁路改革涉及范围广泛，各领域间相辅相成，以问答形式反映行业改革问题，最终展现出一整套相对完善的铁路改革方案意见，以期能为全面深化铁路改革提供参考。

总体来说，本书内容丰富，涉及面广，政策性极强，实践价值高，写作难度很大。但是，考虑到当前铁路改革发展的严峻形势，亟需出版"铁路改革研究丛书"以表达作者的想法与建议。该丛书的初衷是试图构筑全面深化铁路改革的完整体系，对若干关键问题的阐述可能还不够深入，存在考虑不周甚至错误之处，恳请专家与读者提出宝贵意见和建议，以便再版时修改、完善。

西南交通大学黄蓉、陈瑶、丁沛晨、唐莉、王孟云、乔正、诚则灵、任尊、雷之田、戴文涛、曹瞻、胡万明、李斌、张瑞婷、池俞良、马寓、曾江、赵柯达、杨明宇、霍跃、宗小波、熊超、卓华俊、罗桂蓉、徐莉、孙晓斐、李岸隽、陆柳洋、谢媛娣、徐跃华、丁聪、石晶等同学在本书撰写工程中承担了大量的资料收集、整理工作，感谢他们为本书的撰写和出版所付出的辛勤劳动。

最后，衷心地感谢所有关心"铁路改革研究丛书"、为本书编写作出贡献的专家、学者以及铁路系统相关同志！

左大杰

2018 年 11 月 2 日